大学美育基础

主审 黄祥庆

主编 陈金山 辜跃辉

镇 江

内容提要

本书首先简要介绍了美和美育的基础知识，然后具体介绍了各个领域的美，使读者对美的各种表现了然于心，从而全面提高审美素养。全书共分为九个项目，分别为：培养美之情操——美和美育、聆听绕梁之音——音乐之美、观赏婆娑舞姿——舞蹈之美、领略梨园风情——戏曲之美、品味妙笔丹青——绘画之美、书写翰墨风华——书法之美、漫谈文辞妙语——诗词之美、走进光影世界——影视之美、品评风雅智趣——生活与科技之美。

本书结构清晰，体例新颖，图文并茂，讲述生动，集实用性、指导性、操作性于一体，可作为职业院校学生学习美育知识的教材。

图书在版编目（CIP）数据

大学美育基础 / 陈金山，辜跃辉主编. -- 镇江 : 江苏大学出版社，2023.10（2025.1 重印）
ISBN 978-7-5684-2018-1

Ⅰ. ①大… Ⅱ. ①陈… ②辜… Ⅲ. ①美育－高等职业教育－教材 Ⅳ. ①G40-014

中国国家版本馆 CIP 数据核字（2023）第 150750 号

大学美育基础

Daxue Meiyu Jichu

主　　编 / 陈金山　辜跃辉
责任编辑 / 米小鸽
出版发行 / 江苏大学出版社
地　　址 / 江苏省镇江市京口区学府路 301 号（邮编：212013）
电　　话 / 0511-84446464（传真）
网　　址 / http://press.ujs.edu.cn
排　　版 / 三河市祥达印刷包装有限公司
印　　刷 / 三河市祥达印刷包装有限公司
开　　本 / 787 mm×1 092 mm　1/16
印　　张 / 16.5
字　　数 / 333 千字
版　　次 / 2023 年 10 月第 1 版
印　　次 / 2025 年 1 月第 3 次印刷
书　　号 / ISBN 978-7-5684-2018-1
定　　价 / 49.80 元

如有印装质量问题请与本社营销部联系（电话：0511-84440882）

FOREWORD 前言

2020年10月，中共中央办公厅、国务院办公厅印发《关于全面加强和改进新时代学校美育工作的意见》（以下简称《意见》）。《意见》指出：“以立德树人为根本，以社会主义核心价值观为引领，以提高学生审美和人文素养为目标，弘扬中华美育精神，以美育人、以美化人、以美培元，把美育纳入各级各类学校人才培养全过程，贯穿学校教育各学段，培养德智体美劳全面发展的社会主义建设者和接班人。”为了配合大学美育教学活动，满足广大师生对优质、丰富的美育资源的需求，编者精心编写了本书。

在编写本书的过程中，编者在教学内容、知识结构、体例设计等方面进行了积极的探索与创新，力求使本书兼具实用性、科学性、新颖性和趣味性，并对提高学生的审美素养起到积极的推动作用。

具体而言，本书具有以下特色。

一、培根铸魂，立德树人

党的二十大报告指出：“育人的根本在于立德。”本书积极贯彻党的二十大精神，在讲解知识点的过程中，将德育与美育有机结合起来，在潜移默化中对学生进行思想教育、理论武装和价值引领，做到显性教育和隐性教育相统一，实现全员全程全方位育人。例如，在介绍美的基础知识时，引导学生树立正确的审美观，陶冶高尚的道德情操；在介绍音乐之美时，引导学生从《沂蒙山小调》《黄河大合唱》等音乐作品中领悟中国共产党人的理想、情怀，从而明白自身肩负的历史使命；在介绍书法之美时，引导学生学习王羲之、欧阳询等书法家为精进书法技艺而不懈努力的精神，自觉培养专注执着、精益求精的工匠精神。

二、校企合作，协同育人

本书是在拥有丰富教学经验的一线“双师型”教师和相关从业人员的指导与支持下编写而成的。编者在设计体例时不仅充分考虑了教学大纲的要求与社会需求，而且紧密围绕提高学生素养这一目的“量身定做”教学内容，着重强化本书的实用性和针对性，力求促进学生将所学知识内化为自身素质，做到知行合一。

三、理念创新，结构合理

本书切实践行“以学生为主体，以教师为主导，以能力为根本”的教育理念，将实践与理论并重，真正做到以学生为中心，让学生在学习中体验美、感知美，从而帮助学生发展创新思维，提升综合素养。

同时，本书根据“任务驱动”教学法的要求编排内容，每个项目基本按照项目引言—任务清单—寻美之迹—以美培元—赏美之趣—向美而行—知美达美的顺序组织内容。其中，“任务清单”部分列明了学习本项目应完成的各项任务，从而使学生的学习更具针对性；“以美培元”部分以讲解理论知识为主，并在讲解过程中穿插了“拓展视野”“美之漫谈”“释疑解惑”等模块，旨在活跃课堂气氛，激发学生对美的探索欲望；“向美而行”部分设置了多项美育实践活动，让学生做到学以致用，并在活动中提高审美能力和团队协作能力。

四、平台支撑，资源丰富

本书配有丰富的数字资源，读者既可借助手机或其他移动设备扫描二维码观看微课视频，也可登录文旌综合教育平台“文旌课堂”查看和下载本书配套资源，如课后习题答案、优质课件、教案等。读者在学习过程中有任何疑问，都可以登录该平台寻求帮助。

此外，本书还提供了在线题库，支持“教学作业，一键发布”，教师只需通过微信或“文旌课堂”App扫描扉页二维码，即可迅速选题、一键发布、智能批改，并查看学生的作业分析报告，从而提高教学效率、提升教学体验。学生可在线完成作业，巩固所学知识，提高学习效率。

本书由黄祥庆担任主审，陈金山、辜跃辉担任主编，孔春霞、陈玉池、钱学东、张秋蘋、吴雅婷、周杰担任副主编。由于编者水平有限，书中难免存在疏漏或不当之处，敬请广大读者批评指正。

特别说明：

（1）本书在编写过程中，参考了大量的资料并引用了部分文章和图片等。这些引用的资料大部分已获授权，但由于部分资料来自网络，我们未能确认出处，也暂时无法联系到原作者。对此，我们深表歉意，并欢迎原作者随时与我们联系，我们将按规定支付酬劳。

（2）本书所选案例均来源于真实事件，但为了避免引起误会，部分人物使用了化名。

（3）本书未注明资料来源的案例均为编者自编或根据真实事件、素材改编。

本书配套资源下载网址和联系方式

网址：https://www.wenjingketang.com
电话：400-117-9835
邮箱：book@wenjingketang.com

项目一

培养美之情操——美和美育

项目引言

美育是素质教育不可或缺的组成部分。美育不仅能够启迪我们的心灵，提高我们的审美素养，还能让我们遨游在美的海洋中，聆听幽远缥缈的天籁之音，品味如梦如幻的舞台人生，观赏笔简意繁的山水之作……从而将中华美育精神内化于心，外化于形。

任务清单

完成一项学习任务后，请在对应的方框中打钩。

课前预习	□	准备学习用品，预习课本知识
	□	利用网络搜集有关美和美育的资料
	□	形成对美和美育的初步印象，并与课本知识相互印证
课堂学习	□	了解美的本质、特点和表现形式
	□	熟悉美育的概念和作用
	□	了解美育与德育、智育、体育的关系
	□	树立正确的审美观，陶冶高尚的道德情操，塑造美好的心灵
	□	了解中华美学精神，传承与弘扬中华优秀传统文化
课后实训	□	积极、认真地参与实训活动
	□	提高人际交往能力、沟通协调能力和解决实际问题的能力
	□	提高审美素养，能运用所学知识赏析身边的美

【寻美之迹】

钱塘湖春行

［唐］白居易

孤山寺北贾亭西，水面初平云脚低。
几处早莺争暖树，谁家新燕啄春泥。
乱花渐欲迷人眼，浅草才能没马蹄。
最爱湖东行不足，绿杨阴里白沙堤。

这首诗就像一篇短小精悍的游记，从孤山寺、贾亭开始，到湖东、白沙堤为止，一路上莺歌燕舞，鸟语花香。诗人陶醉在如诗如画的景色中，最后沿着白沙堤，在杨柳的绿荫底下，意犹未尽、恋恋不舍地离去。这首诗不仅描绘了西湖旖旎骀荡的春光，以及世间万物在春色沐浴下的勃勃生机，还将诗人陶醉在良辰美景中的心态和盘托出，使人在欣赏西湖醉人风光的同时，也在不知不觉中被诗人对春天、对生命的满腔热情所感染和打动。

文艺评论家别林斯基曾说过，无论在哪一种情况下，美都是从灵魂深处发出的，因为大自然的美不是绝对的，而是隐藏在创造者或观察者的灵魂里。白居易的《钱塘湖春行》较好地诠释了这句话——西湖的景色再美，也会有不尽如人意之处。白居易不仅善于发现美，还善于观察美、欣赏美。在他的眼中，西湖的景色无疑是天下最美的。

生活中到处都有美的存在，让我们走进美的殿堂，在美的熏陶中创造更加绚烂的人生吧！

【以美培元】

任务一　了解美的基础知识

一、美的本质

美是指能够引起人们美感的客观事物的一种共同的本质属性。客观事物是人们产生美感的基础。人们会不自觉地被客观事物唤起美感，进而获得美的享受和精神感染。例如，当人们看到傲立枝头的梅花（见图1-1）时，便会想到坚韧不屈、自强不息的高尚品格；当人们看到苍翠挺拔的竹子（见图1-2）时，便会产生奋发向上的进取之心。

▲ 图1-1　傲立枝头的梅花

▲ 图1-2　苍翠挺拔的竹子

积极性是人们区分事物美与丑的根本标准。如果某件事物（如和谐流畅的琴声、悦耳的鸟鸣声、欢快爽朗的笑声）能够使人产生积极向上的情感，就可以说它是美的；如果某件事物（如恶意的谎言、荒唐的迷信思想、刺耳的刹车声）使人产生消极甚至痛苦的情感，就可以说它是丑的。

天地有大美

现实生活中，美时时都有，处处都有。我们可以徜徉其中，不断认识审美规律，去发现美、观察美、聆听美……美在艺术领域中更为精彩。艺术家们通过音乐、舞蹈、戏曲、绘画、书法、诗词、影视等艺术形式，把人们的情感和精神境界展示出来，构成了五光十色、万紫千红的“美的世界”。

▲ 图1-3　艺术美

释疑解惑

美有自然美、社会美、艺术美（见图1-3）等不同形态。艺术是反映美的一种文化样式，具有审美性，但并不是说所有美的事物都是艺术。只有对自然美和社会美进行再创造才能构成艺术，没有经过加工和再创造的自然美和社会美都不能称为艺术。

二、美的特点

美的特点包括形象性、感染性、认同性、时空性和创造性。

（一）形象性

美体现在具体的、可感知的形象中。无论是自然美、社会美还是艺术美，都是由声、光、色、线、形等要素所构成的感性形象表现出来的。因此，美具有形象性。例如，桂林山水（见图1-4）的美是由青山、秀水等自然元素所构成的感性形象呈现出来的。

▲ 图1-4　桂林山水

（二）感染性

美的感染性是指美能够以情感人，并使人感到愉悦或得到精神上的升华。形美以感目，音美以感耳，意美以感心。无论是登上泰山观赏壮丽奇观，还是倾听古琴曲《高山流水》，都会使人陶醉。这是因为无论是自然形象还是艺术形象，它们的美都具有强烈的感染力。美的事物无处不在，人们随时随地都会受到美的影响，从而唤起热情，坚定理想信念。

华彩流光

古琴曲《高山流水》

古琴曲《高山流水》的内容和曲名源自《列子·汤问》所载的伯牙与钟子期（见图1-5）的故事。伯牙擅长弹奏古琴，他的好友钟子期善于听琴，可以从伯牙的琴声中听出“峨峨兮若泰山，洋洋兮若江河”的意境。钟子期死后，伯牙认为世上再无知音，于是砸碎古琴，从此不再弹琴。

▲ 图1-5　伯牙与钟子期

《高山流水》因为伯牙与钟子期这对知音的典故而为人们所熟知，也因为优美的旋律、深远的意境而受人们喜爱。后世将此曲分为《高山》《流水》两曲，其中《流水》一曲流传更为广泛。《流水》形象、生动地描绘了各种动态的流水，包括淙淙的山泉、潺潺的小溪、滔滔的江水等，用真挚的情感，热情地歌颂了祖国的壮丽山河。管平湖先生演奏的《流水》曾被录入美国太空探测器上的唱片，于1977年发射到太空，在茫茫宇宙中寻找新的“知音”。

（三）认同性

虽然不同社会形态、不同文化背景下的人们对美的具体评价标准有所不同，但是美具有普遍的社会文化认同性。例如，崇尚自然是中国人自古以来普遍的审美趣味，因此在园林艺术上，人们不断追求自然美与人工美的高度统一，偏好山水与建筑融为一体的园林风格，如图1-6所示。又如，在生活中，品德高尚、助人为乐的人常常被世人赞美，而自私冷漠甚至伤害他人的人则为人们所厌恶。

▶ 图1-6　中国园林

（四）时空性

任何美的事物都存在于一定的时空中，所以美具有时空性。美的时空性体现在时间和空间两个方面。例如，百花争艳的景象一般出现在春天，硕果累累的景象一般出现在秋天；想要领略茫茫的草原风光最好去北方，想要感受烟雨蒙蒙的意境最好去江南（见图1-7）。另外，美有时只出现在特定的时空中。例如，歌声是优美的，但在图书馆等需要保持安静的场所唱歌，歌声就变成了噪声。

▶ 图1-7　江南烟雨

（五）创造性

随着社会的进步，人们对美的要求不断提高，促使美在人们的生活中不断被创造、优化和完善。美的创造性是人们不断实践的结果，人们会按照自己的意愿和美的规律不断创造自然美、社会美和艺术美。例如，自然美是人们发现的，这种发现本身就包含着创造性，而普通的山水风景经过艺术加工成为风景名胜区，这是人们对自然美的再创造；生活中的家具、服饰等体现了人们在社会劳动中创造的美，这些美也在历史发展中千变万化、推陈出新；艺术美的创造性更加明显，艺术作品只有在内容和形式上不断突破，才能持续带给人们全新的美的享受。

华彩流光

中华服饰的创新性发展

近年来，“国风”设计引领全球时尚潮流，中华服饰内在的文化精神和意蕴，展现出强大的生命力。从传统文化到当代时尚，中华美学的创造性转化、创新性发展成为增强中华民族文化自信的基石，发挥着传递价值、沟通世界的作用。

如今，一系列民族服装品牌涌现，“新中式”服饰、汉服（见图1-8）成为年轻一代追逐的时尚，从日常着装到特定场合的高级定制，无不呈现这一趋势。

▲ 图1-8　汉服

传统服饰不再只是老一辈“压箱底”的纪念与回忆，更是当下年轻人表达文化身份、增强生活仪式感、塑造个性形象的选择，是一种跨越网络与现实、文化与旅游、影像与叙事的多元表达。例如，我国著名运动品牌引领服饰领域的国货风潮，在款式设计上突破惯常的运动风格，将中国刺绣、神话人物、汉字、山水画等中式元素成功融入现代运动服饰设计中，在国内外引领“国风”和“国潮”。传统文化元素同运动风、时尚感相结合，不仅创造出国潮新范式，更激起了人们的爱国情怀和情感共鸣。

中华传统服饰美学的精髓在于美的理念与精神，当代“国风”“国潮”不仅要取其形，更要传其神。

在中国历史上，人们对服饰文化有着丰富多元的阐释。传统服饰观普遍强调人的内在精神，肯定服饰美的意义，并赋予服饰道德、人格的内涵。有形服饰的背后，是无形的精神力量和美学意蕴。越来越多的国内设计师和服装设计品牌致力于中华美学精神的传承与发展。例如，一些国产原创设计品牌以中国传统的扁平式剪裁替代西方的立体剪裁，并将传统服饰朴素超脱、精致含蓄的意境融入现代时尚美学之中，倡导一种东方哲学式的当代生活艺术理念。

（资料来源：潘鲁生，《服饰潮流与服饰文化（创造性转化创新性发展纵横谈）》，中国新闻网，2021年4月11日，有改动）

三、美的表现形式

生活中，美无处不在、无时不在，但是感受美的方式和途径是不同的，人们可以看到美、听到美、触摸到美、品尝到美、体会到美。美是事物的属性，不同的事物有着不同的美的表现形式。具体来说，美的表现形式主要有以下几种。

（一）视觉形象

视觉形象是事物存在的一种基本形态，也是美的主要表现形式之一。可视性、直观性是视觉形象最显著的特点。无论是自然美、社会美，还是艺术美，大多都是以直观的视觉形象来表现美的。例如，卢沟桥上大小不一、姿态万千的石狮子（见图1-9），向人们展现了我国古代精湛的雕刻艺术。

▶图1-9 卢沟桥上的石狮子

（二）真实情境

真实情境是自然美和社会美的一种表现形式，是现实生活中真实存在的场景。例如，远处的山（见图1-10）、和煦的晨光、清澈的溪流是自然美的表现形式，能让人感到豁然开朗、轻松愉快；生活中的热闹场景（见图1-11）是社会美的表现形式，能让人感到幸福、快乐。

▲ 图1-10 远处的山

▲ 图1-11 热闹场景

（三）文化意象

文化意象是人的一种情感符号，是艺术美的主要表现形式。人们以客观事物为依托，通过想象和联想，赋予客观事物一定的精神内涵，从而使其成为具有特定含义的文化意象。例如，“圆”是中国文化中一个重要的精神符号，寄托着人们对圆满、团圆的美好期望。在设计中，我们经常会看到圆的运用，如中式建筑中的圆形拱门（见图1-12），它使作品展现出含蓄、古典的中式风情。

◀ 图1-12 中式建筑中的圆形拱门

（四）感官知觉

感官知觉是人们通过品尝、触摸、聆听等亲身体验获得的，它是香甜之美、舒适之美、快意之美的主要表现形式。例如，品尝水果可以使人感受到甜美，春风拂面可以使人感受到凉爽，触摸棉被可以使人感受到柔软、温暖，等等。

（五）心理感受

心理感受是情感美的表现形式。心理感受既可以从日常生活中获得，也可以从文学和艺术作品中获得。例如，朋友在我们遇到困难时伸出援助之手（见图1-13），我们会被这种雪中送炭的友情感动；阅读朱自清的散文《背影》时，我们会被字里行间流露出的浓浓父爱感动。

▶图1-13 朋友伸出援助之手

美之漫谈

生活中不是缺少美，而是缺少发现美的眼睛。生活中的美无处不在，只要你走进生活，用一双善于发现美的眼睛去寻找，就能发现美的事物。列举你在生活中发现的“美”，并谈谈你对“美”的理解。

任务二 了解美育的基础知识

一、什么是美育

美育又称“审美教育”“美感教育”，它是以生动、直观的形象为手段，采用寓教于乐、潜移默化的方式，培养和提高学生感受美、欣赏美和创造美的能力的教育。与此同时，美育又是从审美的角度认识世界的教育，即教育学生以审美的眼光去理解、评价甚至改造世界，同时按照美的规律去美化自身、完善人格。

对美育的理解，一般有狭义和广义两种。狭义的美育通常是指艺术教育，即通过鉴赏文学艺术作品，对人产生潜移默化的感染熏陶作用，提高人的审美能力。广义的美育是一个集美感教育、情感教育、人格教育、艺术教育、自由思维教育、形象思维教育、感化教育、快乐教育于一体的巨型综合教育整体，其内容不仅包括艺术美，也包括自然美、社会美等。

二、美育的作用

美育的形式生动活泼，过程轻松愉快，使人乐于接受，对学生和学校都有着重要作用。

（一）对学生的作用

《中国教育改革和发展纲要》指出：“美育对于培养学生健康的审美观念和审美能力，陶冶高尚的道德情操，培养全面发展的人才，具有重要作用。”具体来说，美育对学生的作用主要体现在以下几个方面。

当我们在谈论审美的时候，我们在谈论什么？

1. 树立正确的审美观

所谓审美观，就是人的世界观、人生观、价值观在审美实践中的体现，是人们辨别美丑的基本观点。社会生活中不只有美和善，还有丑和恶。如果没有正确的审美观的引导，就有可能混淆美、丑，或者以丑为美，导致个体在思想上腐朽、堕落，甚至走上违法犯罪的道路。美育通过展现具体、多彩的可感形象，培养与社会主义核心价值观相适应的审美观，从而让学生在追求真善美的和谐统一中理解人生的真谛。

2．提高审美能力

审美能力是对美的事物的感知力、鉴别力、理解力，它是促进个体实现全面发展的一项重要能力。美育对于提高学生的审美能力、促进其智力发展有着不可替代的作用。审美能力在一定程度上受先天因素的影响，但主要是后天的审美训练和审美教育的结果。通过美育活动（见图1-14），学生可以参加审美实践，直接感受、体验美的事物，进而逐渐提高自身的审美能力。

3．提高创造力

创新意识和创造力是新时代人才需要具备的重要素质，培养和提高学生的创造力，是美育的直接落脚点。美育活动是以美好的事物形象或情境为基础开展的，可以引发学生丰富的想象和联想，激发学生潜在的创造力，使其充分发挥主观能动性。

4．陶冶情操

美育有利于学生宣泄情感，唤起其对生活的热情，促进其身心健康发展。同时，美育又能通过为学生提供美感体验而改变他们的心境，陶冶他们的情操，升华他们的情感境界。

5．提高文化修养

美育中的作品欣赏环节可以开拓学生的视野，让学生了解人类文化的发展历程和丰富的文化遗产（如中国的剪纸，见图1-15），了解艺术与生产、生活的内在关系，从而提高自身的文化修养。

▲ 图1-14　美育活动

▲ 图1-15　中国的剪纸

用美育涵养“美丽心灵”

美育是审美教育，更是情操教育和心灵教育，在立德树人方面具有不可替代的作用。中华民族拥有五千多年的灿烂文明。现在，美在中国有了更加多元、开放、包容的形态。弘扬中华美育精神，用美育涵养“美丽心灵”，可以从热爱艺术开始。

在当代中国，各种艺术形式和多种艺术风格碰撞交汇，艺术作品琳琅满目。在“雪如意”“冰玉环”等冬奥会场馆，可以感受中华优秀传统文化的深厚内涵，欣赏丰富多彩的中国元素；通过敦煌壁画，可以了解中西文明交融的历史，体会不同文明交相辉映的魅力……

接近、欣赏中国艺术作品之美，有助于赓续优秀文化传统，增强做中国人的志气、骨气、底气。在源远流长的中华美学传统中，古代先贤们秉承“德艺双馨”“艺品如人品”等理念，将优秀道德情操和家国情怀融入美学的内容与形式之中，通过文学艺术作品呈现出来，感染着一代代中华儿女。例如，从范仲淹的《岳阳楼记》等作品中，我们可以感受到其赤诚的家国情怀和昂扬的精神面貌；在《千里江山图》（见图1-16）中，我们能领略到锦绣河山的壮丽和创作者纯真质朴的爱国之情。新时代的学生对中华优秀传统文化有着先天的亲近感，接近和感受优秀传统文化和艺术，有利于其树立和坚持正确的历史观、民族观、国家观、文化观。

▲ 图1-16 《千里江山图》（局部）

作为美的创造者，当代学生也在积极记录这个时代的独特之美。从他们的作品中，如体现农民工、留守儿童生活状态的文学作品，表现“中国天眼”射电望远镜、神舟飞船等重要科技成果的绘画作品，展现新时代学生风貌的影视作品，等等，我们可以感受到更加开放多元、更具时代感的艺术表达。这充分说明只有接近美、欣赏美、涵养“美丽心灵”，才能发现美、创造美，用心、用情拥抱美好时代。

（资料来源：杨帆，《用美育涵养“美丽心灵”（新论）》，《人民日报》，2021年11月8日，有改动）

（二）对学校的作用

美育对学校的作用主要体现在以下几个方面。

1. 有利于学校管理

美育对学生有一定的约束功能，能使学生按照美的规律与要求规范自己的言行，养成良好的学习和生活习惯，增强其自我完善的意识和进取之心，从而减少违纪现象，有利于学校管理。

2. 营造健康的校园文化氛围

美育不仅能带给校园文化形式上的美感，还能赋予校园文化积极的精神内涵。美育注重尊重人和关怀人，推崇和谐、民主、创新和超越，使人与人之间互相尊重，使学生关心集体、关心他人，使教师爱岗敬业，从而形成安全、健康、文明、和谐的校园文化。

3. 提高人才培养质量

学校的根本任务是将学生培养成具有创造力的人才，而美育在培养学生的创造力方面具有明显的优势，可以提高人才培养质量。

请结合自身体验，谈谈你对美育的作用的理解。

三、美育与德育、智育、体育的关系

《中华人民共和国教育法》第五条指出：“教育必须为社会主义现代化建设服务、为人民服务，必须与生产劳动和社会实践相结合，培养德智体美劳全面发展的社会主义建设者和接班人。”在学校教育中，美育与德育、智育、体育相互渗透，不可分割。

（一）美育与德育的关系

美育与德育的关系非常密切。德育的主要目的是加深人们对善恶原则的理解，要求人们用一定的道德规范约束自己。美育的主要目的是通过审美活动来教育、启发人们，使其自觉地追求美好的事物。古人云：“知之者不如好之者，好之者不如乐之者。”一个人了解某种道德规范后，并不一定能做到身体力行。只有当他对事物的善恶评价和美丑评价一致时，道德情感才会转化为审美情感，进而内化为心理需求，使其发自内心地坚守道德规范。

如果说法治教育使人知道“不准如何”，德育使人知道“应该如何”，那么美育则使人知道“可能如何”和“乐意如何”。由此可见，美育使人的意志多了韧性，德育若能与美育充分融合，可明显地增强教育效果。

（二）美育与智育的关系

美育与智育具有互补性，两者的融合有利于提高人们的创造力。人的思维素质完善的重要标志就是逻辑思维与形象思维齐头并进、协调发展。智育往往注重对逻辑思维的培养，缺乏对感知力、想象力的培养，而美育恰恰在培育人的形象思维方面具有独特的优势。美育与智育的结合，能够有效地帮助学生提高感知力、丰富想象力、发展创造力，有利于培养高智能人才。

美育与智育相辅相成、相互促进。感受、鉴别、欣赏美基于一定的知识积累，一个目不识丁的人对美的鉴赏能力往往是有限的。而智育有助于提高人的审美能力，能够开阔人的视野、拓宽人的知识面，是帮助人们获得自然科学知识和社会科学知识的一条有效途径。此外，美育的育人方式强调形象性和感染性，在智育课堂中积极引入美育，能够使学生从被动、枯燥的知识灌输中解放出来，寓教于乐，激发学生的学习兴趣，增强其学习的主动性，从而增强智育的内化作用。

总之，在教育体系中，美育与智育既相互区别、彼此独立，又相互渗透、相辅相成，两者共同致力于高智能创新型人才的培养。

美之漫谈

很多著名科学家的生活都离不开音乐、诗歌、绘画等艺术。荣获“国家杰出贡献科学家”称号的钱学森说他的创造发明一半要归功于他的妻子，因为他的许多创造灵感是在欣赏妻子弹奏曲子时产生的。他说：“艺术所包含的诗情画意和对于人生的深刻理解，丰富了我对世界的认识，使我掌握了艺术的发散思维方法。”此外，歌德在自然科学方面很有贡献，同时他也是一位著名的诗人、剧作家、思想家；达·芬奇集自然科学家、工程师、画家等身份于一身。

结合上述资料，谈谈你对美育与智育的关系的理解。

（三）美育与体育的关系

美育和体育在塑造人的内在美和外在美方面，起着相互协调、相互促进的作用。体育对美育的促进作用表现在以下两个方面：① 体育可促进人体美。体育运动

可以促进人体骨骼发育和肌肉生长，使人保持健康的身体状态，即达到身体美。例如，健美操有助于改善体形，培养优美、端庄的体态。② 体育运动是一项注重身体平衡协调的活动，可以使观赏者和运动者获得良好的审美体验。例如，在欣赏有音乐伴奏的艺术体操（见图1-17）和花样滑冰（见图1-18）时，人们可以获得视觉、听觉上的审美享受，运动者自身也会产生愉悦感。

美育对体育的促进作用表现在以下两个方面：① 在体育中融入美育理念，挖掘体育实践和教学过程中的美育元素，有利于促进学生生理和心理的和谐与平衡，而良好的心理素质和状态，是开展体育运动的必要条件。② 美育能为体育运动打下良好的基础。例如，音乐教育有利于培养学生的节奏感，舞蹈教育有利于培养学生的身体协调能力，等等。

▲ 图1-17　艺术体操

▲ 图1-18　花样滑冰

释疑解惑

美育与德育、智育、体育既彼此联系，又相互独立。充分发挥美育对德育、智育、体育的统整与渗融功能，并由此提高教育的品位与质量，将能够在更高境界与层次上促进学生的全面发展。

班级____________ 姓名____________ 学号____________

【向美而行】

以“美”为主题拍摄一部微电影，要求电影时长不超过五分钟。

（1）学生自由分组，5～8人为一组，并填写任务分配表，如表1-1所示。

表1-1 任务分配表

班级		组号		指导教师	
小组成员	姓名	学号	任务分工		
组长					
组员					

（2）每个小组根据任务完成情况填写表1-2。

表1-2 任务完成情况

具体项目	详细内容
电影名称	
创意来源	
剧情概述	
配乐	
道具	
拍摄情况	

班级＿＿＿＿＿＿　姓名＿＿＿＿＿＿　学号＿＿＿＿＿＿

（3）各小组在课堂上进行演示，指导教师根据表1-3对各小组的演示情况进行评分。

表1-3　评分表

考核内容	评分标准	分值	得分
知识、技能考核（70%）	内容健康积极，贴合主题	15	
	内容完整且富有创意，能够撼动人心	15	
	画面与音乐流畅，各场景衔接顺畅	15	
	剧情合理，表演精彩	15	
	配乐能够渲染主题，升华内容	10	
德育素养考核（30%）	能积极培养自己欣赏美的能力	20	
	具有良好的团队精神和团队协作能力	10	
总评和建议		总分	

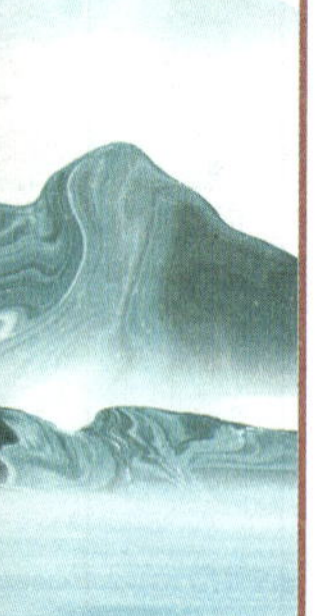

班级＿＿＿＿＿＿　姓名＿＿＿＿＿＿　学号＿＿＿＿＿＿

【知美达美】

一、填空题

（1）美是指能够引起人们美感的＿＿＿＿＿＿的一种共同的本质属性。

（2）＿＿＿＿＿＿是人的世界观、人生观、价值观在审美实践中的体现，是人们辨别美丑的基本观点。

（3）＿＿＿＿＿＿的主要目的是加深人们对善恶原则的理解，要求人们用一定的道德规范约束自己。

二、选择题

（1）美的（　　）是指美能够以情感人，并使人感到愉悦或得到精神上的升华。

A．形象性　　B．感染性

C．认同性　　D．创造性

（2）歌声是优美的，但在图书馆等需要保持安静的场所唱歌，歌声就变成了噪声。这体现了美的（　　）。

A．感染性　　B．认同性

C．时空性　　D．创造性

（3）（　　）是人的一种情感符号，是艺术美的主要表现形式。

A．视觉形象　　B．真实情景

C．文化意象　　D．感官知觉

（4）（　　）是以生动、直观的形象为手段，采用寓教于乐、潜移默化的方式，培养和提高学生感受美、欣赏美和创造美的能力的教育。

A．美育　　B．德育

C．智育　　D．体育

（5）狭义的美育通常是指（　　）。

A．自由思维教育　　B．形象思维教育

C．情感教育　　D．艺术教育

三、判断题

（1）主观感受是人们产生美感的基础。（　　）

（2）无论是自然美、社会美还是艺术美，都是由声、光、色、线、形等要素所构成的感性形象表现出来的。（　　）

（3）心理感受是自然美的表现形式。心理感受既可以从日常生活中获得，也可以从文学和艺术作品中获得。（　　）

（4）美育的主要目的是通过审美活动来教育、启发人们，使其自觉地追求美好的事物。（　　）

（5）美育和体育在塑造人的内在美和外在美方面，起着相互协调、相互促进的作用。（　　）

四、简答题

（1）简述美的本质。

（2）简述美育对学生的作用。

（3）简述美育对学校的作用。

（4）简述美育与智育的关系。

项目二

聆听绕梁之音——音乐之美

项目引言

音乐是指用有组织的乐音来表达思想感情、反映现实生活的一种艺术，是人类文化艺术的重要组成部分。音乐分为声乐和器乐两大类，因具有独特的艺术魅力而被广泛传播并充实着人们的生活。人们通过听觉来接收音乐这种声音艺术，并从中感受音乐艺术所带来的美感和情感。

任务清单

完成一项学习任务后，请在对应的方框中打钩。

课前预习	□	准备学习用品，预习课本知识
	□	利用网络搜集有关音乐之美的资料
	□	形成对音乐之美的初步印象，并与课本知识相互印证
课堂学习	□	了解音乐的表现手段
	□	熟悉声乐的演唱方法、演唱形式和声乐作品的体裁
	□	熟悉乐器的分类、器乐的演奏形式和器乐作品的体裁
	□	聆听经典音乐作品，了解作品背后的文化、思想内涵与历史积淀，体会不同作品带来的地域美、民俗美
	□	通过欣赏《沂蒙山小调》《黄河大合唱》《白毛女》等音乐作品，了解历史、感知现实，在音乐中领悟中国共产党人的理想和情怀
课后实训	□	积极、认真地参与实训活动
	□	提高人际交往能力、沟通协调能力和解决实际问题的能力
	□	提高审美素养，能结合所学知识感悟音乐之美

【寻美之迹】

江苏民歌《茉莉花》是一首大家耳熟能详的民间小调，也是一首享誉全球的中国名曲。该曲起源于南京六合民间传唱百年的《鲜花调》，由军旅作曲家何仿整理改编而成。婉转的旋律、含蓄的寓意、悠远的遐思，让人们从茉莉花（见图2-1）的芬芳中嗅到了爱情的甜美，看到了少女的娇羞，更体会到了对美好生活的向往。这朵来自中国的“茉莉花”见证了许多重要的历史时刻，如2004年雅典奥运会、2008年北京奥运会、2016年杭州G20峰会等，让世人领略了中国文化的魅力。

▲ 图2-1　茉莉花

音乐是声音的艺术，也是时间的艺术。让我们一起走进音乐世界，共同感受音乐的高雅、柔情与美好。

【以美培元】

任务一　了解音乐的基础知识

一、音乐的表现手段

（一）旋律

旋律又称“曲调”，是指经过艺术构思，将若干高低起伏的乐音按一定的节奏有秩序地横向组织起来的音的序列。旋律是音乐的灵魂，可以反映音乐内容、音乐风格、音乐体裁等。它是塑造音乐形象的重要手段之一，也是表现音乐作品情感层次的主要元素之一。

（二）和声

和声是指由两个以上的音按一定法则构成且同时发声的音响组合。和声是音乐的纵向运动，能够体现音乐或浓或淡、或厚或薄的感情色彩。例如，和谐的和声可以表达平和的情绪，不和谐的和声可以表达紧张的情绪。此外，和声还具有分句、分乐段和终止乐曲的作用。

（三）节奏、节拍

节奏是指各种音响有一定规律的长短强弱的交替组合。节奏在音乐中交替出现，是构成音乐的骨架，能赋予音乐作品鲜明的个性特征和蓬勃的生气。节奏有着极强的表现力，紧密的节奏可以表达热烈、紧张、欢乐的情绪，舒缓的节奏可以表达平和的情绪。

节拍是音乐中拍子的组合形式，用于度量节奏的变化，通常以周期性的重音区分为标志。不同的节拍可以表达不一样的情绪。例如，二拍子适宜表达铿锵有力、欢快活泼的情绪，其强弱规律是一强一弱且交替出现；三拍子具有强烈的不平衡感，其强弱规律是一强二弱；四拍子具有极强的抒情性，适宜表达舒缓的情绪，其强弱规律是强、弱、次强、弱，强弱层次丰富且细腻。

（四）力度

力度是指音乐表演时乐音的强弱程度。力度的表现力极强。一般来说，力度越强，音乐越雄壮、磅礴、豪放；力度越弱，音乐越平缓、婉转、轻柔。

释疑解惑

力度从弱到强可分为最弱、更弱、弱、中弱、中强、强、更强、最强等，在乐谱上通常用音乐术语（意大利语）的缩写来标记，如“p”（piano）代表弱，“f”（forte）代表强，“mp”（mezzo-piano）代表中弱，“mf”（mezzo-forte）代表中强。

（五）速度

速度是指音乐的快慢程度，它既对音乐作品的情感层次产生影响，也决定了音乐作品的演唱或演奏难度。音乐的速度与乐曲的内容和要表达的情绪有着密切的关系。快速的音乐通常表达欢快、紧张、热烈、激昂、兴奋的情绪，而慢速的音乐通常表达平缓、柔和、沉痛、忧郁的情绪。

（六）调式、调性

调式是指若干高低各不相同的乐音，以其中最具稳定性者为中心，按一定的倾向关系所组建的音体系。调式是在长期的音乐实践中所形成的乐音组织形式，是决定音乐风格的重要元素之一。常用的调式有大调式、小调式、五声（宫、商、角、徵、羽）调式等。

调性是指音乐作品中所体现出的调式特性，由调式中各音对主音的倾向性和各音间的相互关系所造成。例如，以C为主音的大调式，其调性是C大调；以a为主音的小调式，其调性是a小调；以G为主音的徵调式，其调性是G徵调；等等。在许多音乐作品中，调式和调性的变化和对比，是体现气氛、色彩、情绪变化的重要手段。

（七）曲式

曲式是指乐曲的结构形式。音乐的结构单位有动机、乐节、乐句、乐段等，其中动机为最小单位，通常由两个以上的乐音构成，两个动机可构成一个乐节，两个乐节可构成一个乐句，两个乐句可构成一个乐段。一般来说，由一个乐段构成的曲式称为一部曲式，由两个乐段构成的曲式称为二部曲式，由三个乐段构成的曲式称为三部曲式。曲式类型丰富多样，比较常见的还有回旋曲式、奏鸣曲式、变奏曲式等。

（八）音色

音色是指声音的个性和特色，可以通过人的听觉进行区分。不同的音色有着不同的艺术表现力和艺术效果，同样的旋律用不同的乐器演奏，能给人以不同的听觉感受。例如，古琴音色含蓄、浑厚，给人以安静、悠远的听觉感受；唢呐音色明亮、粗犷，给人以高亢、热烈的听觉感受。

（九）织体

织体是指音乐的旋律、节奏与和声等在乐谱中的组织形态。织体是衡量音乐品质的标准之一，大致可分为单声织体、主调织体、复调织体等。织体与音乐的音响表现之间有关联。

二、声乐

声乐是指按词、曲、乐谱进行歌唱表演，从而达到一定艺术效果的音乐形式。

（一）声乐的演唱方法

1. 美声唱法

美声唱法又称“柔声唱法”，17—18世纪形成于意大利。美声唱法的主要特点如下：① 音色优美，富于变化；② 音域宽广，音调变化幅度大；③ 声部区分严格，重视高、中、低声区的和谐统一；④ 气声一致，音与音的连接平滑、匀净；⑤ 讲究作品的艺术风格和音乐表现。

音乐的类型

2. 民族唱法

民族唱法是我国各族人民按照自己的语言习惯、音乐风格创造并发展起来的演唱方法。它既吸取了戏曲、曲艺、民歌等传统音乐艺术的精髓，又借鉴和吸收了美声唱法中的优秀成果，强调语言和音乐的融合，讲究字音的五音、四呼、出声、归韵和收声，要求演唱者根据演唱语言的发音特点来处理共鸣和行腔，从而使声音具有一种符合民族审美习惯的质朴感和亲切感。同时，民族唱法还特别强调歌曲的风格和韵味，要求演唱者的表演体现出“声、情、字、味、表”的民族特色。

释疑解惑

“声”是指演唱时要有感而发，以情带声，声情并茂。“情”是指演唱时要投入情感。“字”是指演唱时要咬字清晰，不能太紧，也不能太松。“味”是指演唱时要根据歌曲的意境，唱出其韵味。“表”是指演唱时面部表情、肢体语言要能够充分表达歌曲的情感。

3．通俗唱法

通俗唱法又称“流行唱法”，于20世纪30年代开始在我国广泛传播。通俗唱法的主要特点如下：① 无严格的技术规范，声音自然；② 通常在中声区使用真声，在高声区使用假声，很少使用共鸣，音量较小；③ 强调歌曲的倾诉性和宣泄性，善于表达细腻而真实的情感；④ 追求演唱的生活化、大众化和口语化。

（二）声乐的演唱形式

声乐的演唱形式主要有独唱、齐唱、合唱、领唱、对唱、重唱、轮唱等。

1．独唱

独唱是指由一个演唱者单独演唱的形式，可分为男声独唱、女声独唱和童声独唱等。它要求演唱者有较高的艺术素养并掌握良好的歌唱技巧。演唱时，一般用乐器伴奏，有时还可以加入人声伴唱。

2．齐唱

齐唱是指由两个以上的演唱者同时演唱同一歌曲的形式，可分为男声齐唱、女声齐唱、男女混声齐唱等。它要求所有演唱者发音整齐，音色统一。齐唱可以表现出宏大的气势，常用于战斗动员、群众歌咏活动等场合。

3．合唱

合唱（见图2-2）是指由两组以上的演唱者分别按本组所担任的声部演唱同一歌曲的形式。合唱按人声的类型可分为男声合唱、女声合唱、童声合唱和混声合唱，按声部的数量可分为二部合唱、三部合唱、四部合唱等。合唱音域宽广、音色丰富，有着极强的表现力，常用于表现重大的音乐题材，表达复杂、深刻的思想感情。演唱时，要求各声部之间既相互依托又相互独立，讲究整体的和谐。另外，合唱对各声部的音准、节奏、力度、速度也有较严格的要求。

▶图2-2 合唱

美之漫谈

从表面上看，齐唱与合唱都是由多人一起演唱同一歌曲。那么，你认为两者有何区别？

4．领唱

领唱是指在齐唱或合唱的开始部分或中间部分安排演唱者独唱的形式。领唱者具有引领众人歌唱的作用，一般由一人或数人担任。领唱常用于我国民间的集体劳动歌曲（如劳动号子），或者大合唱与齐唱歌曲。

5．对唱

对唱是指由两个或两组演唱者进行对答式演唱的形式，可分为女声对唱、男声对唱和男女声混合对唱。对唱形式较为活泼，气氛热烈而欢快，在我国民歌演唱中较为常见。

6．重唱

重唱是指在多声部歌曲中，每一声部单独由一个或两个演唱者演唱的形式。根据声部数量的不同，重唱可分为二重唱、三重唱、四重唱、五重唱等。

7．轮唱

轮唱是指将多个演唱者分为两个、三个或四个声部，由各声部按一定时距先后演唱同一歌曲的形式。轮唱时，各声部的歌声此起彼伏，连续不断。我国近现代群众歌曲（如《保卫黄河》）的演唱，常采用这种形式。

（三）声乐作品的体裁

随着社会的进步和音乐艺术的发展，声乐作品的体裁不断丰富，常见的有以下几种。

1．民歌

民歌即民间歌曲，泛指人们在劳动、交往等社会活动中自发编唱的各种歌曲。民歌与人们的社会生活有着最直接、最紧密的联系，经过广泛的、群众性的即兴编作和口头传唱，表达了劳动人民的思想感情、意志、要求和愿望，是劳动人民智慧的结晶。在我国传统声乐艺术中，民歌主要包括山歌、劳动号子、田歌和小调等。

美之漫谈

你的家乡有哪些特色民歌？请为大家演唱几句，并简单介绍一下该歌曲的类型、来源、特点等。

2．艺术歌曲

18世纪末19世纪初，在浪漫主义音乐潮流的推动下，随着抒情诗的兴起和繁荣，具有浪漫主义风格的艺术歌曲诞生了。艺术歌曲的特点如下：歌词多来源于著名诗歌，采用钢琴或管弦乐器伴奏，音乐表现力较强，侧重于表现人的内心世界，作曲技法较为复杂。我国的艺术歌曲创作始于20世纪初，该时期的艺术歌曲创作者有萧友梅、赵元任、廖尚果等，具有代表性的作品有萧友梅的《问》、赵元任的《教我如何不想她》、廖尚果的《我住长江头》等。

3．通俗歌曲

通俗歌曲泛指通俗易懂、形式活泼、易于流传、拥有广大听众和广阔市场的歌曲。通俗歌曲的特点如下：旋律易记易唱，结构短小，歌词常常与社会生活紧密联系，多以平白如话、直抒胸臆的方式呈现。具有代表性的作品有《小城故事》《外婆的澎湖湾》《黄土高坡》《何日君再来》《军港之夜》《弯弯的月亮》《烛光里的妈妈》等。

4．声乐套曲

声乐套曲是一种大型的声乐作品，一般由若干首歌曲组成，并配有统一标题。套曲中的各首曲目既独立成曲又互有联系，在内容和音乐表现上既统一又有变化，共同组成一个和谐的整体。声乐套曲包括大合唱、清唱剧、组歌等。著名的音乐作品《黄河大合唱》《长征组歌》等，都属于声乐套曲。

《长征组歌》

《长征组歌》又名《红军不怕远征难》，是我国音乐历史上最具有代表性的声乐套曲之一。《长征组歌》的歌词是萧华于1965年为纪念红军长征胜利三十周年而作的，共包括十二首形象鲜明、感情真挚的史诗。后来，作曲家晨耕、生茂、唐诃、遇秋选择其中的十首谱成组歌，描绘了十个环环相扣的战斗场面，并巧妙地根据内容需要，融合了各地民间音乐和红军歌曲的音调，最终形成了这部主题鲜明、内容丰富、形式新颖、风格独特的作品。

《长征组歌》以深刻凝练的歌词、清新动人的旋律、浓郁的民族风格和群众喜闻乐见的表演形式，讴歌了中国工农红军历尽艰险、不屈不挠、英勇作战、无私无畏的革命精神，气势磅礴，感人肺腑。

5．歌剧

歌剧是指综合音乐、戏剧、诗歌、舞蹈等艺术而以歌唱为主的一种音乐体裁。国外歌剧产生于16世纪末17世纪初，是文艺复兴时期音乐文化世俗化的结果。具有代表性的国外歌剧有《费加罗的婚礼》《卡门》《弄臣》《茶花女》《奥赛罗》《魔笛》《罗恩格林》等。

中国歌剧借鉴了国外歌剧的表现手法，而且符合中国国情和民族的审美习惯。具有代表性的中国歌剧有《窦娥冤》《江姐》《白毛女》《洪湖赤卫队》等。

6．抒情歌曲

抒情歌曲结构规整，节奏舒缓，旋律优美，富有诗的意境，一般用于表达内心感受，如对人的爱慕、思念之情，对自然的赞美、留恋之情，等等。抒情歌曲可分为爱情歌曲、亲情歌曲、友情歌曲、游子思乡歌曲等类型，具有代表性的抒情歌曲有《重归苏莲托》《在那遥远的地方》《我的祖国》《草原上升起不落的太阳》等。

7．叙事歌曲

叙事歌曲是指以特定事件或特定人物为内容的歌曲。叙事歌曲的内容具有情节性，歌词较口语化，常采用民歌、曲艺、戏曲的音调。演唱这类歌曲时，演唱者多用第三人称来叙述，有时也用第一人称或将两者结合起来。叙事歌曲可分为民歌风格的叙事歌曲、说唱风格或朗诵性质的叙事歌曲，具有代表性的叙事歌曲有《魔王》《歌唱二小放牛郎》等。

8．儿童歌曲

儿童歌曲是指专为儿童创作的歌曲，可以帮助儿童认识世界，开发智力，培养想象力。其内容大多反映日常生活，或介绍自然常识和生活常识。儿童歌曲的旋律优美动听，歌词简练易懂，情趣健康活泼，适合儿童传唱。

三、器乐

器乐是指用乐器演奏乐曲，从而达到一定艺术效果的音乐形式。

（一）乐器的分类

1．中国民族乐器

中国民族乐器种类繁多，常见的中国民族乐器如表2-1所示。

表2-1 常见的中国民族乐器

名称	简介	图片
古琴	又称“瑶琴”“七弦琴”，是我国最古老的弹拨乐器之一。其音色古朴典雅，富有韵味。低音区音色深沉、苍劲，中音区音色淳厚、纯净，高音区音色清细、明亮。古琴演奏手法繁复，常用于独奏或与洞箫合奏	
古筝	又称“秦筝”“汉筝”，是一种古老的弹拨乐器。其音色悠扬、典雅，音域宽广，演奏技巧丰富，既可以用于独奏，也可以用于合奏、重奏和伴奏。古筝的指法很多，右手的指法有托、劈、挑、抹、剔、勾、摇等，左手的指法有按、滑、揉、颤等	
琵琶	弹拨乐器之一，因其弹拨手法（“琵”是用右手向前挑，“琶”是用右手向后弹）而得名，有“民乐之王”“弹拨乐器之王”等美誉。琵琶的高音区音色明亮而富有刚性，中音区音色柔和而有润音，低音区音色淳厚，表现力极为丰富。琵琶的演奏方式有独奏、伴奏、重奏、合奏，演奏指法有弹、挑、分、拂、扫、轮、摭等	
二胡	又称“胡琴”，其音色优美，表现力强，既能表达深沉、悲凄的情感，也能展现壮观的气势，广泛用于独奏、民族器乐合奏、歌舞和声乐伴奏。二胡的演奏手法非常丰富，左手有揉弦、泛音、颤音、滑音、拨弦等，右手有连弓、分弓、跳弓、飞弓等	
鼓	是我国传统的打击乐器，其共鸣性非常好，在古代常用于军事行动、报时、祭祀，以及婚、丧、嫁、娶等活动中。鼓的种类繁多，常见的有大鼓、花盆鼓、板鼓、腰鼓和堂鼓等	
笛	是迄今为止已发现的最古老的吹奏乐器，大多用竹子制成，音域一般能达到两个八度。常见的笛有梆笛和曲笛两种：梆笛笛身细且短小，音区较高，音色高亢、明亮、华丽；曲笛笛身较长且粗，音区较低，音色淳厚、圆润	

续表

名称	简介	图片
笙	是一种历史悠久的吹奏乐器，也是簧片乐器的鼻祖。笙的高音区音色清脆明亮，中音区音色柔和丰满，低音区音色浑厚低沉。笙的演奏技巧有顿音、跳音、双吐、碎吐、颤音、花舌等	
唢呐	是在公元3世纪由波斯、阿拉伯一带传入我国的一种吹奏乐器。其音量较大，音色洪亮，富有穿透力。流传各地的唢呐种类甚多且大小有别，广泛用于民间的婚、丧、嫁、娶、礼、乐、典等活动中	
编钟	由多件编悬于架上的钟组成。用木槌敲击发音，低音浑厚洪亮，高音清脆，穿透力强	

2．国外乐器

国外乐器主要分为弦乐器、管乐器、打击乐器和键盘乐器。

1）弦乐器

弦乐器是乐器家族的一个重要分支，可分为弓弦乐器和拨弦乐器。

（1）弓弦乐器包括小提琴、中提琴、大提琴和低音提琴，如图2-3所示。其特点是音域宽广，音色优美，富于歌唱性，合奏时激昂澎湃，独奏时温柔婉约，表现力极强。在古典音乐乃至现代轻音乐中，大部分的抒情旋律都可用弓弦乐器来演奏。

（2）拨弦乐器包括吉他、竖琴、曼陀林等，如图2-4所示。其特点是音色明亮、清脆，可以进行独奏或伴奏，具有独特的音响效果。

▲ 图2-3 小提琴、中提琴、大提琴和低音提琴　　▲ 图2-4 吉他、竖琴、曼陀林

2）管乐器

管乐器主要包括木管乐器和铜管乐器。

（1）木管乐器包括长笛、短笛、大管、单簧管、双簧管等，如图2-5所示。木管乐器是乐器家族中音色最为丰富的一族，常用来表现大自然和乡村生活的情景。

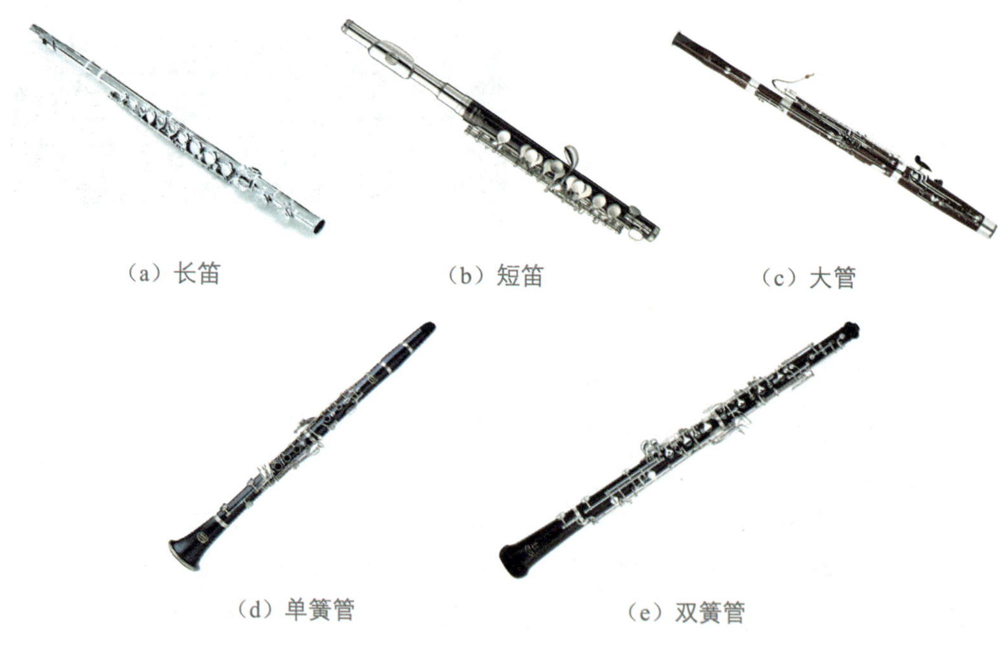

（a）长笛　（b）短笛　（c）大管　（d）单簧管　（e）双簧管

▲ 图2-5 木管乐器

（2）铜管乐器主要包括小号、大号、长号和圆号等，如图2-6所示。铜管乐器由金属材料制成，演奏时以唇代簧，依靠演奏者唇部的气压变化与乐器本身接通“附加管”的方法来改变音高，音量宏大，音域宽广。

(a) 小号　(b) 大号
(c) 长号　(d) 圆号

▲ 图2-6　铜管乐器

3）打击乐器

打击乐器包括定音鼓、小军鼓、大军鼓、架子鼓等，如图2-7所示。打击乐器是乐器家族中历史最为悠久的一族，通过演奏者的敲击、摩擦、摇晃来发音。在演奏效果上，打击乐器不仅能增强乐曲的力度，提示音乐的节奏，还能作为旋律乐器来进行演奏。

(a) 定音鼓　(b) 小军鼓　(c) 架子鼓

▲ 图2-7　打击乐器

4）键盘乐器

键盘乐器是指以键盘为演奏操作界面的乐器的统称，包括钢琴、风琴、手风琴、管风琴、口风琴等，如图2-8所示。其特点是音域宽广，可以同时发出多个乐音，具有良好的和声效果。

(a) 钢琴

(b) 手风琴

(c) 管风琴

▲ 图2-8　键盘乐器

(二)器乐的演奏形式

1. 独奏

独奏是指由一人演奏某一种乐器的形式，如二胡独奏、笛子独奏、小提琴独奏、钢琴独奏等。独奏时，演奏者要具备较高的演奏技巧和音乐素养，其演奏的乐曲不仅要有完整的音乐形象和细致的感情表达，还应当充分展示出所奏乐器的特性。

2. 合奏

合奏是指使用多种乐器进行演奏的形式。由于不同乐器有着不同的音域、音色和音量，合奏时，常常会按照乐器的种类进行分组，各组分别担任乐曲中的不同声部，从而增强乐曲的音响效果和表现力。常见的器乐合奏形式有弦乐合奏、管乐合奏、打击乐合奏和管弦乐合奏等。

3. 重奏

重奏是指多声部乐曲的每个声部分别由一种乐器演奏的形式。根据乐曲声部数量的不同，可以将重奏分为二重奏、三重奏以至八重奏。根据演奏乐器的不同，重奏又可分为钢琴三重奏、弦乐四重奏（见图2-9）、管乐五重奏等形式。一般来说，器乐重奏强调整体的匀称、均衡和统一，因此对演奏者自身的音乐素养和不同演奏者之间的配合度要求较高。

▲ 图2-9　弦乐四重奏

4．伴奏

伴奏是指在演唱或独奏的过程中，用一件或多件乐器来衬托、补充乐曲主旋律的演奏形式，如钢琴伴奏。伴奏可以帮助演唱者或独奏者更好地完成作品，使演唱或独奏的表现力更为丰富。

5．齐奏

齐奏是指由两个以上的演奏者按同度或八度音程关系同时演奏同一旋律的形式。齐奏时，演奏者可以使用同一种乐器，也可以使用不同乐器，但是所有演奏者的演奏都需要保持速度、节奏的统一，以保证音响效果。齐奏往往能展现出宏大的气势，因此常常用在大型活动中。

（三）器乐作品的体裁

常见的器乐作品的体裁有以下几种。

1．独奏曲

独奏曲是指用某一件乐器单独演奏的乐曲，包括二胡独奏曲、笛子独奏曲、小提琴独奏曲、钢琴独奏曲等。

2．协奏曲

协奏曲是用一件或多件独奏乐器与管弦乐队协同演奏，以显示独奏乐器的个性、技巧的大型器乐曲。在演奏协奏曲时，独奏乐器演奏者与管弦乐队常常轮流演奏，相互呼应、竞奏。具有代表性的协奏曲有门德尔松的《e小调小提琴协奏曲》，殷承宗、储望华等人改编的钢琴协奏曲《黄河》等。

3．室内乐

室内乐原指欧洲贵族宫廷中演出的世俗音乐，以别于教堂音乐和戏剧音乐。18世纪后期，专指由少数人为少量听众演奏或演唱的音乐；现主要指各种重奏曲。因为重奏曲中每个声部都相对独立，所以要求演奏更加细腻、含蓄，强调演奏者之间的默契。

4．序曲

序曲是指歌剧、清唱剧、舞剧、戏剧等剧情开始前的一段器乐合奏曲，或者音乐会上的声乐和器乐套曲的开始曲目，一般由管弦乐队演奏。歌剧、清唱剧、舞剧、戏剧的序曲有暗示全剧梗概、介绍故事发生环境和勾勒主要人物形象的作用，如莫扎特的《费加罗的婚礼》序曲。不附在任何作品之前的、专为音乐会而作的序曲一般是单乐章，内容比较自由，如柴可夫斯基的《1812序曲》等。

5．舞曲

舞曲是指以舞蹈节奏为基础写成的乐曲，一般具有特征鲜明的节奏，并以典型的节奏型贯穿始终，作为区别不同类型舞曲的标志。舞曲通常分为两种：一种是专供伴舞或歌舞表演的舞曲，如桑巴舞曲、伦巴舞曲等；另一种是专为独立演奏而作的舞曲，如肖邦的《波洛涅兹曲集》《玛祖卡曲集》和勃拉姆斯的《匈牙利舞曲》等。

6．进行曲

进行曲是一种具有步伐行进节奏特点的乐曲。进行曲多用二拍子、四拍子等偶数拍子，并突出强拍。其乐句结构规整，常用三部曲式，中段旋律性较强。除用于军队外，进行曲也广泛应用于社会生活仪式，如迎宾、葬礼、婚礼等。

7．交响曲与交响诗

交响曲是一种由管弦乐队演奏的大型器乐套曲，一般由四个乐章组成。交响曲规模庞大、音响丰富、色彩绚丽，富于戏剧性和表现力，能够通过对各种音乐形象的刻画和对比来展示各种矛盾冲突和人们的思想感情，是音乐表现力最强、组织最庞大、结构最复杂且最完整的器乐体裁。

交响诗是一种结合文学因素的，善于描写、叙事和抒情的，结构比较自由的单乐章管弦乐曲。交响诗的题材多取自小说、戏剧、史诗、民间故事、绘画、雕塑等，结构多为奏鸣曲式，或者以奏鸣曲式为基础、与套曲混合的自由曲式。具有代表性的交响诗作品有德彪西的《大海》、格什温的《一个美国人在巴黎》、谭盾的《敦煌·慈悲颂》等。

【赏美之趣】

任务二　欣赏声乐作品

一、中国民歌欣赏

音乐的欣赏方法

《小河淌水》

《小河淌水》是一首云南弥渡地区的民歌，有“东方小夜曲”之称。全曲采用中国传统的五声羽调式，由五个乐句构成一个复合乐段，旋律舒缓悠扬、清新优美，节奏从容自由，歌词质朴自然，极具云南民歌特色，表达了人们对美好生活的憧憬。

《小河淌水》描绘了一种充满诗情画意的深远意境（见图2-10）：皎洁的月光下，四周一片静谧，只有山下小河不时发出潺潺的流水声；青春貌美的阿妹触景生情，对月抒情，把自己对阿哥的浓情厚意注入这首优美的民歌中；轻柔的歌声，使这份浓情厚意伴随着河流一起流向阿哥。

▲ 图2-10　小河淌水

人文内涵是民歌的灵魂之所在。《小河淌水》保留了许多弥渡民歌中的“原味”，大量运用了弥渡的方言，如“亮汪汪”“清悠悠”等。《小河淌水》的旋律是当地广泛流行的山歌旋律，与其他民歌旋律基本相似，这也是传承人文精神的一种表现。

《沂蒙山小调》

《沂蒙山小调》又名《沂蒙山好风光》，是一首描绘沂蒙山秀丽风光和人民幸福生活、歌颂党的领导的革命歌曲。该曲最初在山东沂蒙地区流传，后传遍全国。歌曲旋律优美动听，节奏舒展整齐，具有山东民歌质朴、明快的风格。

1940年，抗日战争正处于相持阶段，山东沂蒙地区有一个与抗日武装为敌的反动武装组织——黄沙会。为了揭露黄沙会的反动面目，中国人民抗日军事政治大学第一分校文工团的音乐工作者，选用传统民歌《十二月调》的旋律创作了歌曲《反对黄沙会》。后来，山东军区文工团的音乐工作者将《反对黄沙会》的歌词改为赞美沂蒙风光（见图2-11）的内容，并将歌名定为《沂蒙山小调》。

▲ 图2-11　沂蒙风光

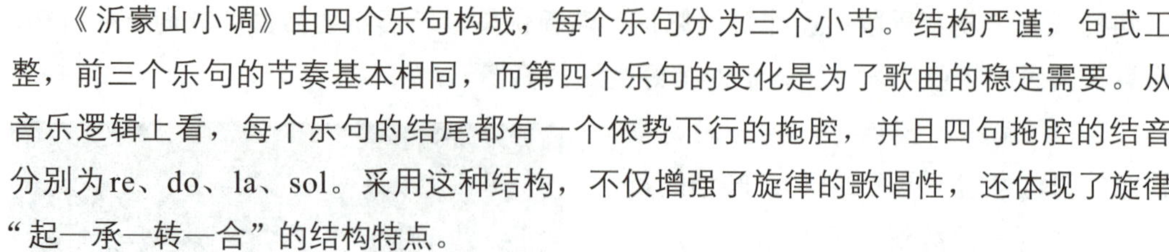

《沂蒙山小调》由四个乐句构成，每个乐句分为三个小节。结构严谨，句式工整，前三个乐句的节奏基本相同，而第四个乐句的变化是为了歌曲的稳定需要。从音乐逻辑上看，每个乐句的结尾都有一个依势下行的拖腔，并且四句拖腔的结音分别为re、do、la、sol。采用这种结构，不仅增强了旋律的歌唱性，还体现了旋律“起—承—转—合”的结构特点。

二、艺术歌曲欣赏

《阳关三叠》

《阳关三叠》是一首著名的中国古代歌曲，始创于唐代，有唱有奏，歌词源于唐代诗人王维的《送元二使安西》。作曲家王震亚将琴歌《阳关三叠》改编为合唱作品，使其成为我国广为传唱的一首送别之歌。该曲意境悠远，旋律情深意长，歌词感人肺腑。

释疑解惑

送元二使安西

渭城朝雨浥轻尘，客舍青青柳色新。

劝君更尽一杯酒，西出阳关无故人。

全曲分为三大段，基本在同一旋律的基础上进行变化重复，叠唱三次，因此称为“三叠”。每一叠都由两个部分组成，前半部分的歌词均为王维的《送元二使安西》中的诗句，后半部分的歌词则由后人新增。

在旋律方面，每一叠的前半部分只是根据琴歌的主旋律做细微的上下行变化，后半部分则表达了层层递进的情绪。第一叠表现了诗人的不舍和对其友人长途漫漫的心疼；第二叠在第一叠的基础上进行了细微变化重复，“依依顾恋不忍离，泪滴沾巾”与第一叠的情感相似，却又加深了不舍和难过的程度；第三叠副歌旋律起伏较大，表达激动的情感，一句“千巡有尽，寸衷难泯，无穷的伤感”将作品推向高潮。

《玫瑰三愿》

《玫瑰三愿》由龙榆生作词、黄自作曲。歌词作于1932年3月至4月间，当时正是“一·二八”事变发生后不久，上海的许多地方被炸毁。龙榆生到学校上课，看到校园里往日盛开的玫瑰衰败不已，触景生情，于是写下这首词，借玫瑰表达人们追求和平与安宁的愿望。随后，黄自为该词作曲。

歌曲为二部曲式。第一乐段是叙事部分，通过重复的两句“玫瑰花，玫瑰花，烂开在碧栏杆下”，为听众展现了一幅玫瑰花开的动人场景。该段旋律起伏不大，柔和婉转，既表现出玫瑰的楚楚动人，又透露出淡淡的忧伤，奠定了全曲的基调。

第二乐段用三个排比句，以拟人的手法唱出玫瑰的三个愿望：“我愿那妒我的无情风雨莫吹打”，委婉抒情；“我愿那爱我的多情游客莫攀摘”，恳切之情溢于言表；“我愿那红颜常好不凋谢”，充满激情而又凄婉。三个愿望层层递进，形成乐曲的高潮。最后一句“好教我留住芳华”，仿佛一声哀叹，委婉地表达了当时知识分子面对国破家亡时的忧愤之情。整首歌曲短小、精练，直抒胸臆，旋律的发展富有起伏感。

《鳟鱼》

《鳟鱼》的歌词取材于诗人舒巴特的同名浪漫诗，诗人借鳟鱼的不幸遭遇，抒发了其对自由的向往和对迫害者的憎恶。1817年，著名作曲家舒伯特为这首诗谱曲。歌曲简短但富有戏剧性，寓意深刻，具有非常突出的浪漫主义风格特征。

这首歌曲共分为三段，舒伯特采用变化的分节歌形式来表达不同段落的不同情绪。第一段描述了天真活泼的鳟鱼在清澈见底的河水中自由自在游动的情景，表达了轻松、愉悦的心情；第二段讲述了渔夫来到岸边，冷酷无情地望着水里的鳟鱼，思考如何将其钓上来的场景，表达了作者对鳟鱼的担忧之情；第三段叙述了渔夫搅浑河水钓出鳟鱼的场景，表达了作者对鳟鱼的同情与惋惜之情。

此外，歌曲还运用调式变化来表现情绪的转换。第一段和第二段是明朗的降D大调，表现出鳟鱼的活泼、可爱。在经过一个短暂的、低沉急促的间奏后，音乐进入第三段，调式由大调式转入小调式，变成降b小调，旋律和伴奏音型也紧张起来，情绪变得压抑，既表现了作者的忧心忡忡，又表现了渔夫的冷漠与残酷。

三、通俗歌曲欣赏

《思念》

《思念》由乔羽作词、谷建芬作曲。该曲属于通俗歌曲中的抒情类流行歌曲，表达了朋友离别乃至人生离合给人带来的失落、哀怨与惆怅之情。作者用一只匆匆飞到窗口的蝴蝶，比喻久别重逢、远道而来的朋友，发出了“相见时难，分别亦难”的感叹。

歌曲为二段体结构：第一段主要在较低的音区内娓娓道出思念之情；第二段逐渐引向高音区，跳跃跌宕，呼喊式的唱法表达了无可奈何的哀怨。这种一开始低吟，继而高唱，最后在延长音上结束的作曲技法在通俗歌曲中比较常见。

四、声乐套曲欣赏

《黄河大合唱》

▲ 图2-12 黄河

《黄河大合唱》于1939年作于延安。全曲以抗日战争为背景，以黄河（见图2-12）为中华民族的象征，歌颂了中华民族源远流长的光荣历史和中国人民坚强不屈的斗争精神。音乐气势磅礴，具有强烈的时代精神和鲜明的民族风格。全曲由《序曲》（管弦乐）、《黄河船夫曲》（合唱）、《黄河颂》（男声独唱）、《黄河之水天上来》（配乐诗朗诵）、《黄水谣》（女声合唱）、《河边对口曲》（男声对唱、重唱与合唱）、《黄河怨》（女声独唱与合唱）、《保卫黄河》（齐唱、轮唱）、《怒吼吧！黄河》（合唱）九个乐章组成。

本书主要赏析第四乐章《黄水谣》。它采用女声二部合唱的形式，是一首抒情歌曲。该曲旋律跌宕起伏，既优美抒情，又激越悲愤，表现出黄河儿女对祖国的热爱之情和对侵略者的仇恨之情。

《黄水谣》为三段体结构。第一段旋律优美、明朗、流畅，呈现了黄河两岸的壮阔景象和人民的美好生活。第二段音调悲凉，节奏沉重，首先控诉了中国人民在侵略者的践踏下所遭受的深重苦难，表达了对侵略者的切齿仇恨；接下来，下行音调和减慢的速度表达了凄凉的情绪；最后一句在连续的四度下行中结束，表达了中国人民强压在心头的极度悲愤之情。第三段为第一段的变化再现，情感在复现中变得更加强烈：虽然中国人民原有的美好生活已被践踏，但黄河仍在日夜奔流不息，中华民族正一往无前地共赴国难。

五、歌剧欣赏

《白毛女》

歌剧《白毛女》是中国第一部在秧歌剧的基础上创作的新歌剧。剧本由延安鲁迅艺术学院根据民间传说“白毛仙姑”集体创作，由贺敬之、丁毅执笔，马可等人作曲，于1945年在延安首次演出。在音乐上，《白毛女》既融合了山西、河北、陕西等地的民歌与地方戏的旋律，又借鉴了国外歌剧注重表现人物性格的处理方法，塑造了杨白劳、喜儿等鲜明的人物形象。

歌剧讲述了1935年的除夕，佃户杨白劳外出躲债回家后，被地主黄世仁逼债而自尽，其女喜儿被抢到黄家，受尽凌辱，逃居深山多年，头发全白，后被大春所在的八路军救出的故事。歌剧真实地反映了半殖民地半封建社会贫苦农民与地主阶级的矛盾，证明了只有共产党领导的人民革命才能砸碎封建枷锁，使喜儿及与喜儿有着共同命运的千千万万农民得到解放。全剧共五幕十六场，本书选取其中两个唱段加以赏析。

（1）《北风吹》。此唱段是第一幕第一场喜儿的唱段，以民歌《小白菜》的旋律为基础，又融合了河北民歌《青阳传》的旋律，表现了喜儿盼望父亲回家过年的喜悦心情。旋律亲切流畅，节奏轻柔舒展，细腻地刻画了喜儿天真、活泼、纯朴的形象。

（2）《扎红头绳》。这是歌剧第一幕里杨白劳和喜儿的对唱。喜儿的唱段是在杨白劳出场时深沉、压抑的主题旋律的基础上加以变奏而成的，速度、节奏的加快，使旋律显得更加欢快、活泼，表现了喜儿感受到温暖的父爱时的喜悦心情。最后父女对唱、齐唱，使欢乐的情绪达到高潮。

《茶花女》

歌剧《茶花女》（见图2-13）由威尔第作曲，由皮阿维根据小仲马的同名小说撰写脚本。歌剧剧情为：19世纪上半叶，巴黎交际花薇奥莱塔（即茶花女）被青年阿尔弗莱德的真挚爱情所感动，决心与他一同隐居乡下。然而，阿尔弗莱德怀有世俗偏见的父亲坚决反对他们的结合，处处阻挠。最终，薇奥莱塔忍痛与阿尔弗莱德断绝关系，不久后郁悒而逝。歌剧以细腻生动的心理描写、婉转优美的旋律和感人肺腑的悲剧力量，尖锐地揭露了贵族社会的虚伪面目，表达了对被压迫妇女的深切同情。

▲ 图2-13　歌剧《茶花女》剧照

全剧共分为三幕，本书主要赏析第一幕中，男女主人公在薇奥莱塔的家庭酒宴上演唱的二重唱歌曲《饮酒歌》。当时，阿尔弗莱德在宴会中举杯祝贺，用歌声表达了其对薇奥莱塔的爱慕之情，以及对真挚爱情的渴望和赞美，薇奥莱塔也在祝酒时做了巧妙回答。歌曲第二段结尾处，两人的对唱表达了他们对彼此的爱慕之情。最后一段，客人们的合唱也为这首歌增添了热烈的气氛。歌曲以轻快的舞曲节奏、优雅的旋律表现了主人公对爱情的渴望，同时也描绘出宴会上热闹、欢乐的情景。

任务三　欣赏器乐作品

一、独奏曲欣赏

《二泉映月》

《二泉映月》是民间音乐家华彦钧（小名阿炳）创作的二胡独奏曲。该曲展现了二胡独特的艺术魅力，在二胡艺术的发展历程上影响非凡，于1993年被评为“20世纪华人音乐经典作品”。乐曲由引子、六个主要段落和尾声组成，为变奏曲式结构，如表2-2所示。

表2-2　《二泉映月》结构分析

乐段		音乐特点	情感发展
引子		旋律下行，短小深沉	一声长叹
主题	1	低沉	倾诉、沉思
	2	昂扬	无限感慨
	3	高亢	激动、忧愤
中段		重复、变奏主题乐段	悲愤、憧憬
高潮		力度强、速度快、音调高	怒号
后段		单调平静、低沉	无奈叹息
尾声		不完全终止	曲终情未了

乐曲意境深邃，以委婉流畅、跌宕起伏的旋律，抒发了作者的辛酸悲抑之情，同时又体现了其坚韧的品格，有强烈的艺术感染力。乐曲开始，低沉、徐缓的旋律营造出夜阑人静、泉清月冷的意境，作者似在赞美自然景色，又似在倾诉自己凄苦、坎坷的一生；随着旋律转入高音区，乐音的力度在强弱间快速变化，表现了作者曲折、艰难的人生经历，传达出忧伤、悲愤、无奈等复杂的情绪；高潮处高亢、激越的旋律，让人感受到作者顽强的性格和对美好未来的憧憬。

《牧童短笛》

《牧童短笛》是由贺绿汀创作的钢琴独奏曲，风格清新、自然，被视为中国民族风格钢琴曲创作的发轫之作。

乐曲为三部曲式，采用呼应、对答式的二声部复调旋律。全曲欢快活泼，在音色、力度方面富于变化。一高一低两条清晰、灵动的旋律线，在旋律走向、节奏组合、乐句分句等方面都形成了对比。二者既相对独立，又形成了和谐的和声关系，共同传递出一种独特的东方韵味。主体部分能使人联想到中国画中充满诗情画意的场景：美妙无穷的大自然，扑面而来的清风，牛背上怡然自得、无忧无虑的牧童（见图2-14）正吹着笛子。该曲以简洁的艺术手法描绘了大自然的律动，展现了人们的心灵世界和生活情趣。

▲ 图2-14　牧童

二、协奏曲欣赏

《梁山伯与祝英台》

何占豪、陈钢根据越剧《梁山伯与祝英台》的主要情节和优美曲段，将中国戏曲与西方交响乐的表现手法相结合，谱写了《梁山伯与祝英台》小提琴协奏曲。该曲于1959年在上海首演。演奏时还借鉴了二胡、琵琶的某些演奏技巧，使得乐曲更加美妙动听。《梁山伯与祝英台》在国内外都深受欢迎，在国内被誉为“民族化的交响乐”，在国外被称为“《蝴蝶的爱情》协奏曲”。

《梁山伯与祝英台》是一首单乐章的协奏曲，用奏鸣曲式写成。全曲可分为以下三个部分。

呈示部（相爱）：乐曲开始，在轻柔的弦乐震音背景中传来秀丽婉转的笛声。接下来，双簧管乐队奏出的优美旋律，描绘出一幅风和日丽、鸟语花香的江南春色图。在竖琴的伴奏下，小提琴奏出淳朴、优美的爱情主题。随后，音乐转入活泼的小快板，这是小提琴与其他乐器交替演奏的回旋曲，描写两人三载同窗、共读共玩的纯洁友谊。最后，音乐转入慢板，以小提琴与大提琴“对话”的形式，诉说“长堤惜别”时的依依不舍之情。

展开部（抗婚）：大锣、大提琴和大管的沉重音响仿佛是不祥的征兆，铜管乐奏出了封建势力主题。然后，小提琴先后奏出祝英台得知父亲将她许配给豪门子弟马文才后的惶惶不安和悲痛哀伤之情，以及她的愤慨和抗议。抗婚的音调与封建势力主题交替出现，逐渐形成矛盾冲突的高潮。接着，音乐突然转入慢板，以小提琴与大提琴“对话”的形式，奏出如泣如诉的音调，描绘了梁山伯与祝英台楼台相会的情景。随后音乐急转直下，以闪板、快板来表现梁山伯悲愤而死、祝英台哭坟时痛不欲生的控诉。最后，锣鼓管弦齐鸣，表现祝英台纵身投坟的毅然决然，全曲达到最高潮。

再现部（化蝶）：长笛和竖琴奏出轻盈缥缈的音乐，将人们引入神话般的仙境；小提琴重新奏出爱情主题，表达了人们的美好愿望——梁山伯与祝英台化成蝴蝶，翩翩起舞。

释疑解惑

> 奏鸣曲式一般由呈示部、展开部、再现部构成。呈示部包括在主调出现的主部及在从属调性上出现的副部，主、副部往往形成对比，其间有连接部，最后有结束部。展开部通过各种作曲手法使不同情节得以充分展现。再现部则为呈示部的再现或变化再现。

三、室内乐欣赏

《鳟鱼五重奏》

《鳟鱼五重奏》由舒伯特作曲，共有五个乐章。本书选取第四乐章进行赏析，该乐章以舒伯特作曲的艺术歌曲《鳟鱼》的前半部分为主题，随后进行了五次变奏。

主题：由小提琴主奏，描绘出鳟鱼在水里自由自在、无忧无虑游动的情景。

变奏一：由钢琴主奏，音乐更加灵动，生动地描绘了鳟鱼在水里欢乐嬉戏的情景。

变奏二：由中提琴主奏，以大提琴奏出相同节奏的副旋律作为陪衬，上下不断变化的音调好像鳟鱼在水里自由浮沉。

变奏三：主旋律由大提琴与低音提琴合力奏出，浑厚、低沉的音色营造出危机四伏的氛围，预示着渔夫到来，危险临近。

变奏四：主题调性发生变化，各声部交错出现，意指渔夫张网捕捉、鳟鱼拼死挣扎，传达出一种悲愤交加的情绪。

变奏五：由大提琴主奏，其他声部柔和地伴奏，表达了对鳟鱼的同情和对渔夫狠毒手段的憎恨。

结尾：由小提琴演奏，再现主题，一切都恢复到乐曲最初的欢快与轻柔，表达了对未来美好生活的期盼。

四、序曲欣赏

《春节序曲》

《春节序曲》是《春节组曲》的第一乐章，由作曲家李焕之作于1955—1956年。《春节序曲》采用了陕北民间秧歌的音调和节奏，生动地表现了我国人民在传统节日里敲锣打鼓、载歌载舞的热闹场面（见图2-15）。

▲ 图2-15 热闹的节日场面

乐曲结构为复三部曲式。引子部分用热烈、欢快的节奏和锣鼓声来描绘秧歌队在街上行进的场景，奠定了全曲的欢快基调。

第一乐段用了两个对比性的主题来表现场面和情感。第一主题明快、粗犷，节奏不断紧缩，表现了人们载歌载舞的生动场面和热烈气氛。第二主题活泼、流畅，由长笛吹奏主旋律，双簧管演奏起衬托作用，表现了人们难以抑制的喜悦、激动的心情。

第二乐段旋律优美、节奏舒展、速度徐缓，与第一乐段形成鲜明对比，展现了人们在节日中相互祝福和问候的场面，也抒发了人们对幸福生活的赞美和对美好明天的憧憬。

第三乐段再现了热烈的主题，并加入了鼓、钹等打击乐器，展现了锣鼓喧天、鞭炮齐鸣的热闹场面，将节日的欢腾景象和人们的喜悦心情表现得淋漓尽致。

五、舞曲和进行曲欣赏

《G大调小步舞曲》

小步舞曲是一种起源于法国民间的三拍子舞曲，因其舞蹈的舞步较小而得名。在贝多芬所创作的小步舞曲中，《G大调小步舞曲》是最通俗、最流行的一首。该曲作于1795年，是其钢琴曲集《小步舞曲六首》中的第二首，后被改编为小提琴曲、大提琴曲和管弦乐曲等。

乐曲采用G大调，复三部曲式，由三段短小精悍的小步舞曲组成。第一乐段属于具有一定反复特性的单二部曲式，从弱拍开始，通过附点节奏和小二度音节，形成婉转的主旋律，将小步舞曲中的高雅情趣全面表现出来。

第二乐段是根据典型的三重奏演奏形式编写而成的，节奏更快。前八个小节中，每个小节有六个八分音符，每两个小节使用一个连线，每四个小节使用一个顿音，给人带来一种轻巧、活泼、愉悦的感受。后八个小节的伴奏部分利用卡农，使整段音乐显得更加欢乐、热烈，给人激情澎湃之感。

第三乐段是第一乐段的再现，主要目的是让整首乐曲显得更加优美、典雅。

释疑解惑

卡农是复调音乐创作技法之一，其特点是同一旋律以相同或不同的音高在各声部先后出现，后面声部按一定的时距依次模仿前一声部。

《土耳其进行曲》

《土耳其进行曲》是奥地利作曲家莫扎特创作的《A大调钢琴奏鸣曲》中的第三乐章。该乐曲旋律明朗、欢快，节奏感强，主题的重复和变化既朴实有力，又不显单调。整首乐曲充分体现出莫扎特细腻、优雅、轻灵、流畅的创作风格，充满了乐观主义精神。《土耳其进行曲》采用的是回旋曲式结构，因此又称《土耳其风回旋曲》。

在乐曲第一乐段中，第一主题以a小调形式出现，旋律轻盈活泼，节奏富有弹性；接着，第二主题曲调更加活泼，充满动感；随后，第一乐段在第一主题的重复中结束，体现出回旋曲式的特点。

乐曲的中部由四个小乐段组成，调性转到A大调上。第一小乐段是富有东方色彩的明朗而又雄壮的进行曲，曲调铿锵有力，气势雄伟，与乐曲开始时轻盈的旋律形成强烈对比。第二小乐段的旋律加快，犹如队伍在急速前进。第三小乐段的旋律仍然较快，呈现出不可阻挡的气势。第四小乐段与第一小乐段完全相同。接着，调性转回a小调，这是第一乐段的再现，再次体现了回旋曲式的特点。

乐曲的结尾部分由进行曲风格的音调变化发展而成，调性为A大调。整体旋律壮丽辉煌，气势磅礴，将乐曲不断推向高潮。最终，全曲在极为华丽而热烈的氛围中结束。

六、交响诗与交响曲欣赏

《伏尔塔瓦河》

《伏尔塔瓦河》是捷克民族乐派作曲家斯美塔那创作的交响诗套曲《我的祖国》中的第二首。伏尔塔瓦河（见图2-16）源出舒马瓦山，由两条小溪汇合而成，它流经茂密的森林、热闹的乡村和古老的城堡，经过首都布拉格，在梅尔尼克汇入拉贝河。《伏尔塔瓦河》描绘了河流两岸的旖旎风光和风土人情，表达了作者对祖国和民族的热爱之情。

▲ 图2-16 伏尔塔瓦河

《伏尔塔瓦河》用较自由的奏鸣曲式写成，全曲可分为以下几个部分。

（1）开始：用长笛和单簧管的演奏分别表示伏尔塔瓦河源头的两条小溪，竖琴的泛音不时出现，给人一种水花飞溅的画面感，形象地描绘出黎明时分两条小溪缓缓流淌的景象。

（2）呈示部：主部展现了小溪汇成宽广的河流，并充满气势地流向前方的景象。副部由圆号和小号奏出，仿佛狩猎的号角声，象征着伏尔塔瓦河流过一片茂密的森林。

（3）展开部：第一插部是节奏轻快的波尔卡舞曲，描绘了村民们在河畔举行婚礼的欢闹场面；第二插部的木管乐宁静柔和，描绘了夜幕降临，月光笼罩水面的景象，高音区的小提琴旋律则刻画了在月光下翩翩起舞的美丽仙女的形象。

（4）再现部：黑夜逝去，晨曦中又响起了主题旋律。河水流经险峻的峡谷，铜管乐的喧嚣和木管乐的啸鸣犹如惊涛骇浪猛烈冲击着悬崖峭壁，发出雷鸣般的轰响。

（5）结尾部：在弦乐组波浪式的伴奏下，木管组齐奏出主题，滔滔河水终于冲出峡谷，奔向布拉格，流过古老的维谢格拉德城堡。最后，小提琴奏出的“流水声”渐渐远离耳畔，乐队齐奏，全曲戛然而止。

《c小调第五交响曲》

贝多芬的《c小调第五交响曲》又称《命运交响曲》，创作于1807—1808年。它不仅展现了贝多芬与命运顽强斗争的精神，还体现了法国资产阶级革命时期欧洲人民争自由、谋幸福的胜利信心和胜利后的欢喜之情。全曲通过两个对立主题之间的冲突，刻画了光明与黑暗的斗争，表达了光明战胜黑暗后的欢乐之情。

《c小调第五交响曲》共分为四个乐章，本书选取的是第一乐章。该乐章为奏鸣曲式。乐曲一开始，由弦乐器和单簧管奏出强有力的四音动机，宛如命运的敲门声，这是贯穿整首乐曲的音型。接着，各种乐器轮番演奏，鲜明的力度对比和紧张的和声，使旋律冷峻阴森、气势汹汹，让人感觉惶惶不安，这是这一乐章的第一主题。而后，圆号吹出由“命运动机”变化而来的号角似的音调，引出具有如歌般的抒情气质，旋律安谧、温暖的第二主题，表达了对幸福生活的渴望与追求。

然而，“命运动机”再次袭来，引出了展开部。展开部中的转调非常频繁，增强了音乐的不稳定性，展现了作者与命运斗争的紧张过程。

乐章的结尾处，两个主题再次产生冲突，音乐的气势不可阻挡，显示出光明战胜黑暗的坚强意志和必胜信念。

班级____________ 姓名____________ 学号____________

【向美而行】

以小组为单位，选择一首具有代表性的音乐作品，然后结合所学知识对作品进行赏析。

（1）学生自由分组，4～6人为一组，并填写任务分配表，如表2-3所示。

表2-3 任务分配表

班级		组号		指导教师	
小组成员	姓名	学号	任务分工		
组长					
组员					

（2）查找相关资料，选择一首具有代表性的音乐作品（教材中介绍过的作品除外），对其进行赏析，并根据任务完成情况将表2-4填写完整。

表2-4 作品赏析表

具体项目		详细内容
了解作品	作品名称	
	作者简介	
	创作背景	
感受作品	音乐形象	
	情绪表现	

班级＿＿＿＿＿＿ 姓名＿＿＿＿＿＿ 学号＿＿＿＿＿＿

续表

具体项目		详细内容
分析作品	作品体裁	
	旋律	
	速度和节拍	
	调式、调性	
	演唱方法/演奏乐器	
	演唱/演奏形式	
	作品内容	

（3）指导教师根据表2-5，对学生的赏析情况进行评分。

表2-5 评分表

考核内容	评分标准	分值	得分
知识、技能考核（60%）	能准确地查找作品的相关资料	10	
	能准确表述作品的体裁、速度、节拍、调式和调性、演唱方法/演奏乐器和演唱/演奏形式	10	
	能完整地表达出作品所要表现的音乐形象	10	
	能感受到作品所要表达的情绪，并准确地进行描述	15	
	能准确地分辨作品的主题和高潮部分，并能区分乐段	15	
德育素养考核（40%）	能体会作品所蕴含的情感内涵	15	
	能积极培养自己欣赏音乐之美的能力	15	
	具有良好的团队精神和团队协作能力	10	
总评和建议		总分	

班级__________ 姓名__________ 学号__________

【知美达美】

一、填空题

（1）__________是指经过艺术构思，将若干高低起伏的乐音按一定的节奏有秩序地横向组织起来的音的序列。

（2）__________是指将多个演唱者分为两个、三个或四个声部，由各声部按一定时距先后演唱同一歌曲的形式。

（3）在我国传统声乐艺术中，民歌主要包括__________、__________、田歌和小调等。

（4）__________是指多声部乐曲的每个声部分别由一种乐器演奏的形式。

（5）《小河淌水》是一首云南弥渡地区的民歌，有__________之称。

（6）《二泉映月》是民间音乐家华彦钧（小名阿炳）创作的__________。

（7）《春节序曲》是《春节组曲》的第一乐章，它采用了__________的音调和节奏，生动地表现了我国人民在传统节日里敲锣打鼓、载歌载舞的热闹场面。

二、选择题

（1）（　　）是指若干高低各不相同的乐音，以其中最具稳定性者为中心，按一定的倾向关系所组建的音体系。

A．调式　　B．调性

C．曲式　　D．织体

（2）（　　）是指由两个以上的演唱者同时演唱同一歌曲的形式。

A．独唱　　B．齐唱

C．重唱　　D．对唱

（3）（　　）因其弹拨手法而得名，有“民乐之王”“弹拨乐器之王”等美誉。

A．古筝　　B．古琴

C．琵琶　　D．扬琴

（4）以下选项中，不属于木管乐器的是（　　）。

A．短笛　　B．大管

C．单簧管　　D．小号

（5）《思念》属于（　　）中的抒情类流行歌曲，表达了朋友离别乃至人生离合给人带来的失落、哀怨与惆怅之情。

A．艺术歌曲　　B．通俗歌曲

C．民歌　　D．歌剧

班级＿＿＿＿＿＿ 姓名＿＿＿＿＿＿ 学号＿＿＿＿＿＿

（6）（　　）是由贺绿汀创作的钢琴独奏曲，风格清新、自然，被视为中国民族风格钢琴曲创作的发轫之作。

A.《阳关三叠》　　B.《玫瑰三愿》

C.《牧童短笛》　　D.《春节序曲》

（7）《土耳其进行曲》是奥地利作曲家莫扎特创作的《A大调钢琴奏鸣曲》中的第三乐章，采用的是（　　）结构。

A. 回旋曲式　　B. 奏鸣曲式

C. 变奏曲式　　D. 单部曲式

三、判断题

（1）和声是指由两个以上的音按一定法则构成且同时发声的音响组合。（　　）

（2）通俗唱法起源于17世纪的意大利。（　　）

（3）交响诗是一种由管弦乐队演奏的大型器乐套曲，一般由四个乐章组成。（　　）

（4）歌剧《白毛女》是中国第一部在秧歌剧的基础上创作的新歌剧。（　　）

（5）《梁山伯与祝英台》在国内外都深受欢迎，在国内被誉为“民族化的交响乐”，在国外被称为“《蝴蝶的爱情》协奏曲”。（　　）

四、简答题

（1）简述民族唱法的特点。

（2）常见的声乐作品的体裁有哪些？

（3）常见的器乐作品的体裁有哪些？

项目三

观赏婆娑舞姿——舞蹈之美

项目引言

舞蹈是人类最古老的艺术形式之一，具有造型美、流动美、情感美等美学价值。舞蹈以其生动优美的形象、传神灵动的姿态、精湛高超的动作技巧感染着每一位欣赏者。欣赏者在欣赏舞蹈时，通过由浅入深、融情于理的审美活动，在思想感情上产生强烈共鸣，进而进行积极、主动的审美再创造活动，从而得到赏心悦目的艺术享受。

任务清单

完成一项学习任务后，请在对应的方框中打钩。

课前预习	□	准备学习用品，预习课本知识
	□	利用网络搜集有关舞蹈之美的资料
	□	形成对舞蹈之美的初步印象，并与课本知识相互印证
课堂学习	□	了解舞蹈发展简史
	□	熟悉舞蹈的艺术特征和表现手段
	□	熟悉古典舞蹈、民间舞蹈、芭蕾舞蹈和现代舞蹈
	□	培养良好的舞蹈鉴赏能力和韵律感
	□	了解中国及其他国家的优秀舞蹈作品，树立正确的多元文化价值观
课后实训	□	积极、认真地参与实训活动
	□	提高人际交往能力、沟通协调能力和解决实际问题的能力
	□	提高审美素养，能结合所学知识感悟舞蹈之美

【寻美之迹】

舞蹈诗剧《只此青绿》以其时空交错式的叙事结构与大气典雅的美学风格在海内外广受关注，其选段《青绿》更是登上2022年中央广播电视总台春节联欢晚会的舞台，惊艳了无数观众。

该剧以今人视角切入，以一位“穿越”回北宋的当代故宫研究员为“展卷人”，带领观众按照“展卷”“问篆”“唱丝”“寻石”“习笔”“淬墨”“入画”的顺序，“窥”见画家王希孟创作传奇名画《千里江山图》的故事。

在选段《青绿》中，《千里江山图》中的青绿山水被抽象为数位舞者，生动展现了王希孟笔下的锦绣山河。远山眉、高发髻、青绿长裙等精心设计的造型和“静待”“望月”“落云”“垂思”等极具想象力的动作，将层峦叠嶂的山峰、飞流直下的瀑布以艺术化的形式呈现在观众面前，带领观众逐步“走入”这幅以舞蹈绘就的山河画卷，沉醉在中国传统美学意趣之中。

【以美培元】

任务一 了解舞蹈的基础知识

舞蹈是指以经过提炼、组织和美化的人体动作为主要表现手段，运用动作姿态、节奏、表情等多种基本要素，塑造出可被具体感知的生动的形象，表达人们的思想感情，反映社会生活的一种艺术形式。

一、舞蹈发展简史

我国舞蹈发展历史十分悠久。原始的舞蹈大多与生产劳动相关，充分展示了古人的生活方式和状态。目前发现的古代岩画中，就有许多关于狩猎舞的内容，表明当时的舞蹈与人们的狩猎生活密切相关，如图3-1所示。

▲ 图3-1　古代岩画中的原始舞蹈

远古时期，音乐和舞蹈是相辅相成的，乐和舞密不可分。后来，随着民间诗歌的兴起，乐、舞又和诗歌紧密结合起来，形成了诗、乐、舞三位一体的文化现象。汉代时，舞蹈频繁出现在社会生活的各种场合，当时不仅出现了专门的乐舞机构“太乐署”，还诞生了我国第一篇专门描写舞蹈的辞赋——《舞赋》。

释疑解惑

《舞赋》是汉代文学家傅毅的赋作。该赋形象地描写了古代舞蹈的姿态、造型、节奏、神韵和表演舞蹈的完整场面，以及表演前后的种种情景，细腻传神，铺陈有序，是研究中国舞蹈史的宝贵资料。

中国古代舞蹈的发展在唐代达到了巅峰，唐代舞蹈以其宏大的演出规模，千姿百态、雅俗共赏的表演形式赢得了世人的喜爱。宋代时，民间舞蹈十分兴盛，每逢春节、元宵节、中秋节等节日，民间都要用歌舞等方式来举行庆祝活动。明清时期，舞蹈作为戏曲艺术的表现手段之一，形成了高度程式性和综合性的美学特征。

经过奴隶社会和封建社会的长期发展，特别是专业舞者出现之后，舞蹈得到了独立成长和快速发展。除了生活舞蹈外，还出现了各种类型的艺术舞蹈。20世纪50年代后，我国先后引进了西方的芭蕾舞蹈和现代舞蹈。1950年9月首演的芭蕾舞剧《和平鸽》，是第一部由我国艺术家创作的芭蕾舞剧。而后，艺术家们又相继创作了一批反映中国革命斗争的芭蕾舞剧，如《红色娘子军》《白毛女》等。改革开放后，中国舞蹈迅速发展，题材范围扩大，出现了《祝福》《黄河》等深受人们喜爱的舞蹈作品。

舞蹈的起源

关于舞蹈的起源，学术界存在不同的观点，主要有以下几种。

1．模仿说

“模仿说”认为，模仿是人类的天性和本能，舞蹈的出现与人类观察、模仿动物的行为活动紧密相连。此外，人们对火山喷发、河水流淌、树木摆动（见图3-2）等自然现象或景观的观察与模仿，也在一定程度上促进了舞蹈的产生。

▲ 图3-2 树木摆动

2．巫术说

“巫术说”认为，“巫”与“舞”是一致的。人类初期尚不能区分主客观，认为一切自然物都拥有灵魂，由此产生了图腾崇拜、巫术祭祀等。在相关活动开展的过程中，舞蹈应运而生，并扮演着不可或缺的角色，逐渐形成了图腾舞、巫舞等舞蹈形式。

3．繁衍说

“繁衍说”认为，在语言产生之前的漫长岁月里，人们都是通过身体动作来沟通的。为了生存，人们把繁衍后代当作头等大事，而舞蹈逐渐成为人们择偶、求爱的主要方式。由此观之，人们对繁衍的重视促进了舞蹈的产生。

4．劳动说

“劳动说”认为，人类生产劳动过程中的动作和节奏促进了舞蹈的产生。人们在劳动时，手和脚往往是要活动的，手用以拍打，脚用以踩踏。在不断重复某种动作的过程中，产生了有规律的节奏，再伴以呼喊或打击石块和木棍的声音，原始的舞蹈就出现了。

二、舞蹈的艺术特征

（一）动态性

动态性是舞蹈最基本的特征之一。所谓动态性，是指舞蹈以人体动作为主要表现手段，通过动作展现社会生活内容，表现人物内在精神世界。这种有节律的、具有美感的动作，并不是一般动作的堆砌和罗列，而是作为一种形象化的舞蹈语言呈现在人们眼前的。舞蹈创作者的形象思维和艺术构思，主要通过这些动态性的语言来体现。

（二）抒情性

舞蹈是一种表情艺术，能充分展现用语言或其他艺术手段所难以表现的丰富、细腻、强烈的情感和复杂的精神世界，蕴含着创作者对社会生活的审美判断和评价。抒情性是舞蹈的本质属性和舞蹈区别于其他人体文化（如杂技、艺术体操、武术等）的主要标志。诗人闻一多说过：“舞是生命情调最直接、最实质、最强烈、最尖锐、最单纯而又最充足的表现。”这充分体现了舞蹈具有抒情性。

此外，舞蹈还能表现较复杂的故事情节、人物形象和矛盾冲突，其关键在于根据抒情性的要求，充分发挥舞蹈艺术结构和艺术语言的表现功能和内在潜力，达到抒情与叙事的结合与统一。

《毛诗序》中写道：“情动于中而形于言，言之不足，故嗟叹之；嗟叹之不足，故永歌之；永歌之不足，不知手之舞之，足之蹈之也。”你怎样理解这句话？

（三）节奏性

节奏既是舞蹈构成的基本要素，也是舞蹈与音乐融为一体的纽带。节奏是组织调整舞蹈动作的依据，合乎节奏的舞蹈动作可以表现出舞蹈艺术特有的韵律美。

节奏一般可分为内在节奏和外在节奏。内在节奏是指舞者内在情绪和情感发展变化的节奏，以及由此引起的机体内部呼吸、心跳等节奏的发展变化，是外在节奏的基础；外在节奏主要表现为动作力度的强弱、速度的快慢和幅度的大小，是内在节奏的具体表现。节奏的变化能使相同的舞蹈动作传达不同的情绪和情感等。在表现单一情绪的舞蹈作品中，舞蹈结构多以节奏的变化和不同的艺术处理为分段依据。

（四）综合性

舞蹈是一种具有综合性的艺术。早期的诗歌、音乐、舞蹈往往三位一体，并存共融。近现代发展成型的舞剧更进一步将文学、戏剧、音乐、美术、杂技、电影、科技等融入舞蹈。其中，音乐具有重要的作用和意义，能描绘人物的思想感情和性格特征，与舞蹈共同完成塑造艺术形象的任务；能渲染与衬托舞蹈的环境气氛；能表现人物冲突，并在一定程度上交代剧情。此外，舞台美术（服装、灯光、布景、道具等）也相当重要，它能交代舞蹈所表现的时代、环境背景和人物身份，推动情节发展和配合人物形象的刻画。

（五）造型性

舞蹈的造型性包括人体动作姿态的造型和舞蹈构图两个方面，用以表现舞蹈艺术的美感形象。人体动作姿态的造型既遵循一般的形式美的规律，如整齐划一、对称平衡、变化多样、对立统一，又具有较强的民族特性，如孔雀舞中人体动作姿态的造型。舞蹈构图是指舞者在舞台空间的运动线和相对静止的画面造型，不同的舞蹈构图能传递不同的质感和情绪。造型性使舞蹈具有动中有静、静中有动、动静有序的特点，充分展现出人体线条和动作的美，并集中反映出人的内在情感。

孔雀舞《雀之灵》

杨丽萍以傣族民间舞蹈为基本素材，从孔雀的基本形象入手，自编了孔雀舞《雀之灵》，并于1986年首演。自《雀之灵》首演至今，观者无不为之陶醉，每看一次都会被作品的诗情画意所打动。舞者修长柔韧的臂膀和灵活变换的手部动作，生动地塑造了孔雀引颈昂首的形象，展现了勃发向上的精神。同时，舞者通过手臂各关节有层次的节节律动，将孔雀机敏、灵活的神韵尽情显露。这一舞蹈作品无论是在创作上还是在表演上，都达到了极高的艺术境界。

杨丽萍在《雀之灵》中阐述了她对生命的感悟：生命源于自然，纯洁神圣，充满灵性；同时，生命应与自然结合，在自然中寻找灵感，从而绽放出绚烂的光彩。

三、舞蹈的表现手段

舞蹈的表现手段主要包括舞蹈动作、舞蹈造型、舞蹈表情和舞蹈构图等。

（一）舞蹈动作

舞蹈动作是一种经过提炼、组织和美化的人体动作，它是舞蹈艺术最基本的要素，也是构成舞蹈的最基本单位和舞蹈语言的最基本成分。舞蹈动作是对一般动作及非动作性物态进行艺术加工的结果，具有一定的造型性、节奏感、动律美和形象表现力。

舞蹈动作大多来源于生活实践，如扑蝴蝶、捕鱼、射雁、双飞燕等动作都来源于生活，但又在此基础上进行了夸张、变形和美化。这类舞蹈动作称为具象性舞蹈动作，在优秀舞蹈作品中屡见不鲜，如《摘葡萄》中的摘葡萄动作、《追鱼》中的鱼儿游动动作等。此外，有一些舞蹈动作在作品中仅仅用于表达人的内心情感，没有具体所指，如表达欢快情绪的快速旋转和挥动红绸。这类抒情动作富于象征意义，因此称为抽象性舞蹈动作。

（二）舞蹈造型

舞蹈造型是舞蹈的重要表现手段，可分为以下三类。

（1）静态造型：包括一般静止的舞姿形态（如中国古典舞的蹬三步）和特定民族、地区、时代或人物的舞姿形态（如傣族孔雀舞造型）。

（2）动态造型：包括一般的舞蹈动作与步法（如翻身、云手）和特定民族、地区或人物的典型舞蹈动作或动作组合（如彝族的阿细跳月步）。

（3）技巧性造型：指舞蹈技巧的形态（如旋子、摆莲），或运用舞蹈技巧表现舞蹈作品中的情绪或场景（如以站肩朝天蹬表现木兰登高瞭望的场景），可用于推进舞蹈的高潮。

舞蹈造型不仅是一种美的形态，而且是一种具有丰富内在含义的融合体，能够展示人物的性格特征，塑造有血有肉的舞蹈形象。例如，《金山战鼓》中的梁红玉在出场时用了点步翻身、转身亮相的舞蹈造型，在动中表现出巾帼英雄的战斗意志，在静中呈现出英武威严的女将气概。又如，《丝路花雨》中英娘反弹琵琶的舞蹈造型，展现出敦煌舞姿的“S”形特点和英娘天真、淳朴的性格特征。

华彩流光

《丝路花雨》

舞剧《丝路花雨》取材于敦煌莫高窟的壁画艺术，由原甘肃省歌舞团于1979年首演，被誉为“中国民族舞剧的典范”。它以大唐盛世为背景，以老画工神笔张和女儿英娘与波斯商人患难与共、生死相交的故事为线索，展现了一幅恢宏的历史画卷，再现了大唐盛世对外经济文化交往频繁的盛况，歌颂了劳动人民创造敦煌文化的光辉艺术形象，赞美了中外人民源远流长的友谊。

（三）舞蹈表情

舞蹈表情（见图3-3）对于揭示人物的内在心理活动、表现多种情绪的变化具有重要作用。我国汉族舞蹈十分讲究表情，尤其讲究眼神的运用，将眼神分为喜眼、嗔眼、怨眼、爱眼、怒眼、哀眼等，要求舞者在舞蹈表演中通过眼神表露特定的心理状态。对眼神的训练也有一整套方法，如利用鱼的游动来练习转睛，利用点燃的香烛训练眼神的光彩，等等。

▲ 图3-3　舞蹈表情

（四）舞蹈构图

舞蹈构图是指舞蹈在一定空间与时间内的动态结构，包括动态的舞蹈空间运动线和静态的舞蹈画面造型。

1. 舞蹈空间运动线

舞蹈空间运动线是指不断变换的舞蹈路线或队形，一般可分为斜线（对角线）、竖线（纵线）、横线（平行线）、圆线（弧形）、曲折线（迂回线）五种。

1）斜线

斜线具有延续感和纵深感，长于表现开放、奔驰、有力的推进和勇往直前、明朗乐观的性格。例如，舞蹈史诗《东方红》第三场中的舞蹈《雪山草地》和第五场中的舞蹈《进军舞》《百万雄师过大江》，就多处运用了斜线；女子群舞《小溪·江河·大海》也运用了斜线，以表现小溪的流淌和江河的奔流。

2）竖线

竖线动势强劲，有直接逼来的紧迫感和压力感，长于表现正面前进。例如，芭蕾舞剧《红色娘子军》终场结尾，娘子军连战士和群众一起排成三排横队，在“向前进，向前进……”的歌声中面向观众径直走来，展现了一种不可阻挡的磅礴气势。

3）横线

横线一般表现缓和、稳定、平静的情绪，如群舞《鄂尔多斯》的开场、女子群舞《草原女民兵》的开场和结尾等就采用了这种空间运动线。

4）圆线

圆线一般给人以柔和、流畅、匀称和绵延不断的感觉，如群舞《荷花舞》中就大量采用了这种空间运动线。

5）曲折线

曲折线一般给人以活泼、跳荡和流动不定的感觉。例如，男子群舞《行军路上》在表现部队经过崎岖的山路时，便采用了这种空间运动线。

释疑解惑

以上所述只是这五种空间运动线的基本特性。在不同的舞蹈作品中，通过对节奏、速度的变化处理，这五种空间运动线也可以表现出不同的情绪，获得不同的艺术效果。

2. 舞蹈画面造型

舞蹈画面造型一般可分为方形、三角形、圆弧形、梯形、菱形等基本图形。一般来说，方形给人以稳定感，三角形给人以力量感，圆弧形则带有柔和流畅之感，菱形、梯形给人以开阔感。

有些舞蹈中，舞者利用舞蹈道具和各种基本图形，可组成具有一定象征性的队形画面。例如，舞蹈史诗《东方红》第四场的歌舞《游击战》中，舞者们三人一组，采用三角形的图形结构在芦苇道具前移动，营造出一种游击队员埋伏和出没于芦苇荡的意境。又如，群舞《喜送粮》中，几位黎族少女手持草笠，采用圆形和直线的图形结构构成一台“吹谷机”，通过草笠的转动，展现出“吹谷机”不停运转的生动景象。

任务二　熟悉舞蹈的分类

一、古典舞蹈

舞蹈的种类

古典舞蹈即古典风格的传统舞蹈，由历代舞蹈艺术家在民族传统舞蹈的基础上提炼、整理、加工创造而成。古典舞蹈具有严谨的程式、规范的动作和高超的技巧。世界上许多民族都有其风格独特的古典舞蹈，这里主要介绍中国古典舞。

中国古典舞是在古代舞蹈审美资源的基础上产生的舞蹈种类。中国古典舞的独特魅力在于：它脱胎于浸透着深厚传统文化和艺术精神的戏曲舞蹈，以民族精神为情结，寻中国传统文化思想之源、取中国传统艺术理论之道、借中国传统动作语言之象，承载了中华文化悠久深厚的美学传统。

20世纪50年代，人们在对戏曲舞蹈资源进行提取与整合的基础上，发展出了一整套中国古典舞基础训练教材，形成了中国古典舞语汇，并创作了一系列代表作品，如小型舞剧《盗仙草》、大型舞剧《宝莲灯》、女子双人舞《飞天》、独舞《春江花月夜》等。从20世纪80年代起，中国古典舞在内容与形式上均有创新和改进，主要表现为：对历代古典舞的创造性恢复，以及对少数民族古典舞蹈的发掘；改“身段”为“身韵”，强调古典舞语言的抒情性和写意性；除继续挖掘原有戏曲舞蹈资源外，又发展出“汉唐舞蹈”“敦煌舞蹈”“昆舞”等中国古典舞流派。

释疑解惑

身韵是中国古典舞中“身法”和“神韵”的合称，即以符合古典舞蹈艺术规范的身法展现符合民族审美心理的神韵，强调形神兼备，身心互融，内外统一。在表现方法上强调轻重、刚柔、强弱、急缓、松紧的对比，在造型上具有圆、曲、拧、倾的特征，舞蹈空间运动线具有曲折婉转、点线交织的特点。

中国舞蹈的悠久历史和丰厚遗产，决定了中国古典舞多元发展的格局。目前，中国古典舞大致分为四个流派：① 身韵派，以脱离戏曲模式为目的，以提、沉、冲、靠、含、腆、移等动作元素为训练范式，强调“形、神、劲、律”；② 汉唐派，以汉唐精神及其艺术气质为审美主干，以古代文献、文物、民间舞蹈中的古代舞蹈遗存和戏曲舞蹈为形象依托，力求最大限度地复原其原始风貌；③ 敦煌派，以敦煌石窟壁画中的舞姿形象为蓝本，秉承中国传统美学原则，运用古典舞蹈的节奏和韵律，并吸收、借鉴西域各民族舞姿而形成，典型形态为“S”形三道弯式；④ 昆舞派，从昆曲中剥离提炼，并经整合形成舞蹈体系。

二、民间舞蹈

民间舞蹈泛指各种产生并流传于民间、受民俗文化制约、即兴表演但风格相对稳定、以自娱为主要功能的舞蹈形式。它直接反映人民群众的生活，表现其思想感情、理想和愿望。民间舞蹈朴实无华、形式多样、内容丰富、形象生动，历来是各国古典舞蹈、宫廷舞蹈和专业舞蹈不可或缺的素材。受历史文化、风俗习惯和自然条件的影响，不同民族和地区的民间舞蹈呈现出不同的风格和特色。

生活舞蹈——习俗舞蹈

中国各民族的民间舞蹈历史悠久，形式多样，大多载歌载舞，一般可分为汉族民间舞蹈（如秧歌、腰鼓舞、龙舞、狮子舞、花鼓舞、高跷、采茶舞、跑旱船、绸舞、扇子舞等）和少数民族民间舞蹈（如蒙古族的安代舞、藏族的弦子舞、维吾尔族的赛乃姆、苗族的芦笙舞、土家族的摆手舞、傣族的孔雀舞、黎族的竹竿舞等）。图3-4为汉族民间舞蹈中的狮子舞。

▲ 图3-4　汉族民间舞蹈中的狮子舞

民间舞蹈具有以下特点：

（1）自娱性。民间舞蹈的动作步法比较简单、精练，易于掌握，常常和群众的自娱活动紧密相连。

（2）即兴性。民间舞蹈动作姿态的规范性较弱，可变性较强，在大体一致的动作、节奏、韵律下，不同舞者可即兴发挥。

（3）稳定性。民间舞蹈常在特定范围内流传，受外界影响较小，其风格特色相对比较稳定。

美之漫谈

你了解哪些民间舞蹈？请选择一种进行简单介绍。

华彩流光

展现民族民间舞蹈的魅力

2021年10月27日，第十三届中国舞蹈“荷花奖”民族民间舞评奖活动在济南落幕。在本次活动中，来自全国各地的舞蹈创作者将民族民间舞从广袤大地搬上舞台，赋予其时代内涵，为其注入当代审美价值。

扎根人民，植根乡土，放飞艺术想象，才能引发情感共鸣，升华思想表达。例如，二十二名来自新疆艺术学院舞蹈学院的学生表演的男子群舞《阳光下的麦盖提》热烈奔放、活力四射，将非物质文化遗产刀郎舞与山东鼓子秧歌巧妙融合，展现了新疆人民在党的关怀下沐浴幸福阳光的美好生活。又如，长春人文学院原创作品《姥姥的田》将新农村建设的时代背景与吉林省的袖头秧歌素材紧密结合，不仅展现了新农村建设的现实图景，更表达出人民心中满满的获得感、幸福感。此外，呼和浩特市歌剧舞剧院有限公司选送的舞蹈《浪漫草原》将蒙古大草原的景色美与草原人民的生活美相结合，尽显天地辽阔，以及草原人民的率真性情与浪漫情怀。

舞蹈是追求美、表现美和创造美的艺术，体现了创作者对世界的认识、对文化的态度。创作者应将中华优秀传统文化“种”在心里，通过作品让更多人了解中华民族文化的深厚底蕴和独特魅力。例如，浙江音乐学院创排的舞蹈《一条大河》用安徽花鼓灯动作语汇转译出大河奔涌不息的滔滔盛景，抒发了家国情怀。舞蹈借女子的形象与身段展现“河流”蜿蜒的流向与地理特征，在“大河”这一意象中，舞者通过扇子与身体的延伸对“大河”进行比拟，通过“三道弯”的塑造、角度的变换与舞者身体的旋转，营造出生生不息的流动感。此外，舞蹈还提取了花鼓灯中“颤、颠、抖、梗”四大动作，对传统舞蹈进行创新性表达。

（资料来源：陈伟科，《展现民族民间舞蹈的魅力——第十三届中国舞蹈“荷花奖”带来的思考》，《人民日报》，2021年11月18日，有改动）

三、芭蕾舞蹈

芭蕾是法语“ballet”的音译，是欧洲的一种古典舞蹈，素有“舞蹈艺术皇冠之珠”的称谓。芭蕾舞蹈是西方审美理想在舞蹈艺术中的完美体现，具有典范性和礼仪性。芭蕾舞蹈的重要特征就是女舞者要穿足尖鞋（见图3-5），所以芭蕾舞蹈俗称“足尖舞”。

▲ 图3-5 足尖鞋

芭蕾舞蹈起源于意大利，在17世纪形成于法国。19世纪初，芭蕾舞蹈发展为一门独立的艺术，创造了足尖舞技巧，并形成了一套完整的训练方法。19世纪末，芭蕾舞蹈在俄罗斯发展至顶峰，后传至世界各地，大约在20世纪20年代传入我国。20世纪50年代之后，芭蕾舞蹈在我国得到了蓬勃发展，成立了许多专业芭蕾舞团，并涌现出大量优秀作品。

芭蕾舞蹈的足迹遍及全球，成为可以跨越国界、超越民族、超越语言的全球性艺术。它经历了早期芭蕾、浪漫主义芭蕾、古典芭蕾、现代芭蕾、当代芭蕾等几个重要的发展阶段，产生了席间芭蕾、情节芭蕾、戏剧芭蕾、交响芭蕾、爵士芭蕾、摇滚芭蕾等多种形式。

“开、绷、直、立”是芭蕾舞蹈的四个基本要素。“开”指舞者不分男女，都必须将肩、胸、胯、膝、踝五大关节部位左右对称地展开，特别是两脚应向外展开至呈一条直线；“绷”指舞者应将身体各部位收紧绷直，尤其是踝部和脚背；“直”指舞者应将膝盖伸直，后背垂直；“立”指身体要直立、挺拔。“开、绷、直、立”的舞姿特征将人体的对称、和谐、典雅、高贵展示到无以复加的程度。

四、现代舞蹈

现代舞蹈又称“现代派舞蹈”，是20世纪初由美国舞蹈家伊莎多拉·邓肯首创并

流行于欧美地区的一种舞蹈。它主张摆脱古典芭蕾过于僵化的动作程式的束缚，以合乎自然运动法则的舞蹈动作，自由地抒发人的真实情感。

现代舞蹈在发展过程中产生了诸多流派，不同流派各有其美学主张。有的认为舞蹈应有自己的灵魂，要突出人体动作的流畅性，把舞蹈从烦琐的舞姿和服饰中解放出来，归于质朴和自然；有的主张打破传统结构的束缚，使舞蹈无故事情节和中心主题，让舞者自然表演；有的主张舞蹈应如实反映当代社会人们的精神状态。

20世纪中期以后，现代舞蹈出现了一种新的发展趋势，即其与古典芭蕾不再相互对峙和排斥，而开始相互尊重、相互学习。古典芭蕾开始学习、吸取现代舞蹈在表达情感方面的长处，以及其丰富多样的肌肉和呼吸训练方法；现代舞蹈也承认古典芭蕾体系的系统性和科学性，从中借鉴了不少形式美的要素。

【赏美之趣】

任务三　欣赏舞蹈作品

一、古典舞蹈作品欣赏

《飞天》

舞蹈的审美原则

舞蹈编导：戴爱莲

音乐作曲：刘行

首演时间：1954年

首演团体：原中央歌舞团

首演演员：徐杰、资华筠

荣获奖项：1955年获第五届世界青年联欢节舞蹈比赛铜奖；1994年获中华民族20世纪舞蹈经典评比展演经典作品金像奖

作品赏析

敦煌石窟是我国极为重要的舞乐资料宝库。几百年来，有许多艺术家从这座宝库中寻觅灵感、汲取营养，创作出精妙感人的传世之作。《飞天》就是著名舞蹈家戴爱莲根据敦煌石窟壁画上的艺术形象创作出来的双人舞。

在《飞天》中，戴爱莲继承、发展了我国传统舞蹈中的长绸舞技法，以凝练的舞蹈语言、抒情浪漫的手法，将“飞天”（佛教壁画或石刻中的在空中飞舞的神）的形象形神兼备地再现于舞台上。舞蹈格调高雅，注入了戴爱莲对自由、光明的向往和追求。舞蹈表演艺术家徐杰、资华筠等人的出色表演，使得这个作品流光溢彩，形象特点与韵律特征更加突出，成为中国较早在国际上获奖的优秀作品之一。

在该舞蹈中，绸带的舞动既是舞者身体运动的放大与夸张，又是舞者情绪的外现与张扬，更是一种舞蹈艺术表达所独有的语汇。在《飞天》中，舞者舞动绸带，时而似长虹贯日，时而若天女散花，情到浓处更是表现出泼墨狂草般的淋漓洒脱，展现出“飞天”不同于凡人的气质。“飞天”的绸带不仅是对衣饰的升华，更是对空间的扩展，绸带的千变万化，展现出人们向无限空间探寻的过程。

《黄河》

舞蹈编导：张羽军、姚勇

舞蹈音乐：《黄河钢琴协奏曲》

首演时间：1988年

首演团体：北京舞蹈学院

荣获奖项：1994年获中华民族20世纪舞蹈经典评比展演群舞经典作品金像奖

作品赏析

《黄河》是根据《黄河钢琴协奏曲》编创的舞蹈。整个作品场面恢宏，气势磅礴，充分运用舞台调度，以独舞、双人舞、三人舞、四人舞、群舞等舞蹈形式，表现了黄河儿女在面对灾难时不屈不挠、英勇斗争的大无畏精神。

在第一乐章《黄河船夫曲》中，舞者们蜷缩低伏，后背拱起，似黄河纤夫艰难前行，几个依次挺身立起的身躯似黄河的浪花，仿佛一群纤夫正在与激流险滩奋勇抗争。

在第二乐章《黄河颂》的双人舞表演中，舞者用充满深情的肢体语言倾诉了黄河儿女对黄河母亲纯洁、神圣的感情。一组组生动的舞蹈造型，既象征着黄河对黄河儿女的哺育，也象征着中华民族刚柔并济、宽厚博大的精神。

在第三乐章《黄河愤》中，舞者通过时而慷慨激昂、时而优美抒情的情绪表达，展示生活在列强压迫下，处于水深火热之中的中国人民的痛苦与期盼。

在第四乐章《保卫黄河》中，“保卫黄河”的号角吹响后，无数手臂相继举起，展现了黄河儿女的无声誓言和战斗豪情。舞蹈动作充满爆发力，多种舞蹈形式错落衔接，极力烘托出黄河儿女的誓师之态，也显现出中华民族必定崛起、势不可当的恢宏气势。

最后，全体舞者如泄闸狂涌的河水般快速集结在舞台后区，随着经典旋律《东方红》的响起，舞台上笼罩着一片红色光芒，使观众热血沸腾，其精神、感官受到强烈冲击。

二、民间舞蹈作品欣赏

《黄土黄》

舞蹈编导：张继钢

音乐作曲：汪振宁

首演时间：1991年

首演团体：北京舞蹈学院

荣获奖项：1991年获第三届“桃李杯”舞蹈比赛优秀创作剧目奖；1994年获中华民族20世纪舞蹈经典评比展演经典作品金像奖

作品赏析

《黄土黄》的创意来自民谣“有一把黄土就饿不死人”。该作品表达了黄土儿女对土地沁入骨血的深沉感情，展现了中华民族勤劳、质朴的优良品德和自尊、自信、自强不息的精神面貌。作品以山西胸鼓舞为主要动作素材，结合古典舞蹈、鼓子秧歌和安塞腰鼓中的动作，根据主题的需要加以创造，将胸鼓舞这一原生态秧歌舞的艺术魅力发挥得淋漓尽致。

整个舞蹈分为以下三段。

第一段：舞台上，昏暗的光照着一个缚着胸鼓、坐在地上的男舞者，音乐透出阵阵苍凉之感。骤然间，灯光亮起，随着一声苍劲有力的呐喊，全体舞者瞬间单膝跪地、俯身，又迅速立起后仰，气势夺人。接着，女舞者们退场，男舞者们以艰难却又坚定的步伐，一步步向前推进。他们不断击鼓，扬起手臂，双脚齐踏，表现出昂扬的斗志和乐观的精神。随后，女舞者们肩并肩，以轻盈的碎步重新出场，动作柔中带俏，与男舞者们竖排间隔开，刚柔并济，展现了生命的和谐之美。

第二段：一个男舞者从人群中走出，刚劲潇洒地晃着头。随后，其他男舞者将他围住，他站在中央高举手臂，其他舞者则不停地击鼓、腾跃。顿时，舞台上群情激昂，舞者们左右跨步，挥臂敲击，腾空跃起后又稳稳落地，呐喊声、击鼓声此起彼伏，将气氛推向高潮。

第三段：在欢腾跳跃的舞者中，出现了一个俯身跪地的男舞者，他深情地捧起一把黄土，将黄土儿女的恋土情结诠释得淋漓尽致。

《黄土黄》是民间舞蹈创作的典范。在舞蹈结构上，它采用了男子舞、女子舞和男女群舞间隔出现的手法；在舞蹈技法上，它以动作的不断重复、强化来积蓄力量，从而使作品具有一种撼人心魄的穿透力。

《阿诗玛》

舞蹈编导：赵惠和、周培武、陶春、苏天祥

音乐作曲：万里、黄田

首演时间：1992年

首演团体：原云南省歌舞团

荣获奖项：1992年在全国舞剧观摩演出中获优秀剧目奖；1994年获中华民族20世纪舞蹈经典评比展演舞剧经典作品金像奖

作品赏析

舞剧《阿诗玛》取材于阿诗玛追求婚姻自由的彝族民间故事。其主要剧情是：勇敢憨厚的牧羊人阿黑和美丽善良的彝族姑娘阿诗玛相爱，然而，头人（旧时我国某些少数民族中的首领）的儿子阿支也喜欢阿诗玛，他抢走了阿诗玛，逼迫其嫁给他。阿黑听到消息后，赶来救出了阿诗玛。正当两人欢欣相聚时，阿支恼羞成怒，放出洪水，淹没了这对恋人。最后，阿诗玛被洪水吞噬，化成一尊石像，永远留在了石林之中。

《阿诗玛》通过不同的价值观念和对美的追求来引发戏剧冲突，将人物心理描写与剧情发展相结合，以七彩舞段的特殊结构来展现戏剧冲突的全部过程。这七彩舞段分别是：黑色舞段——阿诗玛的诞生，绿色舞段——阿诗玛的成长，红色舞段——炽热的爱情，灰色舞段——愁思如云，金色舞段——金笼的忧伤，蓝色舞段——恶浪滔滔，白色舞段——回归自然。这种创新编排虚实相生，双重意象富于诗情画意。

《阿诗玛》站在弘扬优秀民族文化的高度，把流行于云、贵、川的彝族民间舞融入舞剧中，采编了彝族各支系最富风格韵味的舞蹈动律，呈现出极具特色的民族风范。此外，《阿诗玛》的音乐以彝族民歌为主导，同时运用了许多富有特色的民族乐器，使每一个音符、每一段旋律，都渗透着民族文化的特色。

《阿诗玛》的最大亮点，莫过于大量运用群舞造景、生情，以群舞队形、风格服饰和动作语汇的丰富变换，缔造出各种惟妙惟肖的自然景物，如黑色舞段中的石林与羊群，绿色舞段中的绿苗，白色舞段中的白云和蓝色舞段中的洪水……完全以肢体语言描绘大自然的一草一木、片云片雨，塑造了鲜活的艺术形象。

三、芭蕾舞蹈作品欣赏

《红色娘子军》

舞蹈编导：李承祥、王希贤、蒋祖慧

音乐作曲：吴祖强、杜鸣心、王燕樵、施万春、戴宏威

首演时间：1964年

首演团体：中央芭蕾舞团

首演演员：白淑湘、吴静珠、李承祥等

荣获奖项：1994年获中华民族20世纪舞蹈经典评比展演舞剧经典作品金像奖

作品赏析

《红色娘子军》是根据同名电影改编的芭蕾舞剧。该舞剧以中国革命历史为背景，讲述了从恶霸南霸天府中逃出来的丫鬟琼花，在红军党代表洪常青的帮助下，从一名苦大仇深的农村姑娘，逐渐成长为一名有着坚定共产主义信念的娘子军战士的故事。

《红色娘子军》是一部从中国人的审美观出发，将西方芭蕾的技巧与中国民族舞蹈的表现手法相结合，创作出的民族芭蕾的世纪精品，成就了中西文化在芭蕾艺术领域完美融合的世界奇迹。它在芭蕾舞台上破天荒地塑造了英姿飒爽的穿足尖鞋的中国娘子军形象，是中国芭蕾史上的一座里程碑。

根植于真实革命斗争历史的《红色娘子军》，其曲折惊险的故事情节带给观众丰富的想象空间；英姿飒爽的女兵形象，给观众带来高雅的艺术享受；激烈的敌我斗争情节，为观众提供了明确的情绪宣泄点；芭蕾、民族舞、武术乃至军事动作的融合，创造了一种让观众既看得懂、又喜欢看的新型舞蹈形式；特色鲜明的音乐，如《娘子军连歌》《万泉河水清又清》等，深入人心，广为传唱。

《红色娘子军》大量吸收中国古典舞的动作技巧，并将其融入芭蕾动作中。另外，作为一部战争题材的作品，《红色娘子军》不仅采用了戏曲舞蹈中的翻滚扑跌、对打等动作技巧，还汲取了生活中的一些基本动作并将其夸张变形，用粗犷彪悍的“五寸刀舞”、催人奋进的“射击舞”、整齐划一的“队列舞”等表现军旅生活，展现了独具风格的舞蹈魅力。

《天鹅湖》

舞蹈编导：马里尤斯·彼季帕、列夫·伊凡诺夫

音乐作曲：柴可夫斯基

首演时间：1877年首演失败，1895年由彼季帕、伊凡诺夫重新编排上演，获得成功

表演团体：俄罗斯圣彼得堡马林斯基剧院帝国芭蕾舞团

作品赏析

《天鹅湖》（见图3-6）为四幕剧，故事取材于民间传说，讲述的是公主奥杰塔在

天鹅湖畔被恶魔变成白天鹅，勇敢、多情的王子西格弗里德到湖边打猎时与公主相遇，他们互相倾慕并产生了爱情。王子知道公主的遭遇后，决心用真爱破除公主身上的魔法。在王子挑选新娘之夜，恶魔让他的女儿黑天鹅伪装成奥杰塔欺骗王子。王子发现真相后，奋击恶魔，用坚定、忠贞的爱情战胜了魔法。最后，变成白天鹅的公主恢复原形，与王子幸福地生活在一起。

▲ 图3-6 《天鹅湖》剧照

《天鹅湖》是芭蕾艺术皇冠上一颗璀璨的明珠，具有典型的浪漫主义精神，正义与邪恶的抗争构成了这部芭蕾舞剧的主要故事情节。全剧音乐悠扬抒情，配合着白天鹅优美的舞姿，把观众带入一个如梦似幻的浪漫世界。同时，舞者以高超的舞蹈技巧，将各种跳跃动作表演得淋漓尽致。无论是王子与公主眷恋缠绵的双人舞、白天鹅典雅高贵的独舞、黑天鹅热烈奔放的三十二个挥鞭转，还是轻盈灵巧的四小天鹅舞、整齐划一的天鹅群舞，都堪称芭蕾中的精品。

《天鹅湖》中，舞者飘逸的舞姿、整齐的步法、动情的表演、华丽的服装和富于变化的舞台设计，都是促使它成为经典作品的重要因素。尤其是第二幕中活泼、欢快的四小天鹅舞，舞者们将手臂交叉相握，将观众的注意力集中在灵巧、整齐、令人眼花缭乱的腿部动作上，让人充分领略到了芭蕾的艺术魅力。

美之漫谈

最初，《天鹅湖》拥有两个不同的结局，一个是王子与公主结合的美满结局，另一个是王子被幻象所惑，最终与公主双双殉情的悲惨结局。

你更喜欢哪个结局？为什么？

四、现代舞蹈作品欣赏

《再见吧，妈妈》

舞蹈编导：尉迟剑明、苏时进
音乐作曲：金振华、张慕鲁
首演时间：1980年
首演团体：原中国人民解放军南京军区前线歌舞团
首演演员：华超、森小凤
荣获奖项；1980年荣获第一届全国舞蹈比赛编导一等奖

作品赏析

《再见吧，妈妈》是根据张乃诚作曲、陈克正作词的同名歌曲改编的双人舞。它以感人的艺术形象，表现了在战争中，新一代青年战士的崇高理想和丰富的精神世界。舞蹈把战士的纯真、勇敢，母亲的慈祥、豁达，以及他们对祖国的热爱、对社会主义革命事业的忠诚，表现得淋漓尽致。

舞蹈中运用了时空自由转换的手法，时空在硝烟弥漫的战场与母子分别的场景之间来回跳跃，细腻地刻画出人物的内心世界。时而是战场上儿子思念母亲，想象自己把一束鲜红的山茶花献给母亲的场景；时而是母亲挂念儿子，想象自己紧紧地抱着儿子，抚摸他头上伤痕的场景。当全舞即将结束时，母亲毅然挥手，鼓励儿子为了亿万人民的幸福、为了祖国的荣誉，义无反顾地拉下手中爆破筒的导火索，勇猛地冲向敌群。这一壮烈场面具有气壮山河、催人泪下的艺术效果。

《再见吧，妈妈》是一部思想内容积极、表现手法新颖的优秀舞蹈作品。在结构上，它既保留了传统艺术的特长，突出人物形象，又大胆地采用了现代艺术中不按常规叙事、时空自由转换的方法，拓展了舞蹈的运用领域。在表现手法上，它摒弃了平铺直叙地描写战斗过程的惯常做法，而把重点放在挖掘人物内心世界上，充分发挥了舞蹈艺术的特长。

《绿桌》

舞蹈编导：库特·尤斯
首演时间：1932年
首演地点：法国巴黎香榭丽舍剧院
表演团体：库特·尤斯舞团

作品赏析

《绿桌》是一部反战题材的舞剧，揭露了战争时期敌我双方虚假和平的面目，抨击了战争狂人们疯狂的野心和暴力。

作品以象征和平谈判的绿桌为舞台的核心布景。在开篇的一幕中，巨大的绿桌周围聚集着一群头戴面具、身穿黑色燕尾服的外交官。他们个个心怀鬼胎，在利益的驱使下，使绿桌变成了一个没有硝烟的战场。他们争吵、发怒，露出种种丑态，最终引发了战争。接着，库特·尤斯分别选择了几个大的场景来表现战争造成的种种灾难，如别离的亲人、受伤的士兵、流浪的难民、百姓忍受各种盘剥等。

该作品是库特·尤斯探索现代舞蹈与芭蕾舞蹈结合的成果。他在这部作品里没有沿袭古典芭蕾炫耀技巧的做法，而是让芭蕾舞蹈的动作为塑造人物形象服务；同时，他结合老师拉班总结得出的空间和动作分析理论，使人物更具真实性。因此，这部作品在结构和艺术表达上都有巨大的突破性和创新性。

班级__________ 姓名__________ 学号__________

【向美而行】

以小组为单位，选择一部具有代表性的舞蹈作品，然后结合所学知识对其进行赏析。

（1）学生自由分组，4～6人为一组，并填写任务分配表，如表3-1所示。

表3-1 任务分配表

班级		组号		指导教师	
小组成员	姓名	学号	任务分工		
组长					
组员					

（2）查找相关资料，选择一部具有代表性的舞蹈作品（教材中介绍过的作品除外），对其进行赏析，并根据任务完成情况将表3-2填写完整。

表3-2 作品赏析表

具体项目		详细内容
了解作品	作品名称	
	作者简介	
	创作背景	
感受作品	主题思想	
	情感表达	

班级__________ 姓名__________ 学号__________

续表

具体项目		详细内容
分析作品	舞种	
	音乐	
	舞蹈动作	
	舞蹈造型	
	舞蹈表情	
	舞蹈构图	

（3）指导教师根据表3-3，对学生的赏析情况进行评分。

表3-3 评分表

考核内容	评分标准	分值	得分
知识、技能考核（60%）	能准确地查找作品的相关资料	10	
	能正确理解作品的主题思想，并准确地进行描述	20	
	能运用舞蹈的基础理论知识赏析作品	10	
	选择的舞蹈作品具有代表性和感染力	10	
	欣赏角度新颖，观点鲜明，总结提炼到位	10	
德育素养考核（40%）	能体会作品所蕴含的情感内涵	15	
	能积极培养自己欣赏舞蹈之美的能力	15	
	具有良好的团队精神和团队协作能力	10	
总评和建议		总分	

班级__________ 姓名__________ 学号__________

【知美达美】

一、填空题

（1）我国第一篇专门描写舞蹈的辞赋是__________。

（2）__________是舞蹈的本质属性和舞蹈区别于其他人体文化（如杂技、艺术体操、武术等）的主要标志。

（3）构成舞蹈的最基本单位和舞蹈语言的最基本成分是__________。

（4）舞蹈空间运动线中，__________一般给人以柔和、流畅、匀称和绵延不断的感觉，如群舞《荷花舞》中就大量采用了这种空间运动线。

（5）__________由历代舞蹈艺术家在民族传统舞蹈的基础上提炼、整理、加工创造而成，具有严谨的程式、规范的动作和高超的技巧。

（6）产生并流传于民间、受民俗文化制约、即兴表演但风格相对稳定、以自娱为主要功能的舞蹈形式是__________。

（7）有“舞蹈艺术皇冠之珠”称谓的舞蹈是__________。

二、选择题

（1）（　　）是指舞蹈以人体动作为主要表现手段，通过动作展现社会生活内容，表现人物内在精神世界。

A．动态性　　B．抒情性

C．节奏性　　D．综合性

（2）（　　）包括一般静止的舞姿形态和特定民族、地区、时代或人物的舞姿形态。

A．舞蹈造型　　B．静态造型

C．动态造型　　D．技巧性造型

（3）在舞蹈空间运动线中，（　　）具有延续感和纵深感，长于表现开放、奔驰、有力的推进和勇往直前、明朗乐观的性格。

A．斜线　　B．竖线

C．横线　　D．曲折线

（4）在舞蹈画面造型中，（　　）给人以力量感。

A．方形　　B．三角形

C．圆弧形　　D．菱形

班级＿＿＿＿＿＿　姓名＿＿＿＿＿＿　学号＿＿＿＿＿＿

（5）（　　）主张摆脱古典芭蕾过于僵化的动作程式的束缚，以合乎自然运动法则的舞蹈动作，自由地抒发人的真实情感。

A．古典舞蹈　　B．民间舞蹈

C．现代舞蹈　　D．爵士舞蹈

（6）（　　）以山西胸鼓舞为主要动作素材，结合古典舞蹈、鼓子秧歌和安塞腰鼓中的动作，根据主题的需要加以创造，将胸鼓舞这一原生态的秧歌舞的艺术魅力发挥得淋漓尽致。

A．《黄河》　　B．《飞天》

C．《黄土黄》　　D．《阿诗玛》

（7）《阿诗玛》取材于阿诗玛追求婚姻自由的（　　）民间故事。

A．傣族　　B．黎族

C．苗族　　D．彝族

三、判断题

（1）唐宋时期，舞蹈作为戏曲艺术的表现手段之一，形成了高度程式性和综合性的美学特点。（　　）

（2）舞蹈的内在节奏主要表现为动作力度的强弱、速度的快慢和幅度的大小。（　　）

（3）我国汉族舞蹈十分讲究表情，尤其讲究眼神的运用，将眼神分为喜眼、嗔眼、怨眼、爱眼、怒眼、哀眼等。（　　）

（4）《喜送粮》《飞天》《春江花月夜》都属于中国古典舞。（　　）

（5）《红色娘子军》是中国芭蕾史上的一座里程碑，它在芭蕾舞台上破天荒地塑造了英姿飒爽的穿足尖鞋的中国娘子军形象。（　　）

四、简答题

（1）简述舞蹈的艺术特征。

（2）简要介绍中国古典舞的主要流派。

（3）简述中国民间舞蹈的特点。

（4）芭蕾舞蹈的四个基本要素“开、绷、直、立”分别表示什么意思？

项目四

领略梨园风情——戏曲之美

项目引言

戏曲是中华民族创造的一种载歌载舞的传统戏剧形式，是中华文明的一张亮丽“名片”。行云流水的唱腔、婀娜多姿的身段、曲折动人的故事，打动了无数人；艳丽华美的服装、变化多端的脸谱、富有写意性的道具，装点了许多色彩斑斓的舞台；顾盼多情的眼神、轻盈飘逸的水袖、细细碎碎的台步，展现了一个东方古国的神韵。

任务清单

完成一项学习任务后，请在对应的方框中打钩。

课前预习	□	准备学习用品，预习课本知识
	□	利用网络搜集有关戏曲之美的资料
	□	形成对戏曲之美的初步印象，并与课本知识相互印证
课堂学习	□	了解戏曲发展简史
	□	熟悉常见的戏曲剧种
	□	熟悉戏曲艺术的审美特征和欣赏方法
	□	感受中国戏曲文化之美，品味戏曲经典曲目，弘扬中华优秀传统文化
	□	认真体会戏曲作品所要表达的思想感情
课后实训	□	积极、认真地参与实训活动
	□	提高人际交往能力、沟通协调能力和解决实际问题的能力
	□	提高审美素养，能结合所学知识感悟戏曲之美

【寻美之迹】

2022年1月1日晚，由中共中央宣传部、文化和旅游部主办的2022年新年戏曲晚会在中央广播电视总台央视综合频道播出。在晚会上，十五个戏曲剧种欢聚一堂，以传统艺术的时代诠释和名家新秀的精彩演绎，营造了祥和喜庆的节日氛围，展现了中国戏曲生机勃勃、薪火相传的崭新气象。

开场《黄河入海流》以黄河流域的部分代表性剧种声腔演绎，讲好“让黄河成为造福人民的幸福河”的故事，奏响新时代澎湃乐章。京剧《风华正茂》弘扬伟大建党精神，反映中华民族千年巨变。锡剧《董存瑞》、河北梆子《人民英雄纪念碑》重温党史故事，塑造伟大征程中的英雄形象。黄梅戏《不朽的骄杨》、川剧《江姐》、京剧与芭蕾《红色娘子军》凝聚巾帼力量。昆曲《牡丹亭》、京剧《空城计》、越剧《梁山伯与祝英台》、蒲剧《挂画》、石家庄丝弦《寇准背靴》以传统经典抒写中华美德，尽显中国气派、中国风范。莆仙戏《踏伞行》、南剧《女儿会》凸显中华优秀传统文化的时代价值，在创造性转化、创新性发展中历久弥新。武戏《快乐的花果山》汇集多种武功技艺，绝技频出，妙趣横生。壮剧《新铜鼓谣》讴歌在中华大地上全面建成小康社会，铺展乡村振兴的壮美画卷，热忱描绘新时代新征程的恢宏气象。

《牡丹亭》欣赏

【以美培元】

任务一　了解戏曲的基础知识

戏曲是中国特有的戏剧艺术类型，是一种包含文学、音乐、舞蹈、美术、杂技等多种艺术形式而以音乐和舞蹈为主要表现手段的综合性表演艺术。戏曲作为中国传统文化的重要组成部分，具有十分鲜明的民族特色。在世界艺术之林中，中国戏曲与古希腊戏剧、印度梵剧并称为“世界三大古老戏剧文化”。如今，古希腊戏剧早已在舞台上销声匿迹，印度梵剧也没有了昔日的辉煌，唯有中国戏曲仍活跃在舞台上，充满活力。

一、戏曲发展简史

（一）原始歌舞

中国戏曲的萌芽，最早可追溯到原始社会祭祀活动中的歌舞表演。例如，傩（nuó）舞（见图4-1）是一种祭神驱鬼、除瘟避疫，以求风调雨顺、安居太平的娱神舞蹈。傩舞就是后世傩戏的雏形。

▲ 图4-1 傩舞

古代宫廷中优伶的表演也是戏曲的来源之一。优伶是古代以乐舞、戏谑为业的艺人的统称。先秦时期，一般称以演奏音乐为主的艺人为“伶”，称以表演乐舞为主的艺人为“倡优”，称以表演戏谑为主的艺人为“俳优”。其中，俳优身份特殊，可以通过滑稽表演来向君王劝谏。例如，司马迁在《史记·滑稽列传》中记载了“优孟衣冠”的故事，故事中的优孟扮演角色且伴有歌舞表演的行为，实际上已经具备了戏曲的部分基本特征。

上述祭祀活动中的傩舞、先秦时期优伶的歌舞表演，虽然不能算作严格意义上的戏曲，但它们对后世戏曲的形成有着深远的影响。

华彩流光

优孟衣冠

春秋时期，楚国名相孙叔敖与优孟交好，孙叔敖临终时叮嘱儿子遇到困难时可找优孟帮忙。后孙叔敖之子生活困顿，出于无奈，找到优孟寻求帮助。优孟对楚庄王冷落已故忠臣家属的做法十分不满，于是模仿孙叔敖生前的行为举止练习了一段时间，打算为其子鸣不平。

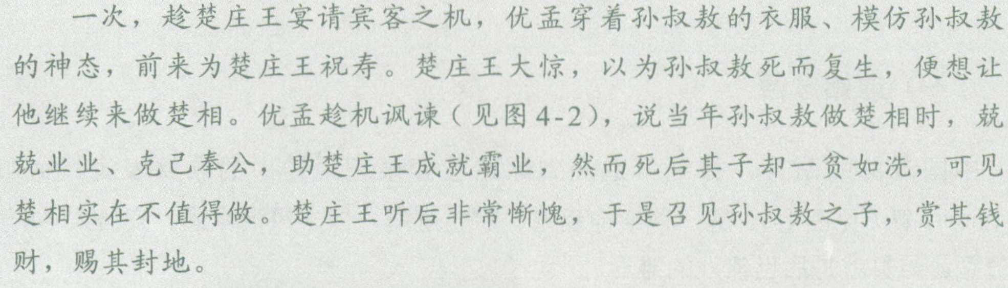

一次，趁楚庄王宴请宾客之机，优孟穿着孙叔敖的衣服、模仿孙叔敖的神态，前来为楚庄王祝寿。楚庄王大惊，以为孙叔敖死而复生，便想让他继续来做楚相。优孟趁机讽谏（见图4-2），说当年孙叔敖做楚相时，兢兢业业、克己奉公，助楚庄王成就霸业，然而死后其子却一贫如洗，可见楚相实在不值得做。楚庄王听后非常惭愧，于是召见孙叔敖之子，赏其钱财，赐其封地。

▲ 图4-2 优孟趁机讽谏

（二）汉代百戏

秦汉时期，民间开始出现百戏，在当时也被称为“角抵戏”。百戏在汉武帝时期极为盛行。据张衡的《西京赋》记载，百戏的内容包括各种杂技（如扛鼎、寻橦、吞刀、吐火等）、装扮人物的乐舞、装扮动物的鱼龙曼延及故事性节目《东海黄公》等。在汉代画像石、壁画、陶俑（见图4-3）中，可以窥见当年演出的盛况——既有倡优等艺人的专业演出，也有宾客、主人的自娱性表演，建鼓舞、长袖舞等各展风姿，飞剑、跳丸等精彩纷呈。

▲ 图4-3 汉代陶俑

释疑解惑

飞剑又称“跳剑”，即抛、接剑的杂技。跳丸是指表演者两手快速地连续抛接若干弹丸的杂技。

（三）唐代的歌舞戏和参军戏

唐代时，歌舞戏和参军戏盛行。歌舞戏是一种有故事情节、载歌载舞的艺术形式。相比汉代百戏，歌舞戏在表演形式上更接近后世的戏曲。歌舞戏的代表剧目有《大面》《钵头》《踏谣娘》等。其中，《大面》讲述的是北齐兰陵王戴面具上阵杀敌的故事；《钵头》讲述的是一人被猛虎所伤，其子上山寻虎、为父报仇尸的故事。

参军戏是一种有故事情节和表演人物的艺术形式，源于秦汉的俳优表演，最初为单一剧目名，后发展为一种剧目类型。它主要由参军、苍鹘两个角色通过滑稽的对话和动作来演绎故事情节，常用于讽刺朝政或社会现象。

释疑解惑

这里的“角色”是指传统戏曲中根据剧中人的不同性别、年龄、身份、性格等而划分的人物类型，如男性角色为“生”等。不同的角色在表演上具有不同的特点。

（四）宋元时期的南戏和杂剧

宋元戏曲的代表样式有南戏和杂剧。南戏又称“戏文”“南曲戏文”“温州杂剧”“永嘉杂剧”，北宋末年产生于浙江温州一带。南戏剧本一般为长篇剧本，一场戏为一出，一本戏长的可达五十多出，短的则有二三十出。现在全本留存的南戏剧本有《张协状元》《小孙屠》《荆钗记》《白兔记》等。南戏的演唱方式较自由，包括独唱、接唱或合唱等，视剧情需要而定。南戏的角色通常为生、旦、净、丑、末、外、贴七种，剧情主要围绕生、旦展开。南戏是中国戏曲最早的成熟形式之一，对明清两代的戏曲影响颇大。

杂剧最早出现于唐代，最初泛指各类表演艺术。到北宋时期，杂剧与歌舞、百戏区分开来，成为一种独立的戏曲形式。宋杂剧题材丰富、表现形式多样，有清晰的行当划分，深受百姓喜爱。这一时期，还出现了专门表演百戏杂剧的场所——勾栏。

元曲之美

到了元代，杂剧在原有基础上发展成为一种新型的戏曲形式——元杂剧。元杂剧又称“元曲”，在文学史上与唐诗宋词并称。它具备戏曲的基本特点，标志着我国戏曲的发展进入成熟阶段。这一时期著名的元杂剧作家以“元曲四大家”为代表。

元杂剧的剧本结构一般为一本四折（“折”指剧本结构的一个段落），必要时另加“楔子”。元杂剧采用以歌唱为主、结合说白表演的艺术表现形式。每折用同一宫调的若干曲牌组成套曲，全套只押一个韵。全剧一般由男主角或女主角一人主唱，其他角色只有念白，没有唱词。这种一人主唱的形式可以极大地发挥歌唱艺术的优势，塑造主要人物形象。念白部分因受参军戏的影响，常常采用插科打诨的形式，富于趣味。

华彩流光

元曲四大家

“元曲四大家”指关汉卿、白朴、郑光祖、马致远四位元代杂剧作家。他们代表了元代不同时期、不同流派杂剧创作的极高成就。

关汉卿，号已斋叟。所作杂剧今知有六十余种，代表作有《窦娥冤》《救风尘》《拜月亭》《望江亭》等。其创作的杂剧题材广泛，内容丰富，多方面地揭示了金元时期的社会现实，表现了古代人民特别是青年妇女的苦难遭遇和斗争精神。

白朴，字仁甫、太素，号兰谷先生。所作杂剧今知有十六种，现存《墙头马上》《梧桐雨》《东墙记》三种。其中，《梧桐雨》取材于白居易的《长恨歌》，描写了唐明皇和杨贵妃的爱情故事，其语言雍雅华贵，开创了杂剧文采派的先河。

马致远，号东篱，以示效陶渊明之志。所作杂剧今知有十五种，现存《汉宫秋》《荐福碑》《岳阳楼》《任风子》《陈抟高卧》《青衫泪》，以及与人合写的《黄粱梦》共七种。其中，《汉宫秋》最为著名。其戏曲创作以格调飘洒脱俗，语言典雅清丽著称。

郑光祖，字德辉。所作杂剧今知有十八种，现存《倩女离魂》《㑳梅香》《王粲登楼》《周公摄政》《三战吕布》五种。其作品以描写男女爱情生活为主，语言典雅。

（五）明代传奇

明代传奇是继元杂剧之后中国戏曲发展史上的第二座高峰。“传奇”一词来源于唐代对短篇小说的称谓。从元代起，“传奇”专指戏曲。自明代以后，“传奇”则多指以演唱南曲为主的长篇戏曲作品。明代传奇是宋元南戏的进一步发展，比起宋元南戏，明代传奇的剧本更规范，结构更完整，旋律更丰富，角色分行也更细致。

明代时，大批有身份地位和文化水准的人参与传奇的创作和演出。这一时期的剧作家数量猛增，代表人物有汤显祖、李开先、梁辰鱼、李玉等，代表作品有《牡丹亭》《宝剑记》《浣纱记》《占花魁》等。这一时期的戏曲演出活动十分兴盛，常见的声腔剧种有海盐腔、弋阳腔、昆腔、余姚腔和青阳腔等。

（六）清代戏曲

清代时，昆腔得到宫廷皇室的喜爱，成为获得官方肯定的戏曲艺术，被称为“雅部”；而以各地方言为基础的地方戏，如梆子腔、京腔、秦腔、二黄调等，广受百姓的喜爱，被称为“花部”。“花部”和“雅部”形成的“花雅之争”，促成了清代戏曲繁荣的局面。

清代地方戏题材广泛，作品众多，代表作有描述日常生活的《张三借靴》、歌颂梁山义军的《神州擂》、赞美杨家将的《寡妇征西》、描写一代女性的《玉堂春》《王宝钏》等。清代地方戏经过发展最终形成了几百种剧种，如京剧、川剧、越剧、秦腔、黄梅戏等。

（七）近现代戏曲

民国时期，戏曲艺术得到了创新和改良。上海出现编演历史故事、排演时装戏的“海派”京剧；北方京剧也进行了改革，如编演新剧目，改良舞台设计等。抗日战争时期，出现了大批表达抗日爱国热情的戏曲剧目，如田汉创作的京剧《江汉渔歌》，任桂林等创作的京剧《三打祝家庄》，杨绍萱、齐燕铭等创作的京剧《逼上梁山》等。

中华人民共和国成立之后，全国上下开展了深入的戏曲改革工作，一方面清除戏曲剧本中低级、庸俗、色情、迷信的内容，改良脸谱，净化舞台形象；另一方面，编演一批反映现代生活、思想积极健康的新戏。在此基础上，涌现出一大批优秀戏曲艺术工作者，使戏曲艺术在国内外产生了重大影响。这一时期诞生的优秀剧目有京剧《将相和》《白蛇传》、评剧《秦香莲》、越剧《梁山伯与祝英台》、昆曲《十五贯》等。

戏曲艺术发展到今天，经历了不同的时期，在不断适应新时代、新观众需求的同时，保持和发扬了传统的艺术特色。

二、常见的戏曲剧种

据不完全统计，我国流传下来的戏曲剧种有三百六十多种，其中比较具有代表性的有京剧、豫剧、黄梅戏、越剧等。

（一）京剧

京剧是在北京形成并流行于全国的戏曲剧种，距今已有二百多年的历史。清代乾隆年间，四大徽班陆续进京，于嘉庆、道光年间同来自湖北的汉调艺人合作，相互影响，接受昆曲、秦腔的部分剧目、旋律和表演方法，并吸收一些民间旋律，逐渐融合、演变、发展出了这一具有广泛影响的剧种。自咸丰、同治以来，经程长庚、谭鑫培、梅兰芳等戏曲艺术家的改革和创新，京剧逐步形成完整的艺术风格和表演体系。

京剧以西皮、二黄为主要腔调。京剧的主要伴奏乐器有京胡、二胡、月琴、三弦、笛、唢呐等管弦乐器，以及鼓、锣、铙、钹等打击乐器。京剧在表演上“唱、念、做、打”（即唱腔、念白、做功、武打）并重，多用虚拟性动作，节奏感强，对技术要求很高，念白也具有音乐性。京剧对其他剧种影响很大，对促进国际文化交流也做出了重大贡献。

释疑解惑

西皮、二黄均为戏曲声腔。在京剧、汉剧、徽剧等剧种里，西皮都同二黄腔调并用，合称“皮黄”。湘剧、桂剧等剧种称西皮为“北路”，称二黄为“南路”，将二者合称为“南北路”。粤剧称西皮为“梆子”。

2006年5月，京剧被国务院批准列入第一批国家级非物质文化遗产名录。2010年，京剧被列入联合国教科文组织人类非物质文化遗产代表作名录。京剧的传统剧目有一千多个，广泛流传的有《长坂坡》《群英会》《挑滑车》《打金枝》《秦香莲》《打严嵩》《空城计》《霸王别姬》《贵妃醉酒》《智取威虎山》等二百多个。

（二）豫剧

豫剧又称河南梆子、河南高调，流行于河南及邻近各省的部分地区。豫剧有豫东调（包括祥符调和沙河调）、豫西调两大流派。豫东调以商丘、开封为中心，发声多用假嗓，男声高亢激越，女声活泼灵动，擅长表现喜剧风格的剧目；豫西调以洛阳为中心，发声全用真嗓，男声苍凉悲壮，女声低回婉转，擅长表现悲剧风格的剧目。但近年来两派已趋合流。

豫剧以梆子击节，以板胡为主要伴奏乐器，节奏明快、欢畅。新时代的豫剧伴奏中又加进了许多民族乐器和国外乐器，增强了音乐的表现力。

豫剧的传统剧目近八百个，其中一部分取材于历史演义小说，还有一部分剧作描写与爱情、婚姻、道德伦理等有关的故事。20世纪50年代后，还出现了不少描写现实生活的现代戏和新编历史剧，如《朝阳沟》《红色娘子军》《铡美案》《劈山救母》《花木兰》《穆桂英挂帅》《五世请缨》《七品芝麻官》《大祭桩》《程婴救孤》等。

（三）黄梅戏

黄梅戏是流行于安徽、江西和湖北部分地区的戏曲剧种。清末，湖北黄梅一带的采茶调传入安徽安庆地区，并吸收青阳腔、徽剧的音乐和表演艺术及民间音乐，逐渐发展为黄梅戏。黄梅戏旋律丰富，唱腔淳朴流畅，以明快抒情见长，具有很强的表现力；其表演质朴细腻，以真实活泼著称。黄梅戏来自民间，雅俗共赏，具有浓郁的生活气息和清新的乡土风情。

黄梅戏最初只有打击乐器（如堂鼓、钹、大锣、小锣等）伴奏，由三人演奏并参加帮腔、七人演唱，号称“三打七唱”。中华人民共和国成立以后，逐渐确定用高胡作为主要伴奏乐器，并逐步建立起以民族乐器（包括高胡、二胡、琵琶、竹笛、扬琴、唢呐、司鼓等）为主，西洋乐器（电子琴、单簧管、口琴等）为辅的混合乐队，以增强音乐的表现力。

黄梅戏的代表剧目有《天仙配》《牛郎织女》《槐荫记》《女驸马》《孟丽君》《夫妻观灯》《打猪草》《柳树井》《蓝桥会》《路遇》《王小六打豆腐》《小辞店》《玉堂春》等。

（四）越剧

越剧是在浙江嵊州一带的山歌小调与余姚秧歌班的影响下而形成的，主要流行于浙江、上海、江苏、江西和福建等地区。越剧长于抒情，以唱为主，声腔清幽婉丽、优美动听，表演真切动人，极具江南灵秀之气。其题材以才子佳人为主，流派众多，常见的伴奏乐器有二胡、扬琴、三弦、笛、箫和各种打击乐器。

越剧的代表剧目有《梁山伯与祝英台》《红楼梦》《西厢记》《祥林嫂》《五女拜寿》《孟丽君》《打金枝》《白蛇传》《金殿拒婚》《孔雀东南飞》《王老虎抢亲》《陆游与唐琬》《狸猫换太子》《家》等。

任务二　熟悉戏曲艺术的审美特征和欣赏方法

一、戏曲艺术的审美特征

（一）综合性

戏曲艺术的首要审美特征是综合性，这种综合性主要体现在两个层面。从艺术学的层面来看，它集文学、音乐、舞蹈、美术等多种艺术形式于一体，使多种艺术元素在一个有机的整体中展现各自的个性，从而大大丰富了自身的艺术表现力。从美学层面来看，戏曲的综合性体现在它集视与听、时与空、动与静、表现与再现于一身，能极大地丰富观众的审美感受。

欣赏戏剧的意义

美之漫谈

“无声不歌，无动不舞”是戏曲理论家齐如山对戏曲综合性特征的描述，也是对戏曲魅力的生动表达。你怎样理解这句话？

（二）程式性

戏曲的程式性是指戏曲在角色行当、表演动作和戏曲音乐等方面，都有一些特定的规范，并形成了一套固定的程式。

1. 角色行当的程式性

角色行当的程式性是指戏曲中的角色行当有明确的分工体制。近现代各戏曲剧种的角色行当大多以生、旦、净、丑为基本类型，并各有分支。例如，扮演男性人物的“生”可分为老生、小生、武生等，其中，小生又可分为纱帽生、扇子生、穷生、雉尾生等；扮演女性人物的“旦”可分为青衣、花旦、刀马旦、老旦等；“净”可分为正净、副净等；“丑”可分为文丑和武丑等。不同的角色行当在妆容、服装等方面有不同的规定，在表演上也各具特色。

2. 表演动作的程式性

表演动作的程式性，是指扮演不同角色的戏曲演员在舞台上的一举一动、一招一式都有相对固定的范式，常用的程式动作甚至还有固定的名称。例如，“起霸”是指通过一整套连贯的舞蹈动作，来表现古代将士整盔束甲、准备上阵的情景，可分为全霸、半霸等多种形式；“走边”则是表现人物夜间潜行、靠边疾走的动作，有一套专门的出场形式和行动路线，配合着音乐来进行；“趟马”又称“跑马”，是用一套连贯的舞蹈动作来表现人物骑在马上的各种神情姿态，可分为单人趟马、双人趟马、多人趟马等形式。此外，对于甩发功、水袖功、手绢功等戏曲表演基本功，不同角色有各自的一整套程式动作。

3. 戏曲音乐的程式性

戏曲音乐的程式性主要表现在音乐结构、唱腔和器乐伴奏等方面。

1）音乐结构

戏曲音乐的结构形式主要分为曲牌体和板腔体两大类。戏曲中的曲牌总数达数千个，每个曲牌都有特定的旋律、唱法，其字数、句法、平仄等也都有基本定式。此外，许多曲牌都有特定的使用场合。例如，《万年欢》适用于摆宴、迎亲等场合，《哭皇天》适用于祭奠、扫墓等场合。

板腔体中的不同板式如慢板、原板、流水板、散板等，也各有不同的性质，有的长于抒情，有的长于叙事，同样不能随意使用。

释疑解惑

> 曲牌体又称“联曲体”，全部唱腔由若干不同的曲牌连缀而成，其中各个曲牌也可以单独反复。元杂剧、昆曲、高腔等都属于曲牌体。
>
> 板腔体又称“板式变化体”，是通过速度快慢、节拍与节奏的松紧、调性及旋律的变化演变而成的各种不同板式和腔调。京剧、评剧、越剧等剧种均属于板腔体。

2）唱腔

戏曲唱腔也有各种程式。例如，京剧唱腔以西皮、二黄为主，西皮较为刚劲激昂、活泼明快，长于抒情、叙事、说理、状物；二黄则较为深沉稳重、凝练肃穆，适合表达忧郁、哀伤的情绪。

3）器乐伴奏

戏曲音乐中的器乐伴奏也有相对固定的程式。例如，戏曲中的锣鼓点子有一整套固定的规则，仅京剧常用的锣鼓点子就有五十余种，分为开场锣鼓、身段锣鼓等。

戏曲音乐中的这些程式，让戏曲表演具有规范的舞台节奏与强烈的艺术感染力，也让戏曲表演形成了一种独特的形式美，观众可在不同剧目的“变”中找到“不变”因素，从而形成特殊的审美习惯。这也让戏曲在各种艺术表演形式中脱颖而出，散发出独特的魅力。

在生活中，成语“一板一眼”常用来比喻行为有条理、合规矩。而“板”“眼”原本都是戏曲音乐中的节拍。唱曲时，常以鼓板按节拍，凡强拍均击板，故称该拍为“板”；次强拍和弱拍则以鼓签敲鼓或用手指按拍，分别称为“中眼”“小眼”。

请联系所学知识，谈一谈人们为什么要用“一板一眼”来比喻行为有条理、合规矩。

（三）虚拟性

戏曲继承了我国古典美学虚实相生、以形写神、注重写意的特征，这使戏曲演员在有限的时空环境中，运用“无中生有”的表演手法，用几个简单的动作便能够模拟出走遍天涯海角、千军万马冲锋陷阵等场景。一般来说，戏曲的虚拟性主要体现在以下几个方面。

1. 动作的虚拟性

戏曲演员在表演时多用虚拟动作，不用实物或只用部分实物，依靠某些特定的表演动作来暗示舞台上并不存在的实物或情境。例如，演员做出提衣抬腿的动作，表示正在上楼梯；演员手持一根马鞭做出骑马的动作，表示正在策马奔驰。尽管舞台上并没有楼梯和马，但通过演员的动作，观众完全能够心领神会。

2. 布景的虚拟性

传统的戏曲舞台布景十分简单，“一桌二椅”的布景极为常见。但在不同的剧情中，这些简单的布景可以用来表现不同的场景，如官员升堂、宾主宴会、家庭闲叙等。久而久之，戏曲舞台形成了虚拟、写意的风格，不追求真实的环境，而追求空灵的意境。

戏曲采用虚拟化的舞台布景，一方面为演员留出了更多的表演空间，使演员的表演技艺得以充分展现；另一方面，这种虚拟的舞台环境更能激发观众的想象力，使观众通过自己的联想和想象积极主动地参与演出，从而获得更加丰富的审美体验。

3．时空的虚拟性

戏曲舞台上所表现的时空一般不是真实、客观的时空。戏曲通过演员的唱腔、念白和动作，以虚拟的手法来表现时间和空间的变化，具有强烈的主观性。例如，昆曲《夜奔》中，林冲深夜潜逃，疲乏至极，在山神庙内酣睡了一夜，而演员在舞台上只花了几分钟来表现这一情节，时间的变化通过打更鼓得以体现；京剧《萧何月下追韩信》中，扮演萧何与韩信的演员在舞台上跑几个圆场就表示赶了几十里路程。时空的虚拟性使戏曲完全打破了舞台的局限性，为演员突破时空限制、充分发挥表演才能创造了重要条件。

释疑解惑

圆场是戏曲表演的一种程式动作，一般表示地点的转换。演员在舞台上按规定的圆形路线绕行，速度有慢有快。

在戏曲的虚拟性艺术审美特征中，“虚拟”是手段，“写意”是目的。戏曲表演正是通过这种以虚写实、以简代繁的艺术手法来推动情节发展、生动刻画人物形象、表达人物情感的。

拓展视野

中国戏曲：向世界展示独特的东方美学

中国戏曲与西方戏剧在表演理念上有很大差异。西方戏剧表演讲究真实，而中国戏曲遵循程式化和虚拟化的原则，讲究神韵，具有鲜明的东方美学特点。这种差异可使海外观众对陌生的中国戏曲产生新鲜感和好奇心，并对中国文化产生兴趣，从而促进文化碰撞和交流。

1930年，梅兰芳访美演出，他用自己精湛的演技向海外观众呈现了戏曲最光彩夺目的一面。自此，梅兰芳成了中国戏曲表演中的符号化人物，以他的名字命名的演剧体系，可与以斯坦尼斯拉夫斯基、布莱希特等戏剧表演大师命名的演剧体系比肩。由此可以看出，在对外演出中，表演所占的分量是很重的。戏曲作品要靠演员的表演来呈现，演员的一颦一笑、一歌一舞，成了用戏曲讲述中国故事的独特方式。

中国戏曲表演流派很多，每个流派都有自己的风格。例如，程派（京剧流派之一）的唱腔有独到的发音方式，形成了低回、幽咽的风格，善于塑造悲剧人物。程派传人张火丁表演细腻，嗓音富有韵味，其唱段把程派的特色表现得淋漓

尽致。正所谓“一戏一格”，每部戏所呈现出来的表演特色是不同的，演员在塑造角色时可以尽情地发挥自己的优势。

戏曲表演是将多种技艺结合在一起的综合性艺术。在海外演出中过分强调戏曲中的技艺是一种本末倒置的行为，但是如果能将技艺和剧情完美地结合在一起，那么技艺便成了点睛之笔。川剧《火焰山》把川剧的诸多绝技合理地融合在表演中，如孙悟空借扇子时的“变脸”、火焰山爆发时的“喷火”等，为作品增色不少。

（资料来源：王永恩，《中国戏曲：向世界展示独特的东方美学》，《光明日报》，2021年7月25日，有改动）

二、戏曲艺术的欣赏方法

（一）了解创作背景

戏曲作品的创作背景通常包括其创作的年代，当时的社会环境、主流思想、发生的重大历史事件，作者的经历、思想观念与个人情感等。这些因素往往影响着戏曲作品的主题思想与主线剧情。因此，了解戏曲作品的创作背景可以帮助我们更加准确地解读作品，领悟其想要传递的思想和情感。

（二）了解矛盾冲突

矛盾冲突是戏曲的基本元素，贯穿情节发展的始终。在欣赏戏曲作品时，只有理清了矛盾冲突的线索（矛盾冲突是如何产生的—产生了何种性质的矛盾冲突—矛盾冲突的发展进程如何—矛盾冲突的结局如何），才能够正确掌握戏曲作品的主要情节，进而感受其结构艺术之妙。

（三）品味语言、唱腔

戏曲语言是戏曲的基础，无论是说明故事情节、展示矛盾冲突，还是刻画人物形象，都离不开戏曲语言。分析戏曲语言对欣赏戏曲作品至关重要。

唱腔是戏曲音乐的主体部分，是表达人物思想感情、刻画人物形象的主要手段，它同时还体现了戏曲剧种的风格特点。分析戏曲唱腔，有助于我们了解人物的情感变化，掌握人物的性格特征，更好地品味戏曲的韵味。

（四）观察人物的表情与动作

常言道："行止由心。"意思是，人物的行为举止必定出自人物内心。也就是说，在戏曲表演中，人物的内心世界需要通过人物的神态、表情和动作等来表现。认真观察人物的面部表情，重视人物神态的变化，明确人物行为背后的动机，可以帮助我们探究人物丰富的内心世界，感受其内心情感的起伏与变化。

【赏美之趣】

任务三　欣赏戏曲作品

一、京剧欣赏

《贵妃醉酒·海岛冰轮初转腾》

京剧《贵妃醉酒》又名《百花亭》，取材于唐代历史人物杨贵妃的故事。该剧经过我国著名京剧表演艺术家梅兰芳先生整理加工、表演而广为人知，是梅派的代表剧目之一。

该剧描写的是杨贵妃约唐明皇到百花亭赴宴，唐明皇却失约转驾西宫，杨贵妃知道后羞怒交加，万般愁绪无以排遣，遂命高力士、裴力士添杯奉盏，饮至大醉，后来怅然返宫的情节。《贵妃醉酒》通过动作和唱词、旋律，充分表现出杨贵妃由期盼到失望、再到怨恨的复杂心情。剧中的舞蹈动作，如衔杯、卧鱼、醉步、扇舞等看起来舒展自然，展示出线条美和韵味美。

唱段赏析

海岛冰轮初转腾
见玉兔
玉兔又早东升
那冰轮离海岛
乾坤分外明
皓月当空
恰便似那嫦娥离月宫
奴似嫦娥离月宫

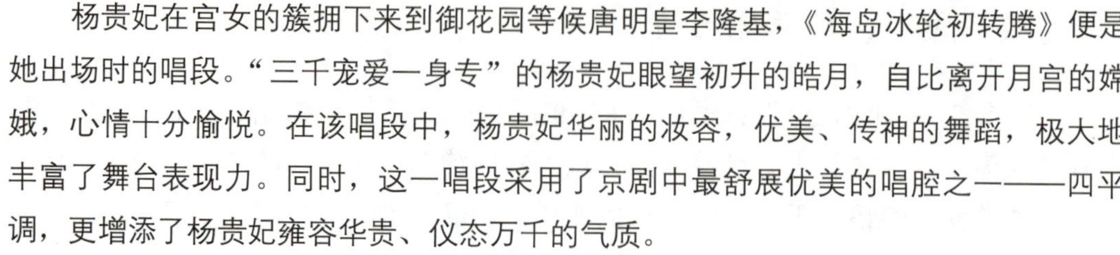

杨贵妃在宫女的簇拥下来到御花园等候唐明皇李隆基，《海岛冰轮初转腾》便是她出场时的唱段。“三千宠爱一身专”的杨贵妃眼望初升的皓月，自比离开月宫的嫦娥，心情十分愉悦。在该唱段中，杨贵妃华丽的妆容，优美、传神的舞蹈，极大地丰富了舞台表现力。同时，这一唱段采用了京剧中最舒展优美的唱腔之一——四平调，更增添了杨贵妃雍容华贵、仪态万千的气质。

二、豫剧欣赏

《花木兰·谁说女子不如男》

豫剧《花木兰》是我国著名的戏曲演员常香玉的代表剧目。常香玉的动人演绎，不仅使剧中花木兰的巾帼英雄形象深入人心，而且使该剧成为豫剧艺术宝库中特色鲜明、精妙绝伦的经典名剧。

该剧讲的是北朝时期，边关告急，花木兰的父亲名列征兵军帖。花木兰虑及老父体弱、弟弟年幼，决定女扮男装，代父从军的故事。在战场上，花木兰屡立奇功。元帅拟为花木兰加官进爵，并把爱女许给花木兰。花木兰不要官爵，也不能与元帅之女成婚，便求元帅赐予自己千里马，回故乡探亲。后来，朝廷为了奖励花木兰，册封她为尚书郎。元帅率领众将抬着礼物给花木兰贺喜，才得知她是女子。听了花木兰的从军缘由后，元帅盛赞她是巾帼英雄。

唱段赏析

刘大哥讲话理太偏
谁说女子享清闲
男子打仗到边关
女子纺织在家园
白天去种地
夜晚来纺棉
不分昼夜辛勤把活干
将士们才能有这吃和穿
你要不相信
请往这身上看
咱们的鞋和袜，还有衣和衫
千针万线都是她们连
有许多女英雄

也把功劳建
为国杀敌是代代出英贤
这女子们哪一点不如儿男

《谁说女子不如男》作为《花木兰》的经典唱段，已成为当今各种影视节目中经常出现的名牌剧目，有着很高的审美和艺术价值。在这一唱段中，与花木兰一起从军的刘大哥对女子抱有偏见，他认为天下的辛苦事都让男子做了，女子成天在家享清闲。花木兰面对刘大哥的偏见，列举事实说明女子的功绩，得出“这女子们哪一点不如儿男”的结论，使得刘大哥哑口无言。

这一唱段的节奏比较简单，大部分由八分音符组成，各句紧紧相连，对塑造花木兰的男儿气概起到了极为重要的作用。同时，每句唱腔中还加入了一小段伴奏，使得该段旋律更为优美流畅，情绪更为连贯，从而让花木兰的话更具有说服力。整段唱腔富有生活气息，气势激昂，表现了花木兰独立、自信、勇敢的性格。

花木兰在从军之后，角色定位是小生。在这一唱段中，演员使用了抱拳、摆手、晃身等一系列动作来配合演唱，尽显男子气概。演唱“你要不相信”几句时，演员自豪地指着自己，底气十足。这一连串的身段表演，将花木兰巾帼英雄的豪迈气概表现得淋漓尽致。

三、黄梅戏欣赏

《天仙配·满工对唱》

黄梅戏《天仙配》是由历史上孝子董永的故事演变而来的，其故事以董永无钱安葬其父，便在傅员外家卖身为奴为背景。玉帝的第七个女儿——七仙女，向往人间生活，便私自下凡。她同情董永的遭遇，便以槐树为媒，与董永结为夫妻。随后，两人同去傅员外家做工，七仙女一夜织锦十匹，使董永三年长工变为百日工。百日期满，夫妻双双回家，憧憬美好生活，不料玉帝逼迫七仙女立即回天庭，不然将以降灾董永为惩罚。七仙女身怀六甲，最后在槐树下忍痛与董永诀别。

该剧剧情虽简单，却充满戏剧性，扣人心弦；角色虽不多，但个性鲜明，给人留下了深刻的印象；唱词通俗易懂，且寓意深刻。除此之外，《天仙配》的唱腔比较单一，没有过多的花哨和技巧，使人很容易就能理解其中所蕴含的情绪。

唱段赏析

树上的鸟儿成双对
绿水青山带笑颜

随手摘下花一朵
我与娘子戴发间
从今不再受那奴役苦
夫妻双双把家还
你耕田来我织布
我挑水来你浇园
寒窑虽破能避风雨
夫妻恩爱苦也甜
你我好比鸳鸯鸟
比翼双飞在人间

《满工对唱》又名《夫妻双双把家还》，描绘了董永与七仙女在傅家做工百日期满，夫妻携手归家时的喜悦心情。整个唱段的唱词简洁工整，易于上口，行腔舒展，韵味浓郁，深受广大人民群众欢迎。该段唱腔清秀、优美、典雅，结构严谨有序，体现了黄梅戏唱腔“依字行腔”的特点，展现了黄梅戏的音韵美。

唱段在优美、明快的笛声引奏下开始，而后是七仙女与董永的对唱，采用传统唱腔中一人一句的花腔对板，曲调欢快，表达了两人对自由生活的向往和追求。结尾采取男女声此起彼伏的二重唱演唱方式，形式新颖，表达了两人比翼双飞的美好理想。

四、越剧欣赏

《祥林嫂·听他一番心酸话》

越剧《祥林嫂》改编自鲁迅的小说《祝福》，于1946年由雪声剧团演出，南薇编导，袁雪芬领衔主演。《祥林嫂》是越剧历史上备受观众欢迎、经久不衰的剧目，被誉为20世纪40年代越剧改革的里程碑。

该剧讲述的是：祥林嫂年轻时守寡，婆婆欲将她卖给山里的猎户贺老六为妻。祥林嫂不愿再嫁，便连夜逃离婆家，经人介绍在镇上鲁家做帮佣。不料又被乡邻卫老二强行带走，被迫与贺老六成了亲。祥林嫂见贺老六朴实忠厚，真诚相待，便默认了这门亲事。夫妻俩勤劳持家，隔年生下儿子阿毛。不久，贺老六为还债外出打猎，伤寒复发而死，阿毛也被狼叼走，祥林嫂只能重回鲁家帮工。因两次守寡，祥林嫂被认为是不祥之人。她畏惧死后受罪，去土地庙捐了门槛来“赎罪”，但依然被鲁家撵出门，沦为乞丐。最后，她在除夕之夜倒毙在风雪中。

祥林嫂勤劳、善良、质朴、顽强，却因生活在“吃人不眨眼”的时代，被践踏、遭迫害、受鄙视，最终被封建礼教和封建迷信所吞噬。

唱段赏析

听他一番心酸话
倒叫我有口也难开
有钱人娶亲是平常事
那穷人无钱亲难配
他八十千钱非容易
多少血汗去换来
狠心人得了我的卖身钱
害老六负下了一身债
我恨癞子，怨婆婆
我不应该反将老六来责怪
只见他又是恼恨又是悔
他独坐一旁他发了呆
倒叫我要死不能死
要归又无家归
要闹又不能闹
要赔又无钱赔
这真是走也难来留也难
进退两难怎安排

被迫拜堂后，祥林嫂忍不住哀哀哭泣，憨厚的贺老六好言相劝，把自己娶亲的艰难一一道来，祥林嫂听后深受触动。《听他一番心酸话》这段唱词就是祥林嫂此时的内心活动，前半段节奏缓和，唱出了祥林嫂的暗自思忖。“有钱人”一句音调高扬，隐含祥林嫂对有钱人的厌弃之意；“穷人无钱”一句音调转而低抑，流露出祥林嫂对穷人艰难生活的无奈叹息。接下来，“他八十千钱”字紧腔密，再低缓唱出“非容易”，表达了祥林嫂内心的触动和不忍；其后两句，音调再度高扬，怒意分明；从“我恨癞子”一句开始节奏急促，唱出了祥林嫂又恨又急又无奈的心情；唱段最后两句节奏再次放缓。全段唱腔在节奏上的松紧变化，张弛有度地表达了祥林嫂“进退两难怎安排”的矛盾心情。

班级__________ 姓名__________ 学号__________

【向美而行】

以小组为单位，选择一部具有代表性的戏曲作品，然后结合所学知识对其进行赏析。

（1）学生自由分组，4～6人为一组，并填写任务分配表，如表4-1所示。

表4-1 任务分配表

班级		组号		指导教师	
小组成员	姓名	学号	任务分工		
组长					
组员					

（2）查找相关资料，选择一部具有代表性的戏曲作品（教材中介绍过的作品除外），对其进行赏析，并根据任务完成情况将表4-2填写完整。

表4-2 作品赏析表

具体项目		详细内容
了解作品	戏曲剧种	
	创作背景	
	故事梗概	
感受作品	主题思想	
	情感表达	

班级__________ 姓名__________ 学号__________

续表

具体项目		详细内容
分析作品	语言	
	唱腔	
	表情	
	动作	

（3）指导教师根据表4-3，对学生的赏析情况进行评分。

表4-3 评分表

考核内容	评分标准	分值	得分
知识、技能考核（60%）	能准确地查找作品的相关资料	10	
	能正确理解作品的主题思想，并准确地进行描述	20	
	能运用戏曲的基础理论知识赏析作品	10	
	选择的戏曲作品具有代表性和感染力	10	
	欣赏角度新颖，观点鲜明，总结提炼到位	10	
德育素养考核（40%）	能体会作品所蕴含的情感内涵	15	
	能积极培养自己欣赏戏曲之美的能力	15	
	具有良好的团队精神和团队协作能力	10	
总评和建议		总分	

班级＿＿＿＿＿＿ 姓名＿＿＿＿＿＿ 学号＿＿＿＿＿＿

【知美达美】

一、填空题

（1）据张衡的《西京赋》记载，＿＿＿＿＿＿的内容包括各种杂技、装扮人物的乐舞、装扮动物的鱼龙曼延及故事性节目《东海黄公》等。

（2）宋元戏曲的代表样式有南戏和＿＿＿＿＿＿。

（3）京剧以＿＿＿＿＿＿、＿＿＿＿＿＿为主要腔调。

（4）豫剧以梆子击节，以＿＿＿＿＿＿为主要伴奏乐器，节奏明快、欢畅。

（5）黄梅戏最初只有打击乐器（如堂鼓、钹、大锣、小锣等）伴奏，由三人演奏、七人演唱并参加帮腔，号称＿＿＿＿＿＿。

（6）＿＿＿＿＿＿长于抒情，以唱为主，声腔清幽婉丽、优美动听，表演真切动人，极具江南灵秀之气，题材以才子佳人为主。

（7）＿＿＿＿＿＿是指通过一整套连贯的舞蹈动作，来表现古代将士整盔束甲、准备上阵的情景。

（8）戏曲音乐的结构形式主要分为＿＿＿＿＿＿和＿＿＿＿＿＿两大类。

二、选择题

（1）（　　）源于秦汉的俳优表演，最初为单一剧目名，后发展为一种剧目类型，主要由参军、苍鹘两个角色通过滑稽的对话和动作来演绎故事情节，常用于讽刺朝政或社会现象。

A. 百戏　　B. 歌舞戏
C. 参军戏　　D. 南戏

（2）以下选项中，不属于南戏的是（　　）。

A.《张协状元》　　B.《小孙屠》
C.《白兔记》　　D.《窦娥冤》

（3）以下选项中，不属于明代传奇的是（　　）。

A.《宝剑记》　　B.《张三借靴》
C.《浣纱记》　　D.《占花魁》

（4）在京剧唱腔中，（　　）较为刚劲激昂、活泼明快，长于抒情、叙事、说理、状物。

A. 西皮　　B. 二黄
C. 吹腔　　D. 高腔

班级____________ 姓名____________ 学号____________

（5）《谁说女子不如男》是（ ）的经典唱段。

A.《刘胡兰》 B.《花木兰》

C.《穆桂英挂帅》 D.《红色娘子军》

三、判断题

（1）中国戏曲的萌芽，最早可追溯到原始时期祭祀活动中的歌舞表演。（ ）

（2）《钵头》讲述的是北齐兰陵王戴面具上阵杀敌的故事。（ ）

（3）2006年，京剧被列入联合国教科文组织人类非物质文化遗产代表作名录。（ ）

（4）黄梅戏旋律丰富，唱腔淳朴流畅，以明快抒情见长，具有很强的表现力；其表演质朴细腻，以真实活泼著称。（ ）

（5）戏曲艺术集文学、音乐、舞蹈、美术等多种艺术形式于一体，使多种艺术元素在一个有机的整体中展现各自的个性，从而大大丰富了自身的艺术表现力。（ ）

（6）《祥林嫂》是越剧历史上备受观众欢迎、经久不衰的剧目，被誉为20世纪40年代越剧改革的里程碑。（ ）

四、简答题

（1）什么是“花雅之争”？

（2）简述戏曲艺术的虚拟性特征。

（3）简述戏曲艺术的欣赏方法。

项目五

品味妙笔丹青——绘画之美

项目引言

绘画作品或简淡拙朴，散逸着清寂空灵之感；或大胆自由，表达着对时弊的针砭及对真情的感悟。欣赏者欣赏绘画作品，不仅可获得美的视觉体验，还可以感受画家丰富的内心世界，进而产生情感共鸣。

任务清单

完成一项学习任务后，请在对应的方框中打钩。

课前预习	□	准备学习用品，预习课本知识
	□	利用网络搜集绘画之美的有关资料
	□	形成对绘画之美的初步印象，并与课本知识相互印证
课堂学习	□	了解中国画发展简史，熟悉中国画的工具、材料和中国画的分类
	□	掌握中国画技法和中国画题款的形式、作用
	□	从“红——色彩与中国画研究系列展”中，体会中国画的源远流长、中国画中蕴含的家国情怀
	□	学习国画大师李可染在艺术道路上始终坚持“为祖国山河立传”的自励精神与从他身体力行地对山水画进行积极探索的故事中获得奋进的力量
课后实训	□	积极、认真地参与实训活动
	□	提高人际交往能力、沟通协调能力和解决实际问题的能力
	□	提高审美素养，能结合所学知识感悟绘画之美

【寻美之迹】

中国画简称“国画”，是一种具有悠久历史的中国民族绘画，在世界美术领域中自成体系。中国画是采用特制的毛笔、墨或颜料，在宣纸或绢帛上绘制而成的。中国画最大的特点是注重表现物象的内在精神和画家的主观情感，讲求“以形写神”，追求一种“妙在似与不似之间”的神韵，意境高远。

▲ 图5-1 《泼墨仙人图》

南宋画家梁楷的《泼墨仙人图》（见图5-1）是中国画中写意画的代表作。梁楷以简练的笔墨和高度概括的手法，描绘出一位宽衣大肚、谐趣可爱的仙人的形象。他有意突出仙人的额头部分，且将其五官压缩在小块区域内，使得仙人垂眉细眼，扁鼻撇嘴，显得醉态可掬。同时，梁楷仅用细线简单勾勒仙人的面部和胸部，通过浓淡变化丰富的大片泼墨来描绘其衣袖、裤子，使整幅画笔简神具、自然潇洒，具有酣畅淋漓的美感。

【以美培元】

任务一　了解中国画的基础知识

一、中国画发展简史

（一）中国古代绘画

1. 先秦时期

先秦时期的绘画形式以壁画、帛画和漆画为主。据记载，我国最早的壁画出现在原始社会末期；春秋战国时期，壁画创作十分繁荣，公卿祠堂、贵族府第多以壁画作为装饰。帛画因画在帛（丝织物）上而得名，以描绘人物、走兽、飞鸟及神灵等形象为主，《人物龙凤图》（见图5-2）和《人物御龙图》是战国时期帛画的代表作。漆画是画在漆器上的画，以朱、黑两色为主色调，辅以黄、绿、蓝、白、褐、金等十多种色彩，画面丰富多彩。湖北荆门出土的《迎宾出行图》（见图5-3），曾侯乙墓出土的漆棺、漆盒上的漆画等，都是先秦时期漆画的代表作。

▲ 图5-2 《人物龙凤图》

▲ 图5-3 《迎宾出行图》

2. 秦汉时期

秦汉时期的绘画形式以墓室壁画、帛画、画像石、画像砖为主。

1）墓室壁画

西汉墓室壁画以河南洛阳的《卜千秋墓壁画》最具特色，画面中彩云缭绕，一派仙境景象，如图5-4所示。东汉墓室壁画以内蒙古自治区和林格尔壁画墓的《乐舞百戏图》为代表，画面内容丰富，色彩鲜艳，构图自然，人物活灵活现，如图5-5所示。

▲ 图5-4 《卜千秋墓壁画》（局部）

▲ 图5-5 《乐舞百戏图》

2）帛画

帛画以湖南长沙马王堆汉墓出土的T形帛画《非衣》（见图5-6）为代表。这幅帛画奇异瑰丽，蔚为壮观，画面内容十分丰富，从天上、人间到地下，从现实到幻想，从人、神、走兽到日、月、星、云、树木等，构成一个既包罗万象又严密有序的整体，体现出古人浪漫、奔放的气质和其对生命生生不息的执着追求。

▲ 图5-6　《非衣》

3）画像石、画像砖

《荆轲刺秦王》（见图5-7）为汉代画像石的代表作，画面构图合理，惊恐万状的秦王与临危不惧的荆轲形成鲜明对比，具有强烈的动感。画像砖是盛行于秦汉时期的一种建筑装饰构件，画面内容涉及出行、狩猎、百戏、生产等，如图5-8所示。

▲ 图5-7　《荆轲刺秦王》画像石（局部）

▲ 图5-8　画像砖

3. 魏晋南北朝时期

魏晋南北朝时期，虽然社会动荡，但绘画艺术得到了显著的发展。一方面，佛教美术兴盛，出现了大量精美的石窟壁画，显示出这一时期画工们高深的艺术造诣；

另一方面，文人涉足绘画领域，积极从事绘画创作和理论著述，东晋顾恺之的《论画》和南朝谢赫的《古画品录》等，都对中国绘画理论的发展产生了深远的影响。

这一时期的主要画科为人物画，代表作有卫协的《七佛图》、顾恺之的《洛神赋图》（见图5-9）、张僧繇的《汉武射蛟图》、杨子华的《北齐校书图》（见图5-10）等。同时，花鸟画开始兴起，山水画也逐渐发展。

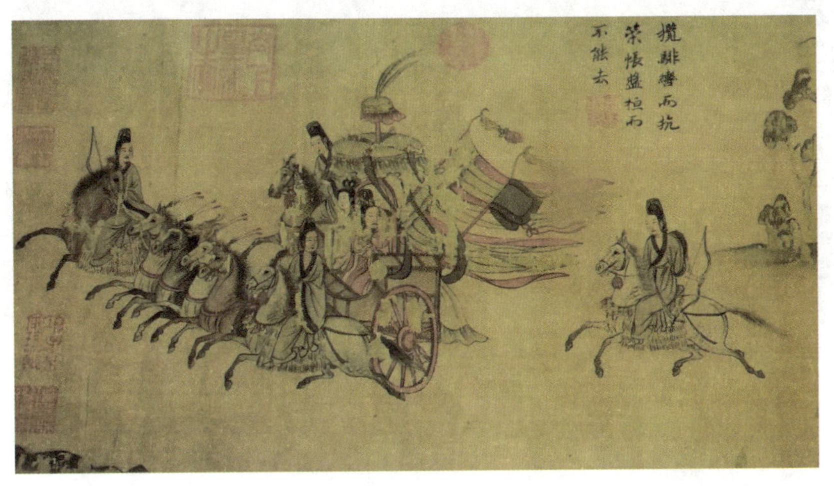

▲ 图5-9 《洛神赋图》（局部）

▲ 图5-10 《北齐校书图》（局部）

4．隋唐五代时期

1）隋代

隋代的绘画成就主要表现在山水画上。魏晋以来，山水画只是作为人物画的衬景存在；隋代，山水画开始成为一门独立的画科。展子虔的《游春图》（见图5-11）是现存最古老的一幅卷轴山水画，这幅画在构图上以山水为主体，以人物为点景，

画中各种物象的大小比例、远近关系等都处理得较为妥帖，具有“咫尺千里”的艺术效果。该画设色浓丽，用笔细劲，形成了独特的艺术风格。《游春图》的出现，标志着山水画的发展进入青绿重彩、工整细巧的崭新阶段。

▲ 图5-11　《游春图》

释疑解惑

设色又称“涂色”，是指绘画敷色时运用色彩的效果表达物象的情境变化和韵味。

2）唐代

初唐的山水画，在隋代青绿山水的基础上进一步发展。李思训的《江帆楼阁图》、李昭道的《明皇幸蜀图》（见图5-12）均为这一时期山水画的代表作。中唐时期，王维的山水画以水墨代替青绿渲染，打破了当时青绿山水垄断画坛的局面。

释疑解惑

青绿山水是一种以矿物质颜料石青、石绿为主色的山水画，有大青绿、小青绿之分。前者多勾廓，着色浓重；后者是在水墨淡彩的基础上薄施青绿。

花鸟画在唐代独立成科，边鸾是唐代最负盛名的花鸟画家，其在花鸟画方面的艺术成就推动了这一画科的发展。鞍马画名家也不乏其人，曹霸、韩幹、韦偃被称为唐代“鞍马画三杰”。此外，韩滉擅长画牛，《五牛图》是其传世名作，画中的五头牛不仅布局合理，而且形态各异，色彩变化丰富，如图5-13所示。

▲ 图5-12 《明皇幸蜀图》

▲ 图5-13 《五牛图》

唐代人物画在表现技法和题材内容上都有较大进步，表现仕女现实生活的作品不断涌现，突破了汉魏以来人物画多表现烈女、圣贤、道释人物的局面，代表作有阎立本的《步辇图》、张萱的《虢国夫人游春图》、周昉的《挥扇仕女图》（见图5-14）等。

▲ 图5-14 《挥扇仕女图》

3）五代

五代时期南北分裂，山水画依地域而发展。北方山水画伟岸坚凝，气势雄浑，代表作有荆浩的《匡庐图》、关仝的《关山行旅图》等；南方山水画线条绵延起伏，淡墨温润，代表作有董源的《潇湘图》（见图5-15）、巨然的《秋山问道图》等。

▲ 图5-15 《潇湘图》

五代的花鸟画成就斐然，由简朴稚拙向精工写实发展，并逐步改变了实线勾框、色彩平填的描绘方式。黄筌、黄居寀父子的画作精细工整、画风富丽，迎合宫廷审美需要，成为宋初翰林图画院中取舍作品的标准；徐熙开创了“落墨为格，杂彩副之”的花鸟画新风格，代表作有《雪竹图》（见图5-16）等。黄家父子与徐熙迥然有别的风格，被后人形象地描述为“黄家富贵，徐熙野逸”。

五代的人物画家主要集聚于南唐画院，周文矩擅长以“颤笔描”表现人物衣纹，画风秀润清逸，其代表作有《唐宫春晓图》（见图5-17）、《宫中图》、《重屏会棋图》等；顾闳中、王齐翰则精于传统，画格婉丽传神，所画人物栩栩如生。

▲ 图5-16　《雪竹图》

▲ 图5-17　《唐宫春晓图》（局部）

释疑解惑

“颤笔描”是一种运笔勾线时腕部略加颤动而绘出抖曲颤动的墨线的中国画技法。

美之漫谈

周文矩的《唐宫春晓图》与周昉的《挥扇仕女图》都是描画宫中妇女生活的经典之作，画风却大不相同。请从画家所处的时代背景、绘画风格或画中的人物形象等方面入手，讨论这两幅作品有哪些不同。

5. 宋代

北宋的山水画在五代的基础上更趋成熟。李成的山水画多表现郊野的平远旷阔之景，其代表作为《读碑窠石图》（见图5-18）。范宽的山水画构图饱满、落笔苍健，其代表作有《雪景寒林图》《溪山行旅图》等。米芾、米友仁父子的“米点山水”对后世文人画有着深远的影响，《潇湘奇观图》（见图5-19）为米友仁的代表作。南宋的李唐创大斧劈皴（cūn）技法，被刘松年、马远和夏圭效法，四人并称为“南宋四家”。

《溪山行旅图》赏析

▲ 图5-18 《读碑窠石图》

▲ 图5-19 《潇湘奇观图》

释疑解惑

“米点山水”又称“米派”，是指以米芾、米友仁父子为代表的山水画派。该画派改变了运用线条表现峰峦、树木、云、水的传统技法，强调利用墨的深浅浓淡和笔的横点排比，来表现江南水乡烟雨微茫的景色，于模糊中见意趣。

宋代的人物画堪称兴盛，众多人物画大师中，以李公麟、梁楷最为突出。李公麟的画作多采用白描画法，具有洗练、朴素之美，其代表作是《西岳降灵图》（见图5-20）。梁楷的人物画以“减笔”闻名，寥寥几笔就能生动地勾画出人物的主要特征，其代表作有《太白行吟图》（见图5-21）、《泼墨仙人图》等。

宋代的花鸟画也甚为繁荣。崔白、吴元瑜的花鸟画，用笔敷色简淡传神；宋徽宗赵佶重视写实，其作品多为细腻柔丽的典型宫廷花鸟画，如《芙蓉锦鸡图》（见图5-22）、《瑞鹤图》等。

▶ 图5-20 《西岳降灵图》（局部）

▶ 图5-21 《太白行吟图》

▶ 图5-22 《芙蓉锦鸡图》

6. 元代

元代的山水画特别兴盛。黄公望、王蒙、吴镇、倪瓒等人对山水画的表现形式和绘画材料进行了变革，他们使用生纸绘画，重笔墨，尚意趣，纳书法于绘画。赵孟頫（fǔ）主张“作画贵有古意，若无古意，虽工无益”，并提出“书画同源”的理论。

元代，以梅兰竹菊“四君子”为题材的花鸟画空前盛行，士大夫缘物寄情，常用梅兰竹菊来表现他们高洁傲岸的情操与刚正不阿、淡泊名利的品格。王冕擅画梅花，代表作《墨梅图》笔意简逸，笔力挺劲，生动地描绘了梅花含笑盈枝的状态，如图5-23所示。

元代的人物画虽不及山水画、花鸟画兴盛，但也不乏优秀作品。赵孟頫的

《浴马图》（见图5-24）画风师法唐人，古雅中兼有逸趣；钱选的《杨贵妃上马图》描绘了杨贵妃上马的情形，画中人物形象刻画细微、生动，如图5-25所示。

▲ 图5-23 《墨梅图》

▲ 图5-24 《浴马图》（局部）

▲ 图5-25 《杨贵妃上马图》（局部）

7．明代

明代，社会、政治、经济稳定，出现了许多绘画名家，并逐渐形成按地区划分的各种绘画流派，如以戴进、吴伟和蓝瑛为代表的浙派，以沈周、文徵明、唐寅、仇英为代表的吴门画派等。

明代宫廷绘画以山水画、花鸟画较为兴盛，人物画取材范围较小，以描绘帝后的肖像和行乐生活为主。明代水墨写意画迅速发展，名家很多，技法也不断更新，徐渭开创了水墨写意花鸟画的新局面，其用笔、用墨被后人尊为典范。以董其昌为代表的华亭画派在文人山水画方面另辟蹊径，作品以笔墨洗练、简朴为特点。在人物画方面，陈洪绶、崔子忠、丁云鹏等开创了变形人物画法。

8．清代

清代初期，“四王”（王时敏、王鉴、王翚、王原祁）进一步规范了中国传统山水画的技法和程式，对当时的山水画有较大影响。

清代中期，尤其在康熙、乾隆年间，宫廷画十分兴盛。宫廷画家们除承袭中国传统绘画的技法外，还吸收西方的写实画法，开创了中西合璧的新画风。同时期，在经济发达的扬州地区，出现了一批风格独特的画家，人称“扬州八怪”，他们善于运用水墨写意技法，注重个性的发挥和诗书画的有机结合，力求创新。

释疑解惑

> “扬州八怪”并不单指八个人，而是代表清代中期活动于扬州地区的艺术个性鲜明的一批画家，代表人物有金农、罗聘、郑燮（xiè）、李鱓（shàn）、汪士慎、黄慎、李方膺、高翔等。

清代晚期，画家主要集中在江浙一带和广东。江浙一带的代表画家有赵之谦、虚谷、任熊、吴昌硕等，其中赵之谦和吴昌硕等将书法、篆刻等艺术表现形式融于绘画中，为文人画开辟了新天地。广东的代表画家有高剑父、高奇峰、陈树人等，他们主张艺术创作兼收并蓄，将中西画风结合，以俊爽鲜丽的笔墨、写实求真的艺术风貌成为岭南画派的创始人。

（二）中国近现代绘画

近代以来，中国社会形态发生了重大的变革，绘画艺术也随之发展，以齐白石为代表的绘画名家继承和发扬了中国画的传统并加以创新。20世纪30年代和40年代，画家们开始组织画会、创办刊物、举办展览，一批杰出画家（如徐悲鸿、黄宾虹、潘天寿、张大千等）脱颖而出。

1949年，中华人民共和国成立，许多画家创作了大量政治题材的作品。20世纪70年代末以后，一批新潮画家结合西方现代艺术特点，创作了中西互融的新作品，丰富了中国画的形式和风格。

源远流长

红——色彩与中国画研究系列展

恰逢中国共产党建党百年之际，由清华大学艺术博物馆、中央美术学院美术馆和北京画院共同主办的“红——色彩与中国画研究系列展”在北京画院美术馆举办。此次展览会以“几点朱砂花更红”“芙蓉国里尽朝晖”“春来喜气绕华堂”为题，从科学、社会、文化三个维度去解读中国画中的“红”。

几点朱砂花更红——从中国画中趣识中国传统绘画颜料

色彩是绘画的本体语言，而颜料则是绘画艺术的物质基础。此次展览会展出了朱砂、洋红、胭脂等中国画中常用的红色颜料，并展示了画家在实际艺术创作中怎样“随类赋彩”。

例如，海派名家吴昌硕的《双桃》以胭脂着色，笔力雄浑，色调鲜艳沉着；齐白石笔下的《牡丹》《朱竹》以朱砂、洋红等着色，色调热烈浓艳；近现代画家于非闇的《朱砂牡丹》、《画众生黑》（见图5-26）、《梅竹双鸠》使用朱砂、红花、胭脂等着色，格调柔婉，兼具艳美与高古之味。

芙蓉国里尽朝晖——从中国画中传承中华民族的家国情怀

中华人民共和国成立后，在中国共产党的文艺方针的指导下，近现代中国画家创作了大量歌颂社会主义生产建设的中国画作品。

例如，周思聪和耿玉琨合作绘制的《天山红医》（见图5-27），描绘了青年医者为牧民孩子看病的场景，诠释了“艺术是人道主义的，是人性、人的感情的结晶”这一理念；当代书画家董寿平先生深心托豪素，厚植家国情怀，其所绘的《红梅颂》中的朱砂红梅欣欣向荣、灿若霞天；卢沉笔下的《机车大夫》塑造了积极向上、乐观质朴的工人形象，展现了我国工业建设蒸蒸日上的繁荣景象。

春来喜气绕华堂——从中国画中溯源中国人的尚红习俗

在中国，“红”不仅是一种颜色，而且具有丰富的文化内涵。作品《人之初》中，新生的小男孩和初升的太阳，是贾浩义先生对生命起源最诗意的诠释。齐白石笔下的《岁朝图》意蕴丰厚，图中的大红灯笼和红色鞭炮洋溢着喜庆祥瑞之气。观众还可以从《钟馗》、《临吉祥天女像》（见图5-28）、《百寿图》等民间传说、宗教神话题材的作品中，一窥中国人尚“红”意识的渊源。

▲ 图5-26 《画众生黑》

▲ 图5-27 《天山红医》

▲ 图5-28 《临吉祥天女像》

经过世代承启、沉淀、深化和扬弃，红色逐渐嬗变为中华民族传统文化的底色，直至今天仍被应用于社会生活的方方面面，成为铭刻在中国人血脉与灵魂里的一抹“中国红”。

（资料来源：韩丹，《中国画里的一抹“红”》，央视网，2021年7月13日，有改动）

二、中国画的工具、材料

（一）笔

画家主要用毛笔画中国画。毛笔的种类很多，不同种类的毛笔在表现中国画的特殊韵味上具有不同的魅力。根据笔毫软硬程度的不同，毛笔可分为硬毫笔、软毫笔和兼毫笔。硬毫笔包括狼毫笔、兔毫笔、鼠须笔等，这种毛笔弹性大，笔触整洁，适宜表现流畅挺拔的线条，多用于勾线；软毫笔包括羊毫笔、鸡毫笔等，这种毛笔毛质柔软，吸水量大，适宜表现圆浑厚实的点画，多用于渲染着色；兼毫笔的软硬程度介于硬毫笔与软毫笔之间，刚柔适中，便于挥运。

（二）墨

墨是由动植物油脂燃烧后产生的黑色素和动植物胶按照一定的比例调和而成的，大致可分为松烟墨和油烟墨两大类。中国画一般多用油烟墨，只有着色时偶尔用松烟墨。

（三）纸

中国画用纸一般为宣纸。宣纸分为生宣和熟宣两种。生宣吸水性强，色与墨落纸后即渗化，能产生水墨淋漓的效果。生宣适合用来绘制泼墨画和写意画。

熟宣是生宣用矾水加工制成的，水墨不容易渗透，作画者可以在上面工整细致地描绘，反复地上色。熟宣适合用来绘制工笔画。

（四）砚

砚又称“砚台”“砚池”或“墨海”，是研墨的工具。砚的种类很多，按制作材料分，有石砚、陶砚、瓷砚、玉砚等，其中最常见且最具有实用价值的是石砚。砚以质地坚润细腻、贮水不涸、易于发墨者为上。

用砚应注意两点：一是要随用随研，且研墨时要用力均匀，以保持砚心平稳；二是每次用完后要冲洗干净，以防墨干裂而损伤砚面。

拓展视野

中国四大名砚

1．端砚

端砚（见图5-29）是砚中极品，因产于端州（今广东肇庆）而得名。端砚的优点是既不损笔毫，又易发墨。鱼脑冻、蕉叶白、石眼等都是制作端砚的名贵石品。为了使端砚更具观赏价值，人们还会依照石品纹理在其表面雕刻出山水、花草、鸟兽等各种图案。

2．歙砚

歙（shè）砚（见图5-30）因产于歙州（今属安徽）而得名。歙石以产于龙尾山下溪涧的为最优，故歙砚又称“龙尾砚”。歙砚质坚，具有温润莹洁、纹理缜密、发墨如油、不吸水、不耗墨、不损笔等特点。

▲ 图5-29　端砚

▲ 图5-30　歙砚

3. 洮河砚

洮河砚（见图5-31）以临洮河绿漪石为原料，砚石色泽如碧玉。洮河砚以“发墨快亮而耐用，蓄水持久而不耗，笔吸墨匀而护毛，书画流畅而清爽”的特点闻名于世。

4. 澄泥砚

澄泥砚（见图5-32）由澄洗的细泥加工烧制而成，因烧制过程及时间不同，可呈现出鳝鱼黄、蟹壳青、玫瑰紫等不同颜色。澄泥砚质地细腻，犹如婴儿皮肤一般，并且具有贮水不涸，历寒不冰，发墨快而不损毫，滋润胜水可与石质佳砚相媲美的特点。

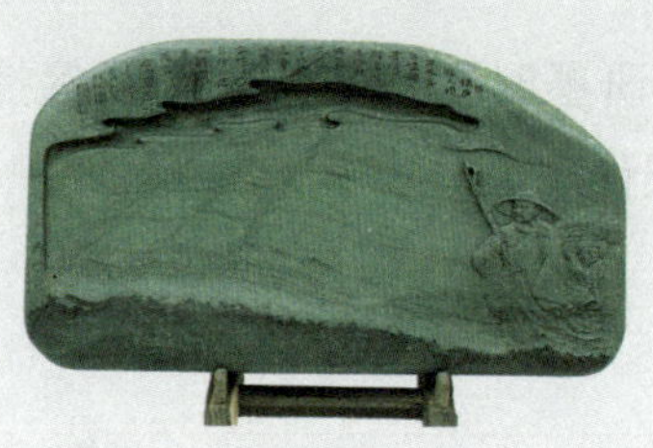

▲ 图5-31　洮河砚

▲ 图5-32　澄泥砚

（资料来源：刘玉峰，《大学书法》，航空工业出版社，2019年）

（五）颜料

传统中国画颜料分为矿物质颜料和植物质颜料两类。矿物质颜料包括朱砂、石黄、泥金等，覆盖力强、色泽厚重不透明，年久不褪色，用时须放入乳钵中研细调胶。植物质颜料包括花青、藤黄、胭脂等，色泽鲜艳，但经日晒容易变色。

三、中国画的分类

（一）山水画

山水画是以山川等自然景色为主要描绘对象的画科，形成于魏晋南北朝时期，在隋唐时期成为独立的画科，在五代和北宋时期繁荣发展。根据色墨关系的不同，山水画可分为水墨山水、青绿山水、浅绛山水三大类。山水画以客观事物为依据，注重主观感受的表达，最能体现出中国艺术所特有的意境、格调和气韵，具有丰富的内涵。

释疑解惑

浅绛山水是指在水墨勾勒皴染的基础上，敷设以赭石为主色的淡彩山水画。

美之漫谈

比较图5-33中的两幅山水画，说明它们的相同点和不同点，并谈谈你看完这两幅山水画后的感受。

▲ 图5-33　山水画

（二）花鸟画

花鸟画的主要表现题材有花草、鸟、鱼、虫等。花鸟画在魏晋南北朝时期开始兴起，在五代、两宋趋于成熟，元、明、清时大为发展。根据画法的不同，花鸟画大致可分为工笔花鸟画（见图5-34）和写意花鸟画（见图5-35）两大类。花鸟画集中体现了人与自然生物的审美关系，画家多借花鸟画言志或抒情。

▶ 图5-34　工笔花鸟画

◀ 图5-35　写意花鸟画

释疑解惑

工笔又称“细笔”，在中国画中属工整细致一类的画法，要求通过严谨的用笔设色，以形写神，使形象描绘达到形神兼备的效果。

写意又称“粗笔”，在中国画中属纵放一类的画法，不求客观物象的形似，而求以简练的笔墨来表达物象的神韵和画家主观的意兴。

（三）人物画

人物画是以人物形象为描绘主体的画科，可分为道释画、仕女画、肖像画、风俗画等。中国古代人物画（见图5-36）注重人物个性的刻画，追求形神兼备、气韵生动，并不拘泥于画与人物外表的相似，而更多强调画家主观情趣的表达。中国现代人物画（见图5-37）吸收了西方绘画技法，在造型和色彩上均有所改变，注重细节的刻画与表现。

▲ 图5-36　中国古代人物画

▲ 图5-37　中国现代人物画

任务二 掌握中国画技法和题款艺术

一、中国画技法

（一）基本技法

中国画的基本技法主要包括笔法和墨法。中国画强调以笔为主导，墨随笔出，追求笔与墨的有机结合，从而完美地描绘物象、表达意境，取得形神兼备的艺术效果。

1. 笔法

1）勾

中国画中各种物象的形体轮廓多是用勾的笔法来表现的。勾时，一般先由左上方起笔，向右下方行笔，中锋、侧锋、逆锋兼用，行笔要有提按、顿挫、快慢、转折的变化，墨色一般不宜太浓。例如，画石时，“勾”的效果如图5-38所示。

2）皴

皴是中国古代画家在艺术实践中对各种山石的不同质地结构和树木表皮状态加以概括而创造出来的技法，是山水画特有的艺术表现形式。表现山石的皴，主要有披麻皴、雨点皴、卷云皴、解索皴、牛毛皴、大斧劈皴、小斧劈皴等；表现树木表皮的皴，主要有鳞皴、绳皴、横皴等。例如，画石时，“皴”的效果如图5-39所示。

▲ 图5-38 “勾”的效果

▲ 图5-39 “皴”的效果

3）擦

擦为皴的一种辅助技法，通常用侧锋干墨进行摩擦，用来弥补勾、皴的不足，可加强暗部，使山石、树木的皴纹更加浑厚，更具质感。擦时，行笔宜快，墨宜淡。例如，画石时，“擦”的效果如图5-40所示。

4）染

染即渲染，是指用水墨或颜料涂染物象，以分出阴阳向背的技法。合理运用染的技法，可增强物象的质感和立体感，提升画面的整体效果。

5）点

点又称“点簇”，是指用笔尖点画而簇聚成物象的画法，可用于表现青苔之类附生于石、树上的小植物，或远山上的小树。点时，要掌握节奏变化，以点出疏密有致、聚散有致、错落有致的效果。例如，画石时，“点”的效果如图5-41所示。

▲ 图5-40 “擦”的效果

▲ 图5-41 “点”的效果

拓展视野

常用的运笔方法

中国画中常用的运笔方法包括中锋、侧锋、顺锋、逆锋。中锋是指运笔时笔锋在笔画中间运行，画出来的线条两侧齐平，圆润饱满，如图5-42所示；侧锋是指运笔时笔锋偏在墨线一边，画出来的线条变化丰富，苍劲有力，如图5-43所示；顺锋是指运笔时笔锋顺势而行，从上往下或从左往右，画出来的线条平顺圆润，如图5-44所示；逆锋是指运笔时笔锋逆势而行，从下往上或从右往左，画出来的线条艰涩凝重，刚健有力，如图5-45所示。

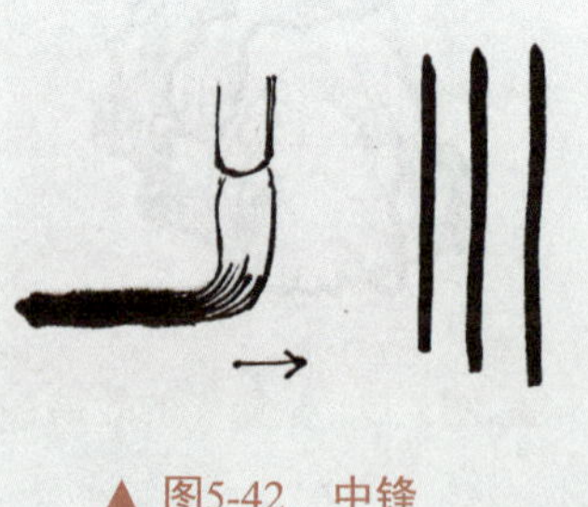

▲ 图5-42 中锋

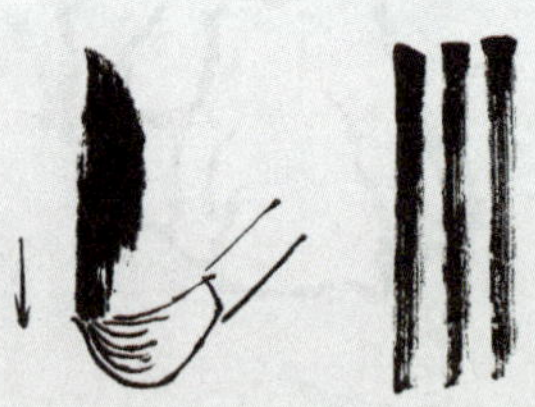

▲ 图5-43 侧锋

▲ 图5-44 顺锋

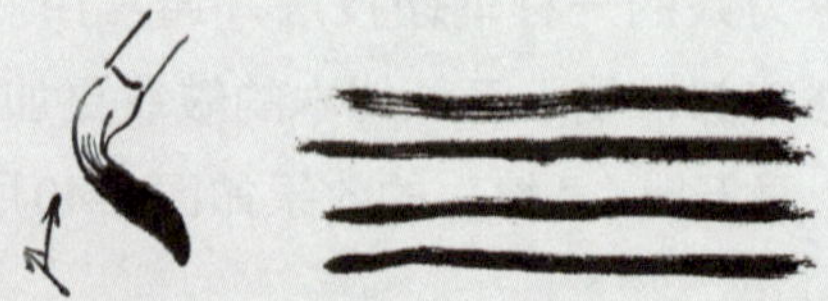

▲ 图5-45 逆锋

2. 墨法

1）破墨

破墨是指在前一遍墨色未干之时，又画上第二遍墨色，以便两遍墨色相互渗透掩映，达到滋润鲜活的效果。使用破墨技法时，有两个注意事项：① 要掌握前一遍墨色的干湿程度，太湿容易导致渗透太快，太干又不易渗透；② 要掌握加第二遍墨色的时机，应在前一遍墨色未干时破之，使墨色自然渗透。

2）积墨

积墨是指用墨由淡而浓，层层渍染的技法。积墨时应先用淡墨后用浓墨，多次积叠。北宋郭熙《林泉高致》云："用淡墨六七加而成深，即墨色滋润而不枯燥。"积墨时，行笔要灵活，切忌堆叠死板。

3）泼墨

泼墨是指用水墨挥洒在纸上或绢上，随其形状进行绘画的技法。后世也用泼墨泛指笔势豪放、墨如泼洒的画法。

（二）特殊技法

特殊技法是在基本技法的基础上，使用一些新的工具或材料，或采用一些特殊的方法，以达到出人意料的绘画效果的技法。中国画的特殊技法有皱纸法、扎染法、水拓法、对印法、清水点画法、腐蚀冲墨法、撒盐法等，这里主要介绍前四种。

1. 皱纸法

皱纸法是指将宣纸揉皱后展开，在上面作画的技法。采用皱纸法，可利用纸面的凹凸纹理使墨迹自然而富有变化，从而产生一些特殊意趣。采用皱纸法时，可在画前揉，亦可在画间揉；可统揉，亦可局部揉；可根据想要的效果有意识地揉，也可无目的地揉。

2. 扎染法

采用扎染法，可使墨、色呈现出一种过渡性渐变的效果。扎染法的操作步骤如下：① 将画纸系好或夹好；② 将画纸放入调好墨、色的水中浸染；③ 将画纸取出，可立即打开，也可待其干后再打开；④ 用笔蘸墨、色涂染。

释疑解惑

扎染时，多选用吸墨性好且较为结实的画纸，并且要把握好浸染与涂染的时机；若需要体现丰富的层次变化，则应在画纸半干或全干后再进行涂染。

3. 水拓法

水拓法的操作步骤如下：① 在容器中盛满水；② 放墨入水，使之产生一些花纹；③ 将吸墨性好的画纸轻铺在水面上；④ 待画纸吸收了水面的花纹后，将画纸提起。如果效果不理想，还可以将画纸在水面上多次提放。

4. 对印法

采用对印法，可表现倒影及其他互有关联的物象。对印法的操作步骤如下：① 将画纸的一部分喷湿（可以用另外一张纸遮挡不需要喷湿的部分）；② 在没有喷湿的部分作画；③ 趁喷湿部分未干，将其折叠过来扣在所画的物象上，用手按压后揭开。

美之漫谈

观察图5-46中的两幅中国画，说说作画者分别采用了哪些特殊技法，并说出判断依据。

▲ 图5-46　采用特殊技法画出的中国画

二、中国画题款艺术

题款又称“题识”，中国画上一般会题写作画者姓名、受赠人姓名、创作时间、创作地点等内容。

（一）中国画题款的形式

中国画题款的形式大致可分为单款、双款、题诗款、题记款、夹画款五种。

1. 单款

单款又称“名款”，是最简单的一种题款，只署作画者姓名（或别名）和创作时间。这种题款形式在明清书画中应用较普遍。

2．双款

双款是指除了署作画者姓名外，还署上受赠人姓名及其与作画者关系的题款。例如，唐寅《落霞孤鹜图》的题款“晋昌唐寅为德辅契兄先生作诗意图”，即为双款。

3．题诗款

题诗款是指在画上题写作画者自作诗词或他人诗词的题款。题诗款可长可短，所题诗句一般与画的内容有关，并可弥补画意之不足。

4．题记款

题记款是指作画者在画上记录创作过程、心得等的题款，可起到强化创作意图、深化主题思想的作用。

5．夹画款

夹画款是指夹杂于画幅空隙之中的题款，可与画融为一体。例如，郑燮《仿文同竹石图》（见图5-47）的题款，即为夹画款。

▲ 图5-47　《仿文同竹石图》

（二）中国画题款的作用

1．标注信息，解释说明

中国画题款最基本的作用是标明作画者姓名、创作时间、作品主题等信息；作画者还可根据自己的需要，写明作画原因、受赠人姓名等。

2．完善构图，装饰美化

中国画题款能弥补画面构图的不足，丰富画面的视觉语言。例如，现代画家徐湛的《鸡有五德》（见图5-48）中，笔墨酣畅的芭蕉叶从画面右侧直垂画面底部，再加上一群可爱的雏鸡也都位于画面底部，导致画面构图失衡。因此，画家在作品左上方的空白处题长款，使画面整体和谐而美观。

3．诠释作品，提升境界

中国画题款可以起到诠释作品主要内容、提升作品艺术境界的作用。例如，欣赏郑燮的《竹石》（见图5-49）时，人们一般只会关注画中的竹子与现实中的竹子是否相似，即使是具备一定美术素养的人，通常也只能品味画中的笔墨韵味；而一旦有了“咬定青山不放松，立根原在乱崖中。千磨万折还坚劲，任尔东西南北风”的题款，《竹石》便不再是一幅单纯的物象图，而是画家思考人生价值、社会哲理的载体，体现出画家不言败、不气馁的顽强精神。

中国画的哲学

▲ 图5-48 《鸡有五德》

▲ 图5-49 《竹石》

任务三　欣赏中国画

一、中国古代绘画作品欣赏

（一）山水画欣赏

《江帆楼阁图》

《江帆楼阁图》（见图5-50）是早期山水画的代表作，为唐代李思训所绘，描绘的是游人踏春的景象。远处江水荡漾，几叶扁舟漂浮；近处江岸错落有致，树木郁郁葱葱，楼阁庭院在山石、树木间若隐若现，游人自然、生动。

在《江帆楼阁图》中，树木的枝、干、叶用工整的双勾填色法来描绘；山石用中锋硬线勾描，无明显的皴笔，设色以石青、石绿为主，墨线转折处勾以金粉，具有交相辉映的效果。图中出现了七人，一人于廊内，两人于坡岸赏景，另外四人则沿山径而来，这四人中，主人骑马，三仆或挑担、或提物，前后簇拥。人物描绘工整细致，形神兼备。

▲ 图5-50　《江帆楼阁图》

《富春山居图》

《富春山居图》（见图5-51）是元代黄公望晚年所绘的长卷画作，描绘的是他游居的富春江一带的山川风物。全卷以水墨写意，整幅画空灵秀逸，气度沉雄，被誉为“画中之兰亭”。

▲ 图5-51 《富春山居图》（局部）

《富春山居图》中，山石的勾、皴，用笔顿挫转折，宛然天成。长短干笔皴擦，与湿笔披麻皴相结合，笔路新颖，堪称创格。全画用墨淡雅，仅在山石上罩染一层几近透明的墨色，并用稍深墨色染出远山及江边沙渍、波影，用浓墨点苔、点叶，醒目自然。整个画面山川浑厚、草木华滋，充满了潇洒淡泊的诗意，散发出浓郁的江南文人气息。

（二）花鸟画欣赏

《写生珍禽图》

《写生珍禽图》（见图5-52）为五代黄筌所绘。24只禽鸟、昆虫均匀地分布在画面中，它们之间并无关联，亦无统一的主题，画面的左下角有一行小字“付子居宝习”，由此可知，这幅《写生珍禽图》是黄筌给其子黄居宝临摹练习用的一幅稿本。

▲ 图5-52 《写生珍禽图》

在《写生珍禽图》中，黄筌用短线条勾勒鸟足、虫足和龟甲，线条转折分明，质地硬挺而有力；用具有粗细变化的长线条勾勒出鸟的翎羽、虫的触角软而不绵的形态。可以看出，黄筌笔法纯熟，精妙地把握住了毛笔提、按的力道。此外，他对于色彩的运用也十分考究。《写生珍禽图》的主色调为墨、赭、灰、白四色，显得十分古雅，画面中心绘有一只红色的鸟和一只红色的甲虫，有提神点睛之妙。

《墨笔竹石图》

《墨笔竹石图》（见图5-53）为清代郑燮所绘。画上自题：“饮牛四长兄其劲如竹，其清如兰，其坚如石，行辈中无此人也。屡索予画，未有应之。乾隆五年九秋过予寓斋，因检家中旧幅奉赠。竹无竿，兰叶偏，石势仄，恐不足当君子之意，他日当作好幅赎过耳。板桥弟郑燮。”

《墨笔竹石图》是郑燮赠予友人的。从题款上看，这幅画是他临时找来的一幅自藏画，再补题诗款以赠。郑燮以竹之劲挺、兰之清雅、石之坚韧来比喻“饮牛四长兄”的高尚品格。在画法上，郑燮用具有力度的隶书笔法画竹，用纵逸的草书笔法画兰，用侧锋笔法勾勒出石的轮廓并略做皴染，竹、兰、石三者交相辉映，相得益彰。石上的题款清劲纵逸，不仅丰富了主题的内涵，而且使画面本身倾斜的对角线构图变得平稳、厚重。

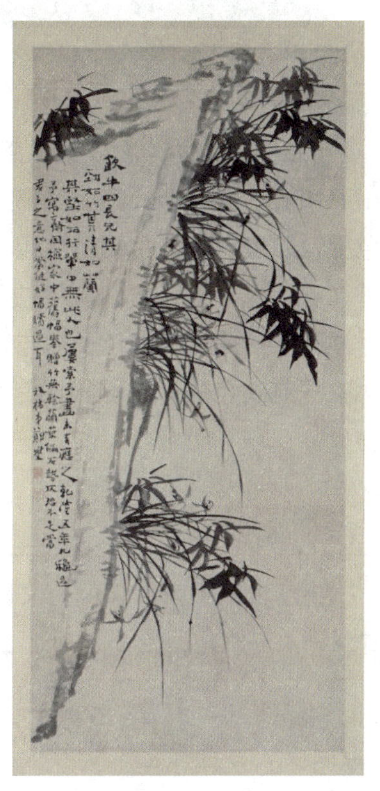

▲ 图5-53 《墨笔竹石图》

（三）人物画欣赏

《步辇图》

阎立本以贞观十五年吐蕃赞普松赞干布与文成公主联姻的历史事件为题材，绘制了这幅歌颂古代汉、藏民族友好交往的《步辇图》（见图5-54）。该作品描绘的是唐太宗李世民在宫内接见松赞干布派来的吐蕃使臣禄东赞的情景。李世民端坐在由六名宫女抬着的步辇上，另有三名宫女分别在前后掌扇、持华盖。唐太宗面前站立三人：最右者身穿大红袍，是这次仪式的引见官；中间是吐蕃使臣禄东赞，他拱手而立，发型和服饰均与其他人不同；最左侧是一名身穿白色长袍的内官。

▲ 图5-54 《步辇图》

《步辇图》中的人物衣纹多采用铁线描的画法，虽较为简洁，但有疏密变化，表现出不同服饰的质地；画面局部（如人物靴筒的折痕处）配以晕染，极具立体感。在用色上，除黑色外，主要还使用了大红、赭黄、白、石绿等色彩，显得沉稳而富丽。此外，在用色上还十分讲究呼应和对比。例如，引见官的大红袍与宫女衣裙上的红色形成呼应，内官的白色长袍与宫女的白色上衣也形成呼应，增强了画面的统一性；唐太宗深赭黄色的服饰与周围宫女浅色的上衣在明度上形成对比，从而突出了主要人物。

释疑解惑

铁线描是中国古代人物衣服褶纹的描法之一，线条用中锋圆劲之笔描出，没有丝毫柔弱之迹，因外形如铁丝而得名。

《韩熙载夜宴图》

《韩熙载夜宴图》（见图5-55）为五代顾闳中所绘，如实地再现了南唐大臣韩熙载夜宴宾客的历史情景，细致地描绘了宴会上弹丝吹竹、清歌艳舞的热闹场面，又深入地刻画了主人公的复杂心境。

▲ 图5-55 《韩熙载夜宴图》

全卷以连环画的形式描绘了五个场景，分别为聆听琵琶、擂鼓起舞、盥手小憩、重奏管龠（yuè）、再开歌舞。每个场景之间用屏风、隔扇加以分隔，又巧妙地相互联结，使场景既具有相对独立性，又显得统一、完整。

《韩熙载夜宴图》的艺术水平相当高超，无论是勾线还是设色，都堪称精湛。顾闳中将铁线描与游丝描相结合，整幅画笔触精细，线条流转自如，颇有韵味。在用色方面，仕女的素妆艳服与男宾的青黑色衣衫形成鲜明对比，几案、坐榻等深黑色家具典雅厚重，帘幕、帐幔、床榻上的图案又绚烂多彩。不同色彩交相辉映，使画面色调艳而不俗，绚中出素，呈现出高雅的格调。

此外，画家将韩熙载面部的胡须、眉毛等细节勾染得非常到位。画中的韩熙载面阔眉宽、表情沉郁，与满堂宾客们嬉笑喧哗的场景形成鲜明对比，揭示了主人公虽置身华宴歌舞，却又心事重重、苦闷抑郁的心境。

释疑解惑

游丝描是中国古代人物衣服褶纹的描法之一，其线条用中锋笔尖圆匀地描出，形似游丝，故名。

二、中国近现代绘画作品欣赏

《虾》

《虾》（见图5-56）为中国近代绘画大师齐白石所绘，是一幅立轴式写意画，描绘的是群虾游弋、活泼嬉戏之态。

齐白石通过数十年的观察和练习，对虾的各种动态可谓烂熟于心，所以画起虾来得心应手。他用很淡的湿墨一笔画出虾的头部，然后相继用淡墨画出虾的身体、虾钳等部分，再用浓墨在头部横写一笔，任其渗化，从而极为巧妙地表现出虾头部硬壳的质感。在头部两侧，齐白石以焦墨横写出眼睛，浓淡相应，黑而有神，可谓画龙点睛之笔。画中的虾，有的张牙舞爪，似乎在争抢食物；有的则双钳前伸，似乎在奋力向前游动。细若游丝的虾须，更增强了群虾在水中的游动感。

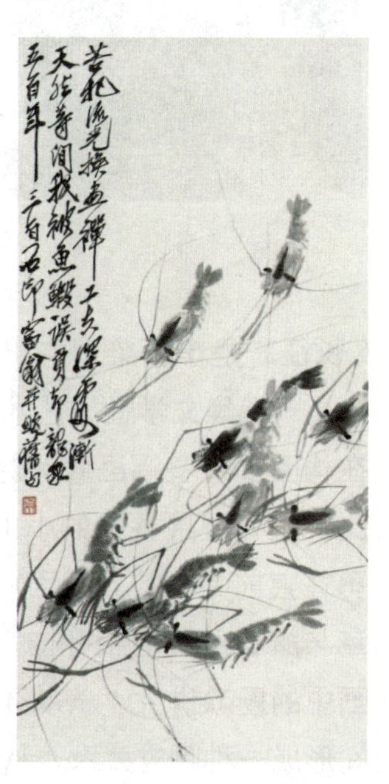

▲ 图5-56　《虾》

在这幅画中，齐白石采用对角线构图，群虾

从右上角一起向左下角俯冲而来，从而形成一股极强的动势，更显出虾的活泼、矫健之态。左上角的空白较多，于是齐白石题诗一首：“苦把流光换画禅，工夫深处渐天然。等闲我被鱼虾误，负却龙泉五百年。”从所题诗句中，人们可以体会出齐白石为画虾所付出的努力。

《长征》

《长征》（见图5-57）是中国近代杰出画家李可染的代表作之一。1959年，正值中华人民共和国成立十周年之际，中国革命博物馆（现为中国国家博物馆）特地邀请李可染以毛泽东诗词《七律·长征》为题，创作一幅山水画。《长征》即在此背景下诞生。

▲ 图5-57 《长征》

《长征》是李可染虚构出来的一幅山水画。整幅画结构规整，笔墨精严，气象万千，是一幅集文学性、艺术性与时代性于一体的精品佳作。

在构图上，整幅画较为饱满，留白少。画面右边的山峰与左边的山冈形成了鲜明对比，远处层层叠叠的小山峰，暗示着红军长征路上的艰辛，展现出红军不畏艰难、勇往直前的精神。画面中七面红色的旗帜，呈现出红军行进的路线。同时，朱文印章与旗帜的红色相呼应，符合山水画“诗书画印”相结合的传统。此外，传统山水画中的题款讲究“齐头不齐脚”，李可染利用画面上方的空白，使题款与山峰形态之间形成一种呼应关系，从而使画面更加生动。

以艺载道

国画大师李可染为祖国山河立传

李可染是20世纪中国画坛的一位国画大师，他在艺术道路上始终以“为祖国山河立传”自励，由此创作了一系列精品佳作。

在李可染的心中，江山就是祖国。正是这种真挚的情感，驱动着他行万里路，用饱蘸感情的笔墨去赞美祖国河山，在壮丽河山中寄托爱国之情。李可染曾说：“中国画不讲‘风景’而讲‘山水’，在我们的观念中，山水、河山、江山，就是祖国。‘江山如此多娇’，歌颂的是祖国。山水画就是为江山树碑立传。”对祖国的热爱是李可染创作山水画的一个重要思想基础，正是怀着这样的信念，李可染肩负起创新中国绘画艺术的重担，以深厚的功力打入传统，又以最大的勇气打出传统，致力于探求根植于民族文化并融通中西的艺术创作道路。

1954年，李可染决心要为中国画寻找变革之路，这一年也是李可染山水画形态转型的开始。他多次到祖国各地写生，足迹遍布江苏、浙江、安徽、江西、湖北、四川、广东、陕西诸省，将他“到生活中去、到祖国壮丽山河中去”的创作信条付诸实践。正是这种不懈创作的勤勉和对艺术的执着，造就了一代艺术巨匠。

李可染身体力行地对山水画进行积极探索，倡导把写生和创作联系起来，由此创作了一批具有鲜明时代精神和强烈艺术个性的新山水画，实现了其“为祖国山河立传”的毕生夙愿，同时也促进了中国画的发展。

（资料来源：陆建军，李珂，刘世元，《艺术欣赏》，航空工业出版社，2021年）

班级＿＿＿＿＿＿　姓名＿＿＿＿＿＿　学号＿＿＿＿＿＿

【向美而行】

以小组为单位，选择一幅具有代表性的绘画作品，然后结合所学知识对其进行赏析。

（1）学生自由分组，4～6人为一组，并填写任务分配表，如表5-1所示。

表5-1　任务分配表

<table>
<tr><td>班级</td><td></td><td>组号</td><td></td><td>指导教师</td><td></td></tr>
<tr><td>小组成员</td><td>姓名</td><td>学号</td><td colspan="3">任务分工</td></tr>
<tr><td>组长</td><td></td><td></td><td colspan="3"></td></tr>
<tr><td rowspan="5">组员</td><td></td><td></td><td colspan="3"></td></tr>
<tr><td></td><td></td><td colspan="3"></td></tr>
<tr><td></td><td></td><td colspan="3"></td></tr>
<tr><td></td><td></td><td colspan="3"></td></tr>
<tr><td></td><td></td><td colspan="3"></td></tr>
</table>

（2）查找相关资料，选择一幅具有代表性的绘画作品（教材中介绍过的作品除外），对其进行赏析，并根据任务完成情况将表5-2填写完整。

表5-2　作品赏析表

<table>
<tr><td colspan="2">具体项目</td><td>详细内容</td></tr>
<tr><td rowspan="3">了解作品</td><td>作品名称</td><td></td></tr>
<tr><td>作者简介</td><td></td></tr>
<tr><td>创作背景</td><td></td></tr>
<tr><td rowspan="2">感受作品</td><td>主题思想</td><td></td></tr>
<tr><td>情感表达</td><td></td></tr>
</table>

班级＿＿＿＿＿＿　姓名＿＿＿＿＿＿　学号＿＿＿＿＿＿

续表

具体项目		详细内容
分析作品	所属画科	
	技法	
	题款艺术	

（3）指导教师根据表5-3，对学生的赏析情况进行评分。

表5-3　评分表

考核内容	评分标准	分值	得分
知识、技能考核（60%）	能准确地查找作品的相关资料	15	
	能理解作品的主题思想，并准确地进行描述	15	
	选取的作品具有代表性，富有时代意义	15	
	分析准确，观点鲜明，总结到位	15	
德育素养考核（40%）	能体会作品所蕴含的情感内涵	15	
	能发现绘画之美，并加深对中华优秀传统文化的热爱之情	15	
	具有良好的团队精神和团队协作能力	10	
总评和建议		总分	

班级__________ 姓名__________ 学号__________

【知美达美】

一、填空题

(1) 先秦时期的绘画形式以__________、__________和漆画为主。

(2) 花鸟画在__________独立成科，__________是这一时期最负盛名的花鸟画家。

(3) __________弹性大，笔触整洁，适宜表现具有阳刚之美的绘画效果；__________毛质柔软，吸水量大，适宜表现圆浑厚实的点画，多用于渲染着色。

(4) 传统中国画颜料中，__________覆盖力强、色泽厚重不透明，年久不褪色，用时须放入乳钵中研细调胶；__________色泽鲜艳，但经日晒容易变色。

(5) 使用中国画特殊技法中的__________，可表现倒影及其他互有关联的物象。

二、选择题

(1) (　　) 的出现，标志着山水画的发展进入青绿重彩、工整细巧的崭新阶段。

A.《江帆楼阁图》　　B.《明皇幸蜀图》

C.《游春图》　　D.《步辇图》

(2) 宋代，(　　) 的人物画以“减笔”闻名，寥寥几笔就生动地勾画出人物的主要特征。

A. 梁楷　　B. 米芾

C. 李成　　D. 范宽

(3) 在中国画的基本笔法中，(　　) 是中国古代画家在艺术实践中对各种山石的不同质地结构和树木表皮状态加以概括而创造出来的技法。

A. 勾　　B. 染

C. 皴　　D. 点

(4) (　　) 是指用墨由淡而浓，层层渍染的方法。

A. 泼墨　　B. 积墨

C. 破墨　　D. 冲墨

(5) (　　) 是指除了署作画者姓名外，还署上受赠人姓名及其与作画者关系的题款。

A. 夹画款　　B. 题诗款

C. 题记款　　D. 双款

班级____________　姓名____________　学号____________

三、判断题

（1）画像砖是盛行于先秦时期的一种建筑装饰构件。（　　）

（2）米芾、刘松年、马远和夏圭并称“南宋四家”。（　　）

（3）“扬州八怪”善于运用水墨写意技法，注重个性的发挥和诗书画的有机结合，力求创新。（　　）

（4）生宣适合用来绘制泼墨画和写意画。（　　）

（5）砚以质地坚润细腻、贮水不涸、易于发墨者为上。（　　）

四、简答题

（1）中国画主要可分为哪几类？各有何特点？

（2）简要介绍中国画的笔法。

（3）中国画题款的作用有哪些？

项目六

书写翰墨风华——书法之美

项目引言

书法艺术是我国优秀的传统艺术之一，它是以汉字为表现对象，以毛笔为书写工具的线条造型艺术。它以丰富多变的线条造型抽象地反映了书法家对宇宙万物的认识，表现了书法家的情感和审美趣味，具有很高的审美价值。

任务清单

完成一项学习任务后，请在对应的方框中打钩。

课前预习	□	准备学习用品，预习课本知识
	□	利用网络搜集书法之美的有关资料
	□	形成对书法之美的初步印象，并与课本知识相互印证
课堂学习	□	了解书法发展简史
	□	掌握书法艺术的审美特征和欣赏方法
	□	探究甲骨文与人类早期文明史的关系，感知中华优秀传统文化的源远流长
	□	学习王羲之、欧阳询等书法家对书法技艺不懈追求的精神，自觉培养专注执着、精益求精的工匠精神
课后实训	□	积极、认真地参与实训活动
	□	提高人际交往能力、沟通协调能力和解决实际问题的能力
	□	提高审美素养，能结合所学知识感悟书法之美

【寻美之迹】

中国书法挥墨便有了宇宙、世界、人生的气象，寥寥几笔便造就了“初发芙蓉，自然可爱”的灵动美感，它被誉为“无言的诗、无形的舞、无图的画、无声的乐”，是中国文化艺术的结晶和东方文明的重要象征。

为了让书法这一中国传统艺术真正走进大众的生活，浙江卫视推出了书法美育交互式电视文艺节目《妙墨中国心》。该节目邀请数位书法名家、文化名家和书法爱好者担任“守墨人”“解墨人”“寻墨人”，从不同的视角来讲述与书法相关的人文故事，带领观众走近张旭的《古诗四帖》、孙过庭的《书谱》（见图6-1）、黄庭坚的《廉颇蔺相如列传》（见图6-2）等书法名帖，领悟这些作品所抒发的各种情感。同时，节目融合了话剧、摇滚、舞蹈、剑术等多种艺术形式，通过虚拟场景中的表演、以书法为元素的服装展示等方式，让观众从不同的感官维度领略书法之美，拉近了大众与书法间的距离。

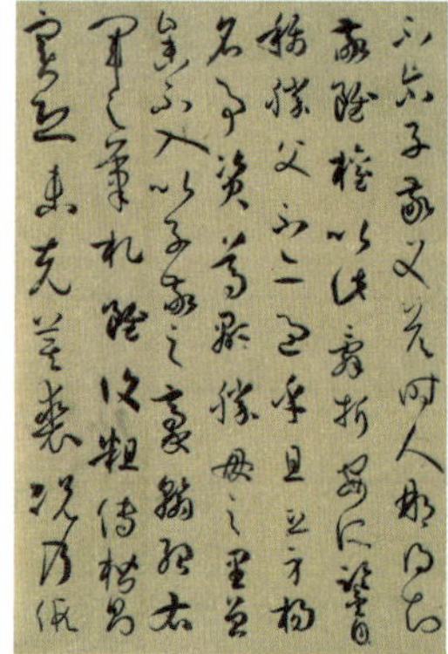

▲ 图6-1 《书谱》（局部）

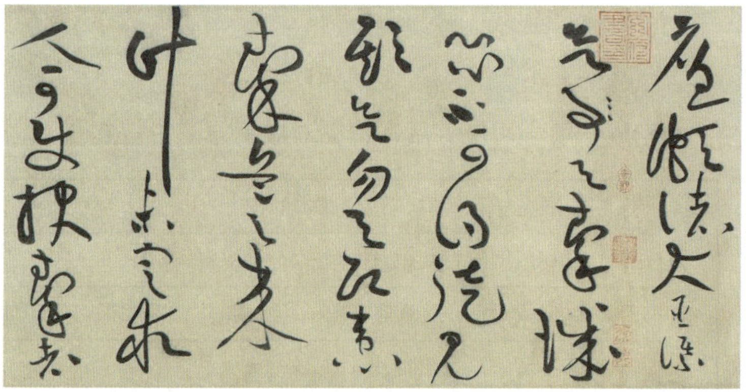

▲ 图6-2 《廉颇蔺相如列传》（局部）

【以美培元】

任务一　了解书法发展简史

一、先秦时期

书法是与文字相伴而生的。1899年发现的甲骨文（见图6-3），是商朝时期刻在龟骨和兽骨上记载占卜、祭祀等活动的文字。从整体上看，甲骨文雄伟豪放，劲峭挺拔，明朗质朴，已初步具备书法艺术的特有魅力。

书法的起源

金文（见图6-4）出现在商朝末期，这种文字多铸刻在青铜器上，因此又称“铭文”或“钟鼎文”。金文保留着不少甲骨文的形态，但笔画比甲骨文粗壮，字体渐趋规整，行款已基本整齐，字的转角处或方或圆，体势雍容，颇具骨力。

▲ 图6-3　甲骨文

▲ 图6-4　金文

释疑解惑

行款是指文字的书写顺序和排列形式。

源远流长

从甲骨文中探索人类早期文明史

文字的诞生

在历史长河中，中华民族形成了源远流长、博大精深的中华优秀传统文化，这是中华民族生生不息、长盛不衰的文化基因。而做好出土文物和遗址的研究阐释工作，可以把我国文明的起源和发展，以及对人类的重大贡献更加清晰、全面地呈现出来。

2017年，我国申报的甲骨文成功入选《世界记忆名录》，凸显了甲骨文在人类文明发展史上的重要地位。甲骨文是迄今为止中国发现的年代最早的成熟文字系统，是汉字的源头和中华优秀传统文化的根脉，应当被珍视和传承发展。研究甲骨文，不仅有助于深入认识今天的国家通用语言文字，还有助于推动人类早期文明史探索。

2006年安阳殷墟被联合国教科文组织批准为世界文化遗产，这得益于殷墟考古发掘的堪称王朝都城的大型遗址，同时也与殷墟出土的十余万片甲骨刻辞有着直接关系。甲骨刻辞中对商朝的生动记载，无可辩驳地证实了这一文明古国的存在及其在世界文明发展史上的重要地位。殷墟甲骨文所记录的商朝后期的发展状况及其特征，呈现了人类文明发展史上一种具有代表性的早期国家模式。可见，我们之所以要深化甲骨文研究，不仅在于其所具有的文化遗产价值，更在于甲骨文研究有着极其重要的世界性学术价值，即揭示中国早期国家的特征，进而思考世界上早期国家的形成与模式等问题。

（资料来源：朱凤瀚，《深化甲骨文研究 探索人类早期文明史（学术随笔）》，《人民日报》，2021年8月2日，有改动）

二、秦汉时期

（一）秦代

书法的演变

秦始皇兼并天下后，统一全国文字，定小篆为正体。由于篆书笔画繁多，圆转曲折，难写难认，因此一种更便于书写的字体——秦隶得到了发展。秦隶改篆书中的圆笔为方笔、曲笔为直笔，结构上变纵势为横势，为汉隶的发展奠定了基础。

篆书

篆书主要分大篆和小篆，大篆一般包括甲骨文、金文、籀（zhòu）文，而小篆是大篆的简体。下面以小篆中的一些常见字（见图6-5）为例，来说明小篆的特点。

▲ 图6-5 小篆中的常见字

（1）字形修长，体正势圆。例如，“园”字的外轮廓近似椭圆形。

（2）对称中有长短。例如，“北”字的左右笔画对称，但有长有短。

（3）均衡中求参差。例如，“光”字的左右两侧是对应、均衡的，但右下处的笔画弯曲，使整个字有了参差变化。

（4）独立处取连贯。例如，“展”字中间有四个独立的“工”字，其位置上下、左右相对，连贯一致，并且左右两个“工”字中间的空隙又恰好对应下方两个“人”字的交点，于是上下也被连贯起来了。

（5）体势上互相补救。例如，“水”字的笔画带有画意，不仅使笔画间互相呼应，而且增加了字体的美观度。

（二）汉代

汉代是中国书法艺术成形的重要阶段。两汉几百年间，书法由篆变隶，又由隶分化出草书、楷书、行书。至汉末，我国的汉字书体已基本齐备。

隶书笔法至汉代已日臻纯熟，且书体风格多样。汉隶讲究“蚕头燕尾”和“一波三折”，蕴含着博大的气势，充溢着雄健的力量，精美绝妙。汉代隶书的代表作有《西狭颂》、《郙阁颂》、《石门颂》（见图6-6）、《张迁碑》、《曹全碑》（见图6-7）等。

▲ 图6-6 《石门颂》（局部）

▲ 图6-7 《曹全碑》（局部）

释疑解惑

> “蚕头燕尾”形容书法起笔凝重，结笔轻疾。“一波三折”形容笔法曲折多变。

草书由隶书简化而成，其初始阶段为草隶，后来逐渐发展为有章法可循的章草，章草再简化就形成了今草。据传，今草书体由东汉张芝创立，张芝也因此被称为“草圣”。草书的出现，标志着书法开始成为一种能够高度自由地抒发情感、表现书法家个性的艺术形式。

三、魏晋南北朝时期

（一）三国

三国时期，楷书成为书法艺术的主体。钟繇是推动楷书发展的关键人物，其代表作《宣示表》（见图6-8）已具备较成熟的楷书体态，点画遒劲而显朴茂，字体宽博而多扁方。

▲ 图6-8 《宣示表》（局部）

中国书史之祖——钟繇

钟繇在中国书法史上占有相当重要的地位，与东汉的张芝并称“钟张”，与东晋王羲之并称“钟王”。钟繇历来被认为是中国书史之祖。他在书法史上首定楷书，对汉字的发展有重要贡献。陶宗仪《书史会要》云：“钟王变体，始有古隶、今隶之分，夫以古法为隶，今法为楷可也。”钟繇之后，许多书法家竞相学习钟体，如王羲之父子就有多种钟体临本，后张旭、怀素、颜真卿、黄庭坚等在书体创作上都从各方面吸收了钟体之长、钟论之要。

（二）两晋

两晋时期，书法名家辈出，其中最具影响力的当数被世人尊称为“书圣”的王羲之，其代表作有被誉为“天下第一行书”的《兰亭序》和《十七帖》《乐毅论》等。王献之是王羲之的第七子，他的书法英俊豪迈，饶有气势，传世墨迹有《鸭头丸帖》《中秋帖》《东山松帖》等。除了王羲之、王献之外，陆机、索靖、王导、谢安等均为这一时期的书法名家。

勤学苦练终成名——王羲之

王羲之自幼爱习书法，兼善隶、草、楷、行各体，精研体势，广采众长，自成一派。世人常用曹植《洛神赋》中“翩若惊鸿，婉若游龙，荣曜秋菊，华茂春松。仿佛兮若轻云之蔽月，飘摇兮若流风之回雪”来赞美王羲之的书法之美。

王羲之能在书法上取得如此卓越的成就，与他日复一日、锲而不舍的勤学苦练密不可分，他甚至连吃饭、走路都在揣摩书法技艺，没有纸笔，就用手指在身上画写，久而久之，衣服都破了。王羲之常临池书写，就池洗砚，时间长了，池水尽是墨色。人们为赞颂王羲之刻苦练习书法的精神，便将其洗砚的池子称为“墨池”。

（资料来源：刘玉峰，《大学书法》，航空工业出版社，2019年）

（三）南北朝

南北朝时期，中国书法艺术总体上呈现出北碑南帖、北楷南行、北雄南秀的特点。魏碑是南北朝时期最为瞩目的书法成就，其书体疏密自然，雄劲刚强，转折处内圆外方，介于隶书和楷书之间。

四、隋唐五代时期

（一）隋代

隋代的书法成就主要表现在楷书上。隋代楷书上承魏晋南北朝之遗风，下启唐代书写规范之新局。隋代有很多风格迥异的碑版作品传世，如平正醇和的《启法寺碑》、峻严方饰的《董美人墓志》、秀朗细挺的《龙藏寺碑》等。王羲之七世孙智永是这一时期的书法名家，其所临《真草千字文》（见图6-9）广为分发，影响远及日本。

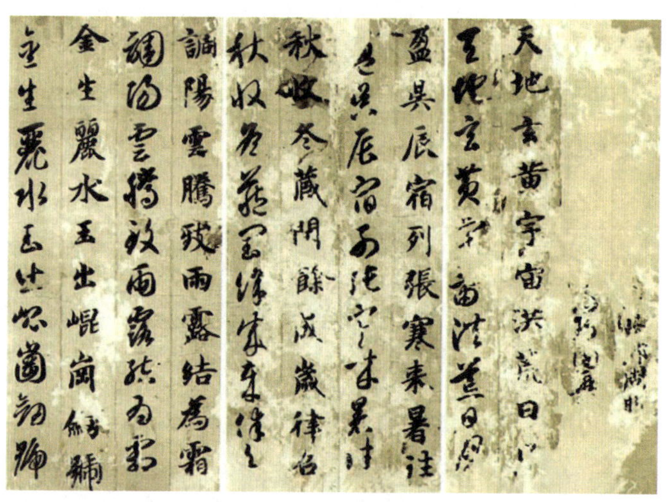

▲ 图6-9 《真草千字文》（局部）

（二）唐代

1．初唐

初唐，楷书逐渐规范化。这一时期书法艺术的总体风格特征是瘦劲秀美、刚健凝重，但不同书法家的作品各具特色，呈现出不同的书法神韵。例如，在“初唐四大家”的楷书作品中，欧阳询的险绝刻劲，虞世南的圆融遒逸，褚遂良的丰艳舒展，薛稷的结体疏朗。

释疑解惑

结体又称“结字”，是指字的点画安排与形势布置。

大师风范

锐意进取的书法大家——欧阳询

欧阳询自幼聪敏勤学，博览古今。他的书法于平正中见险绝，自成一派，人称“欧体”。欧阳询的代表作有《皇甫诞碑》《化度寺碑》《九成宫醴泉铭》（见图6-10）等。

有一次，欧阳询骑马外出，在乱草丛中发现晋代书法家索靖所写的石碑。他停下马仔细观赏了一阵才离开，但没走多远又返回来，下马坐在碑前仔细观赏，赞叹多次，不舍离去。当晚，欧阳询彻夜难眠。第二天天一亮，他又骑马赶到石碑前，反复揣摩，并铺开纸，一笔一画地临摹。就这样，他在石碑旁停留了三天三夜，直到将索靖草书的笔法融会贯通、了然于胸，才高兴地离去。

▲ 图6-10　《九成宫醴泉铭》（局部）

欧阳询始终秉持着刻苦钻研的学习精神，不断提高书法水平，这种勤学苦练、夙兴夜寐的进取精神，敦促后人发愤图强、锐意进取。

（资料来源：佚名，《书法故事之欧阳询》，搜狐网，2020年7月23日，有改动）

2．中唐

中唐，张旭、怀素、颜真卿等书法名家在草书和楷书方面开创了新的局面。其中，张旭与怀素被称为“颠张醉素”。前者创狂草，代表作有《古诗四帖》《肚痛帖》（见图6-11）等；后者继承并发展了狂草，其字如惊蛇走虺、骤雨狂风，代表作有《自叙帖》《苦笋帖》（见图6-12）等。颜真卿勇于革新，他的楷书宽绰壮健，丰伟遒劲，世称“颜体”。他的代表作有《多宝塔碑》《颜勤礼碑》《祭侄文稿》（见图6-13）等。

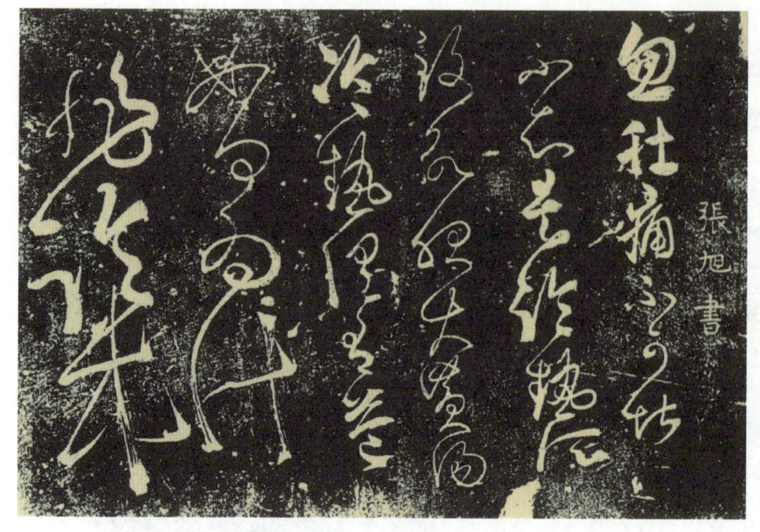

▲ 图6-11 《肚痛帖》

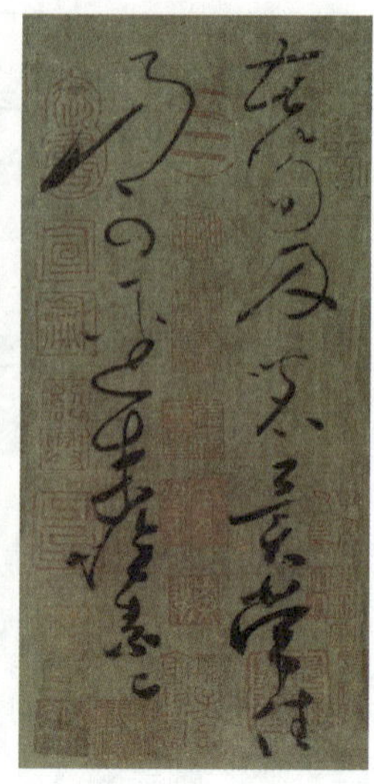

▲ 图6-12 《苦笋帖》（局部）

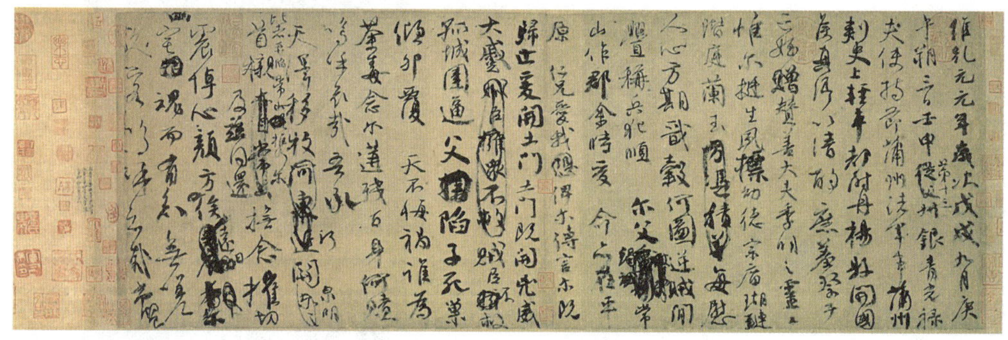

▲ 图6-13 《祭侄文稿》

释疑解惑

《祭侄文稿》被誉为“天下第二行书”，此帖用笔多藏锋逆入，下笔厚重，宽博舒展，顿笔外拓。

3．晚唐

晚唐，书法家柳公权尤擅楷书，其楷书点画如有骨鲠，方起圆结，转折顿挫明显而爽健，结构中密而舒展，外形瘦长，给人以精干利落的感觉。柳公权的代表作有《大唐回元观钟楼铭》、《玄秘塔碑》（见图6-14）、《神策军碑》（见图6-15）等。

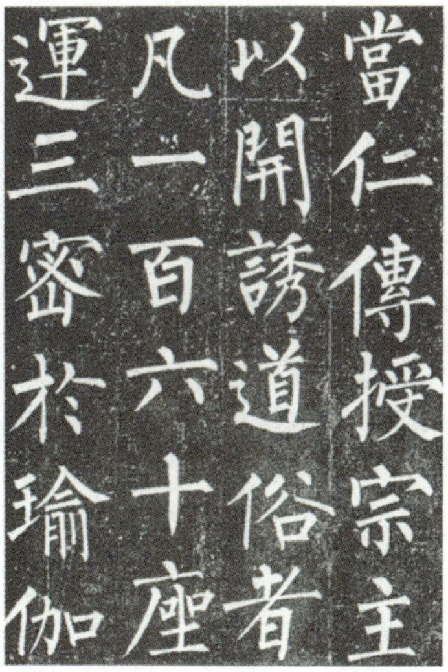

▶ 图6-14 《玄秘塔碑》（局部）

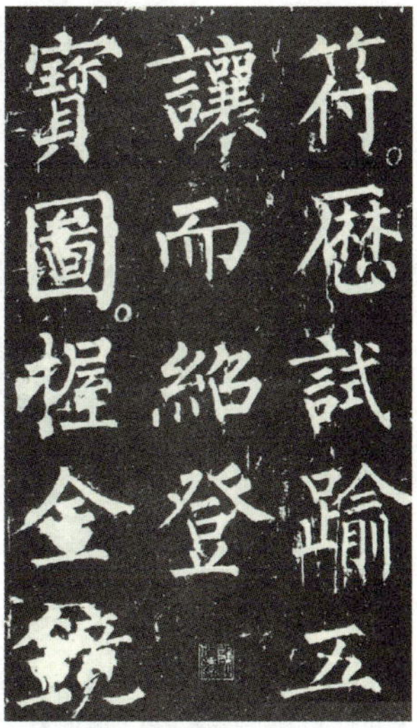

▶ 图6-15 《神策军碑》（局部）

（三）五代

五代，战争连年不断，自然灾害严重，书法发展迟滞。性格狂放不羁的杨凝式（世人称之为“杨风子”）历来被认为是书法史上承唐启宋的代表人物。他的书法初学欧阳询、颜真卿，后习王羲之、王献之，笔迹雄健，结体新奇，有破方为圆、削繁为简之妙，存世作品有《夏热帖》《卢鸿草堂十志图跋》《韭花帖》（见图6-16）等。

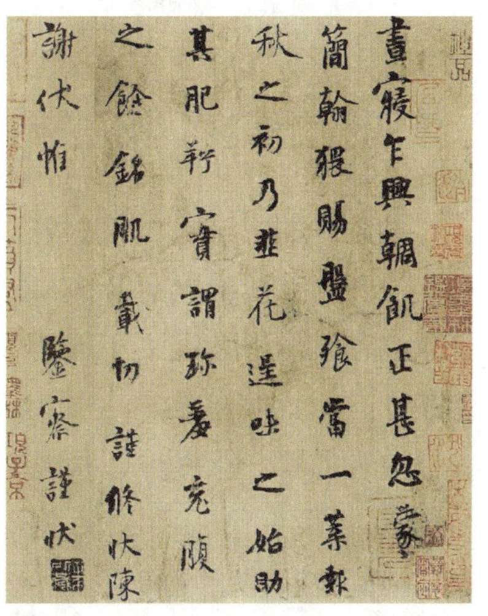

▲ 图6-16 《韭花帖》

五、宋元时期

（一）宋代

宋初的书法承袭唐代遗风。到北宋中后期，“宋四家”（苏轼、黄庭坚、米芾、蔡襄）一改唐楷面貌，继承晋帖行书遗风，变“尚法”为“尚意”。

释疑解惑

> “唐人尚法”是说唐人重视法度，在书法结体和用笔方面追求规范化和精微化。“宋人尚意”是说宋人在书法上追求意趣而不拘法度。

苏轼擅长行书、楷书，用笔丰腴跌宕，有天真烂漫之趣，代表作有《黄州寒食诗帖》（见图6-17）、《新岁展庆帖》、《祭黄几道文》等。

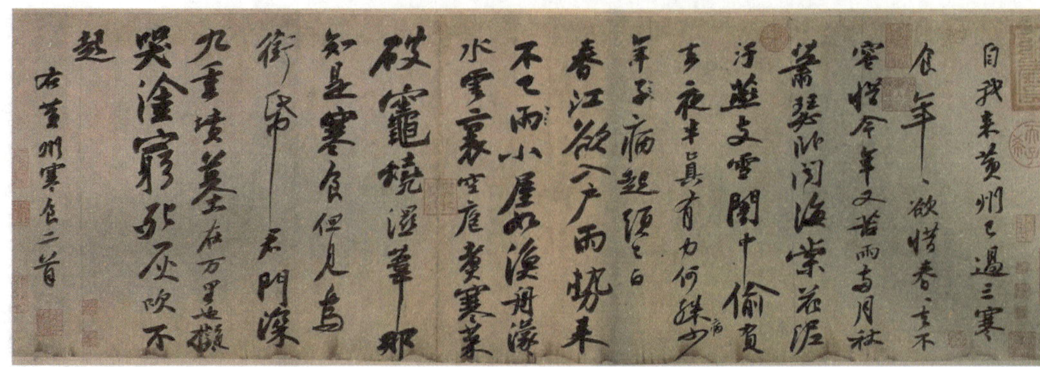

▲ 图6-17 《黄州寒食诗帖》

释疑解惑

《黄州寒食诗帖》被誉为“天下第三行书”，此帖笔致自然沉着，笔画粗壮丰满，布局错落有致，浑然一体。帖中的书法与诗相得益彰，使身世颠沛之悲、家国不宁之沧跃然纸上，字字含泪，令人深有感触。

黄庭坚的书法笔画有篆意，结体中宫紧凑而外围宽博，用笔左右纵横，如摇双橹，代表作有《松风阁诗帖》（见图6-18）、《诸上座帖》、《花气诗帖》等。

米芾继承并发展了王羲之、王献之的书法技法，用笔“八面出锋”，变化多端，代表作有《论草书帖》、《蜀素帖》（见图6-19）、《珊瑚帖》（见图6-20）等。蔡襄的楷书端重沉着，行书和草书温淳婉丽，代表作有《陶生帖》《郊燔帖》《蒙惠帖》等。

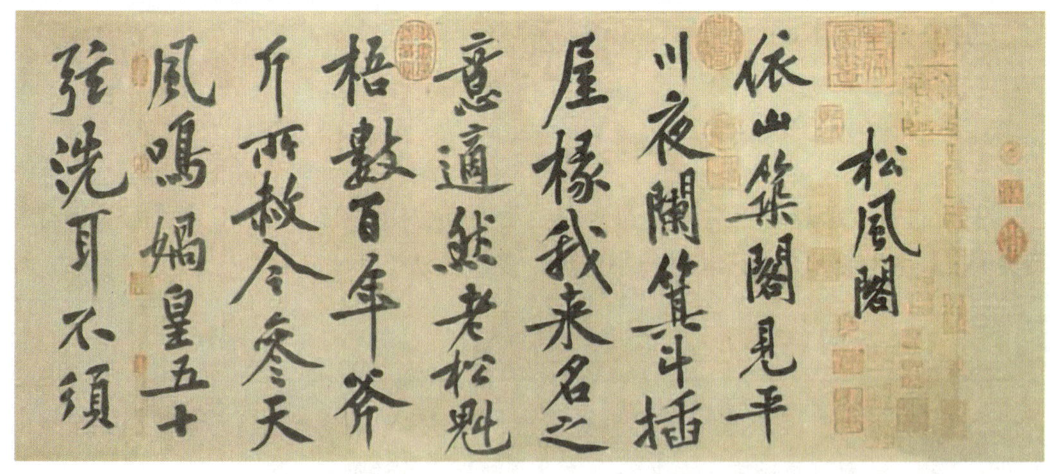

▲ 图6-18 《松风阁诗帖》（局部）

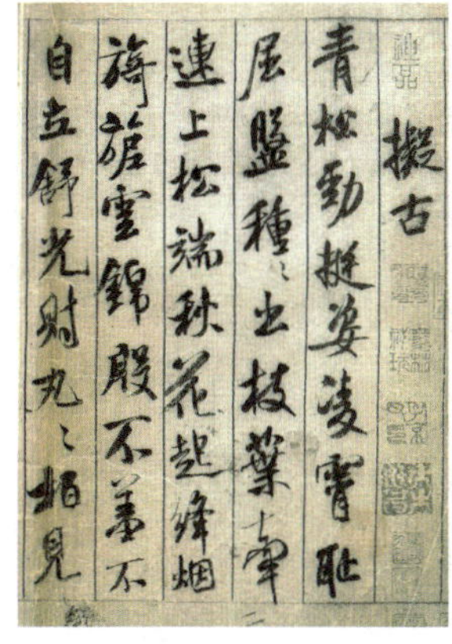

▲ 图6-19 《蜀素帖》（局部）

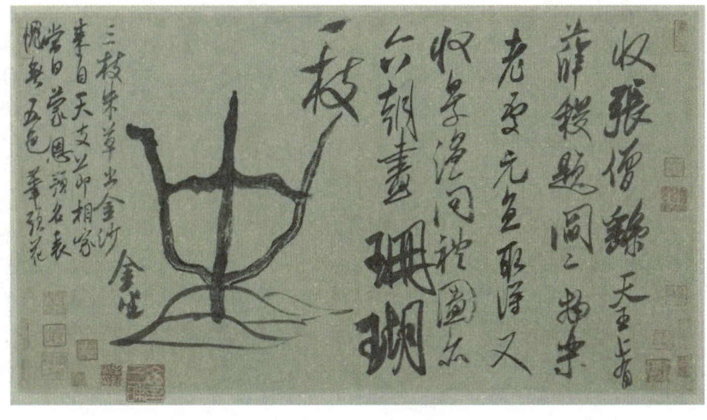

▲ 图6-20 《珊瑚帖》

在北宋书坛上，还出现了一种新字体——瘦金体。这种字体为宋徽宗赵佶所创，以挺瘦秀润、舒展劲挺见长。宋徽宗的《闰中秋月帖》（见图6-21）、《夏日诗帖》、《牡丹诗册》等作品都使用了这种字体。

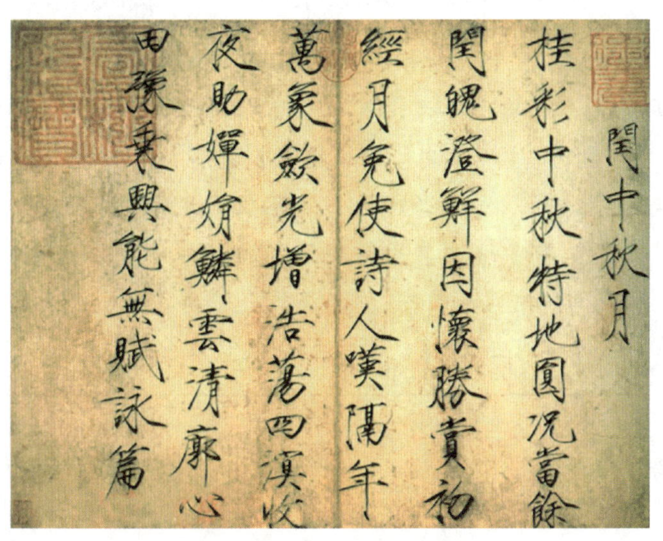

▲ 图6-21 《闰中秋月帖》

（二）元代

元代书法家崇尚复古，宗法晋唐而少有创新。赵孟頫是这一时期书坛的核心人物，他所创立的楷书“赵体”与唐楷之“欧体”“颜体”“柳体”成为后代摹写的主要字体，他的代表作有《洛神赋》（见图6-22）、《胆巴碑》、《吴兴赋》等。鲜于枢、邓文原的书法成就虽然不及赵孟頫，但在书法风格上也有其独到之处，他们主张书画同法，并注重结体的形态。

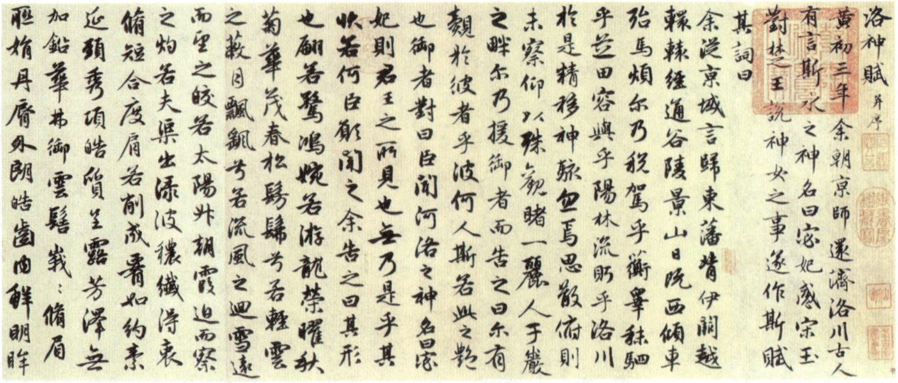

▲ 图6-22　《洛神赋》（局部）

精益求精的“元人冠冕”——赵孟頫

赵孟頫自幼聪慧，且十分刻苦，练习写字从不怠惰，对古代名帖烂熟于心并能对其有所改进。有一年冬天，其弟子留宿书斋，两人论书法之余，赵孟頫试笔搽墨，凭记忆临写颜真卿、柳公权等人的字帖。临完后，弟子拿来颜、柳等人的真迹逐字对照，发现老师的书法不仅用笔转折、向背与真迹几乎一致，而且神采飞扬，有些地方甚至超越了真迹。弟子十分好奇，便问老师是如何达到这种水平的，赵孟頫回答：“只不过是临得很熟罢了。”

（资料来源：刘玉峰，《大学书法》，航空工业出版社，2019年，有改动）

六、明清时期

（一）明代

1．明代初期

明代初期，主要应用于官府公文和科举考试的台阁体风行，其特点是乌黑、方正、光洁，且字形大小相同。这一字体虽然在一定程度上推动了帖学（即崇尚法帖的书派）的发展，但也遏制了书法的自由性和创新性。

这一时期的书法家以“三宋”（宋克、宋广、宋璲）和“二沈”（沈度、沈粲）为代表。宋克擅长楷书和章草，有《七姬权厝志》和《急就章》传世；宋广擅长行书和草书，有《太白酒歌》和《风入松词》传世；宋璲擅长篆书、隶书、草书，有

《敬覆帖》传世；沈度擅长楷书，被明成祖朱棣誉为“我朝王羲之”；沈粲擅长草书，下笔力度不凡。此外，解缙的楷书、行草，李东阳的篆书、隶书等，均颇为可观。

2. 明代中期

明代中期，“吴中三家”（祝允明、文徵明、王宠）的出现，打破了台阁体风行的局面，使明代书坛略有复兴之象。“吴中三家”中，以祝允明成就最高，其小楷直追晋唐，且行书、行草、章草、今草诸体皆颇为擅长，代表作有《前后赤壁赋卷》、《太湖诗卷》、《杜甫秋兴诗轴》（见图6-23）等。

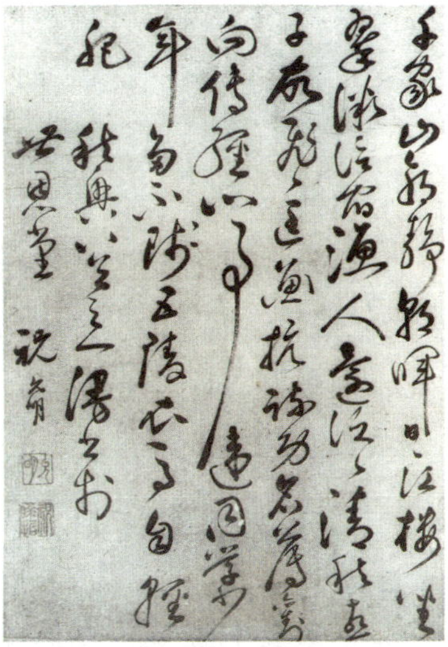

▲ 图6-23　《杜甫秋兴诗轴》

3. 明代晚期

明代晚期，社会动荡，涌现出一批风格强烈、极具个性的书法家，为书坛注入了新鲜的活力，代表人物有徐渭、董其昌、邢侗、张瑞图、黄道周、倪元璐等。其中，徐渭的书法方圆兼济，轻重自如，笔墨纵横，貌似狂放不羁，其实暗含秩序，代表作有草书《七律诗轴》、行草《应制咏墨轴》等；董其昌在吸收古人书法精华的基础上推陈出新，其书风飘逸空灵，代表作有《白居易琵琶行》、《杜甫醉歌行诗》（见图6-24）等。

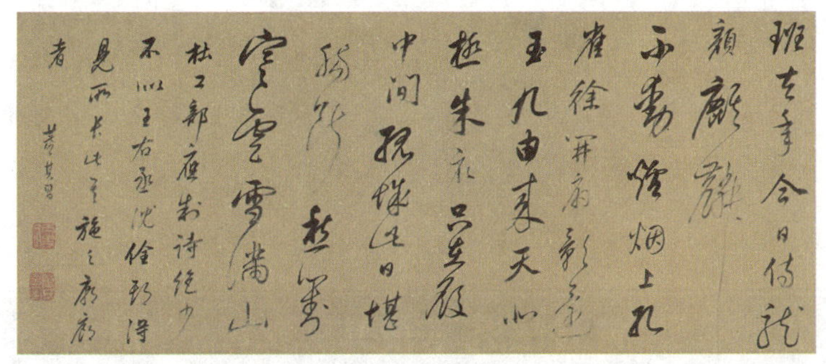

▲ 图6-24　《杜甫醉歌行诗》（局部）

（二）清代

清代的书法大致可分为帖学和碑学（即崇尚碑刻的书派）两个流派。乾隆时期，帖学发展达到极盛，出现一批取法帖学的书法名家，如乾隆皇帝、刘墉等。清中期之后，考据之风兴起，碑石出土渐多，碑学逐渐兴盛。书法家们借鉴钟鼎、秦篆、汉隶和六朝石刻的书风，各体各派的书法面貌焕然一新，著名的书法家有金农、吴昌硕、康有为等。

七、近现代

近现代书法承继清代遗韵而另成风致。书法家们经过长期的研究探索和创作实践，对碑帖的优点和内涵有了更深的了解，加之书学的弘扬、书法教育和书法组织活动的兴起，整个近现代书坛呈现出兼容并蓄、博采众长、书体各异、品貌众多的多元化格局。这一时期涌现出一批学养与书艺兼胜的书法家，如：推行草书并倡导“标准草书”的章太炎、于右任，书风极具个性的李叔同、谢无量和徐生翁，以篆刻名世的来楚生、王蘧常、朱复戡，等等。

美之漫谈

中国古代的书法艺术有着灿烂辉煌的成果，但在今天，人们对其有着不同的看法。有人说：“从前的日色变得慢。车、马、邮件都慢。有了这样的节奏，书写就成了‘纸张时代’的审美表达。‘见字如见人’就成了信笺、书简传递出的一种人文态度。但在如今看来，这些似乎与当下讲求高效率、快回报的工作、生活方式不甚匹配。沉住气，提笔研习一撇一捺，靠写好字去赢得更多机会，已经变得不大现实。”

也有人说：“哪怕我们不去精修书法，也应当珍视这笔文化财富。对于大多数人特别是青年人来说，字迹不一定要有多出挑、多精致，但最起码要保持认真写字的态度。更何况，楷书、行书等传统书体经过岁月积淀，所具有的美感不会因时代发展而过气。因此，无论处于什么时代，一手好字永远都是一笔珍贵的财富。”

对于上述两种观点，你怎么看？你认为我们这代人应该如何肩负起建设中国书法文化大厦的历史重任？

任务二　掌握书法艺术的审美特征和欣赏方法

一、书法艺术的审美特征

（一）笔法之美

笔法是指用书写工具书写点画线条的方法和技巧。笔法之美（见图6-25）集中表现在笔画质地、笔画形态和运笔变化上。

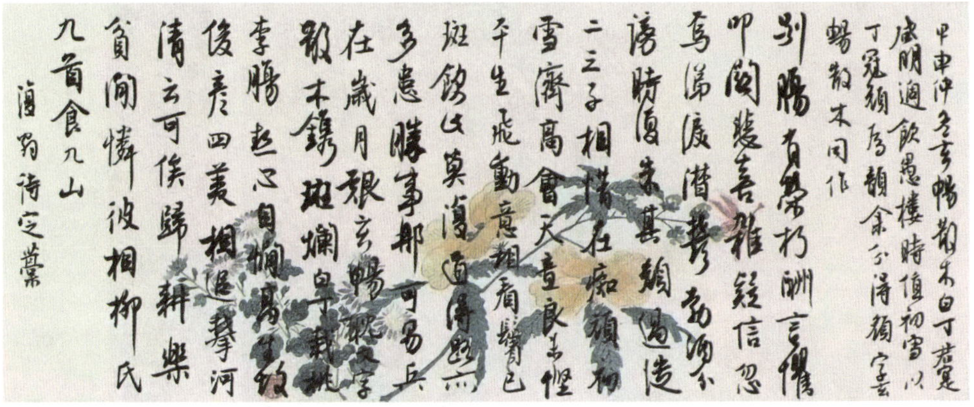

▲ 图6-25　笔法之美

1．笔画质地

笔画质地包括“方”“圆”“实”“劲”“涩”等。其中，“方”是指笔画起止、转折处有棱角感，方正遒劲；“圆”是指横笔、竖笔的笔画圆润，曲折笔画有弧度感，饱满充实；“实”是指下笔稳重，沉着有力；“劲”是指一点一画骨鲠气刚，既有力度，又有韧性和弹性；“涩”是指运笔不轻浮，功力深厚。

2．笔画形态

汉字是由笔画组成的，汉字的八种基本笔画分别是横、竖、撇、捺、点、折、钩、提。八种基本笔画在不同字中的位置、大小、长短、角度等各不相同，所以又分别具有不同的形态，妙不可言。

3．运笔变化

运笔时，快慢结合，急缓交替，富于变化，可造就书法作品的万千气象。例如，怀素的狂草，狂不失度，急不忘缓，奔不忘停，放不弃收，笔势虽像飞马下山，但四蹄着实，步步稳健有力。

（二）墨法之美

“画法字法，本于笔，成于墨，则墨法尤书艺一大关键也”“字之巧处，在用笔，尤在用墨”，古人的这些论述，说明了墨法在书法创作中的地位之重。古人有墨分五色之说，即浓墨、淡墨、枯笔、涨墨和渴笔，也就是我们今天说的浓、淡、干、湿、焦。墨与水的调配比例决定墨色的浓淡程度，毛笔笔头的藏墨量决定墨色的干湿程度。此外，还可以通过控制蘸墨次数及蘸一次墨后的书写量，使书法作品产生由浓到枯的节奏变化。墨法使书法作品气韵生动，情趣盎然，如图6-26所示。

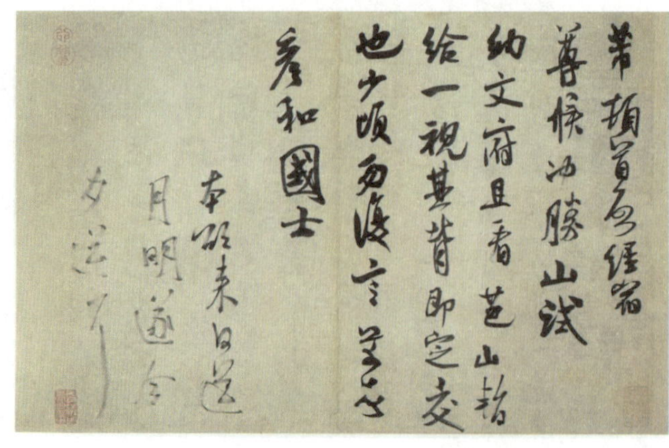

▲ 图6-26　墨法之美

（三）结体之美

从欧阳询的《三十六法》、李淳的《大字结构八十四法》等介绍结体的著作中，我们可以概括出书法艺术的结体之美主要表现在以下几个方面。

1．违和成趣

“违”就是“数画并施，其形各异；众点齐列，为体互乖”，字的各组成部分参差错杂，变化多样，个性鲜明；“和”就是不同形态的点画组合在一起，和顺协调，互为一体。文字结体，有“违”，才多样丰富；有“和”，众多笔画才和谐统一。

2．主唱次随

在安排一个字的结体时，既要突出主笔地位，避免喧宾夺主，又要兼顾次笔，为次笔留有一席之地。主笔造诣深，可立新意；次笔写得好，可衬托主笔。主唱次随，各有所在，这样才能赋予书法作品鲜活的生命力。

释疑解惑

主笔是指一个字中最主要的笔画，如“正”字最下面的一横。除主笔外，其余的笔画都是次笔。

3．欹中求正

汉字笔画有正、欹之别。正即平正，欹即倾斜。结体正，字则端庄稳重；结体欹，字则险奇多姿。书法笔画没有绝对单一的正或欹，两者是辩证统一的。正而无欹，则显平庸；欹而不正，则有失典雅。

4. 舒敛各宜

舒与敛是汉字结体常用的两种技法。舒敛适度，可造就无限的意趣。例如，颜真卿写的“教”字（见图6-27）四面撑足，气度宽宏；柳公权写的“教”字（见图6-28）则中宫收紧，横、竖、撇、捺等笔画舒放且向内攒聚，使字形呈现出潇洒飘逸之姿。

▲ 图6-27 颜真卿写的“教”字

▲ 图6-28 柳公权写的“教”字

美之漫谈

有人说，楷书如人端正站立，行书如人悠然行走，草书如人欢快舞蹈。请从结体的角度谈谈下列楷书作品（见图6-29）、行书作品（见图6-30）和草书作品（见图6-31）之美。

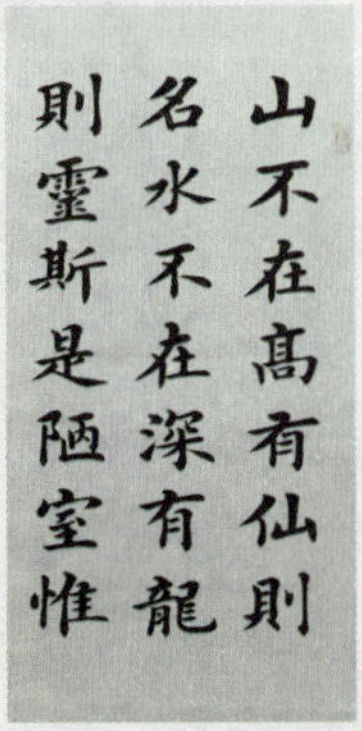

山不在高有仙則
名水不在深有龍
則靈斯是陋室惟

▶ 图6-29 楷书作品

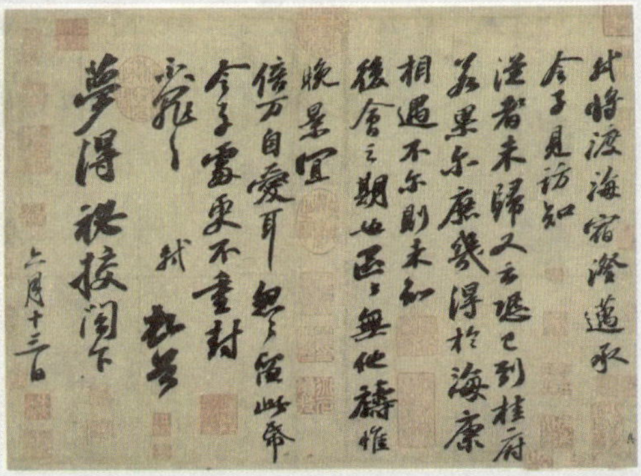

◀ 图6-30 行书作品

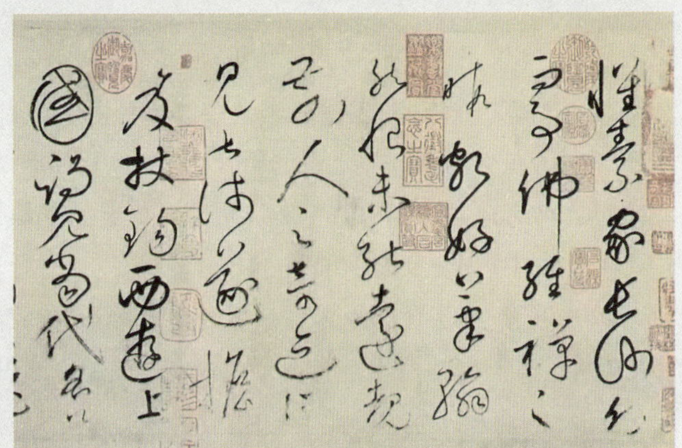

▶ 图6-31 草书作品

（四）章法之美

章法是指一幅书法作品的整体布局安排。一幅完整的书法作品通常由正文、款识（zhì）、钤（qián）印三部分构成，三者合一，相辅相成，不可分割。书法作品在章法上的整体要求是：上留天，下留地，天大于地，左右小于上下，天地相称，两边相对，四周协调，首尾呼应，重心居中，大小参差，正圆方斜，起伏跌宕，疏密错落，自然天成。同时，字与字、行与行之间也应相互照应，这样才能给人以艺术美感，如图6-32所示。

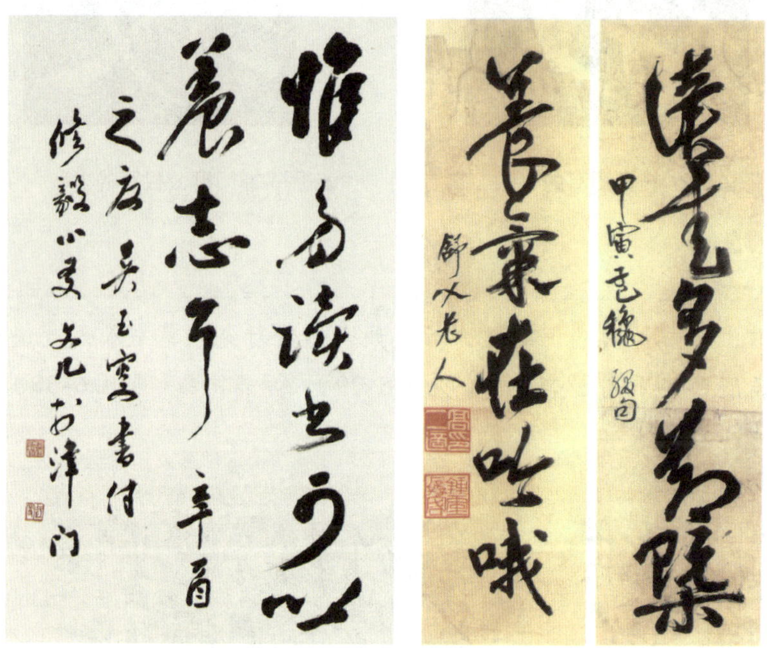

▲ 图6-32　章法之美

拓展视野

款识和钤印

款识又称“款文”“题款”，是指一幅书法作品中除正文以外的其他说明性文字，一般由“款”和“识”两部分组成。其中，“款”包括赠予对象的姓名、书写者姓名、书写时间、书写地点等内容；“识”包括对正文的说明，如正文的题目、原作者的姓名，以及书写者对正文的评价或创作意图等。

钤印又称“印章”，是书法作品中不可缺少的组成部分。钤印与款识一样，能对正文起到衬托作用，甚至能弥补书法作品章法上的不足，起到画龙点睛的作用。

二、书法艺术的欣赏方法

（一）了解背景，丰富修养

任何书法作品都是特定历史文化背景下的产物，了解书法作品的创作背景，对于正确领会作者的创作意图，把握书法作品的情感基调，领会书法作品的内涵大有裨益。此外，艺术修养的层次不同，欣赏书法作品时所获得的审美感受也不同。艺术修养越深厚，对书法作品的理解就越深刻，越能从书法作品中获得乐趣。

（二）整体把握，局部详察

欣赏书法作品时，首先要纵观全局，从整体上把握书法作品的章法、风格等，感受其气势和韵味。整体是由局部构成的，任何一个局部都可以影响书法作品的整体效果。局部详察，就是要在整体把握的基础上，仔细地观察、分析书法作品的笔法、墨法、结体等，从而判断其优劣。

（三）展开想象，适当推理

欣赏书法作品时，要想深刻地理解和领悟书法作品的内在精神，就要展开想象，适当推理。例如，在心中模拟作者的创作过程，想象作者在创作过程中用笔的节奏、力度及作者情感的变化等。同时，还可将书法形象与现实生活中具有类似特征的事物进行比较，从而使抽象的书法形象变得具体可感；再由该事物的审美特征，进一步联想书法作品的审美特征，从而领会书法作品的意趣。

【赏美之趣】

任务三　欣赏书法作品

一、中国古代书法作品欣赏

篆书作品：石鼓文

石鼓文（见图6-33）因刻于鼓形石上而得名；又因其所刻内容为歌咏秦国国君游猎情况，所以又称“猎碣”。石鼓文于唐代在天兴（今陕西凤翔）被发现，是我国最早的石刻文字。今中国考古界一般认为石鼓文是战国时期秦国的遗物。

▲ 图6-33　石鼓文

石鼓文所刻书体为秦始皇统一文字之间的大篆，上承西周金文，下启秦代小篆。其书风古茂自然、雍容和穆，线条婉转畅达、均整如一，基本无轻重提捺变化，起止圆润不见笔触，行笔欲左先右，欲下先上，用笔苍劲中见畅达，秀润中见骨力。前人对石鼓文多有评述。张怀瓘《书断》谓其“体象卓然，殊今异古。落落珠玉，飘飘缨组。仓颉之嗣，小篆之祖”。康有为在《广艺舟双楫》中说：“若石鼓文，则金钿落地，芝草团云，不烦整裁，自有奇采。体稍方扁，统观虫籀，气体相近。石鼓既为中国第一古物，亦当为书家第一法则也。”石鼓文对书坛的影响以清代最盛，杨沂孙、吴昌硕等人的篆书作品均取法于石鼓文。

隶书作品：《张迁碑》

《张迁碑》（见图6-34）是故吏韦萌等为赞颂张迁的功德而刻立的，于明代出土，现存于山东省泰安市岱庙。碑额“汉故穀城长荡阴令张君表颂”为篆书，碑上正文为隶书。

▲ 图6-34　《张迁碑》（局部）

《张迁碑》是汉碑的代表作之一，它表现出早期汉隶朴拙博大的气象和自然的意味，充分体现出汉碑的雄强风格。《张迁碑》笔法以方笔为主，笔画严谨丰腴，朴厚秀劲。从隶变的渊源来看，《张迁碑》由西汉石刻嬗变而来，又在其基础上有所变化。西汉石刻由于未脱篆意，线条追求圆厚，而此碑则以刀掩笔，呈现出方拙峻厉的意态。此外，此碑与大多数汉碑的蚕头燕尾、左规右矩之旨不甚相合，其笔法已有由隶书向楷书演变的趋势。因此，此碑不仅具有书法风格类型的研究价值，而且对书体变革的研究具有重要意义。

楷书作品：《多宝塔碑》

《多宝塔碑》（见图6-35）全称《大唐西京千福寺多宝佛塔感应碑文》，为颜真卿所作，是留传下来的颜书作品中最早的楷书作品，也是唐代“尚法”的代表碑刻之一。

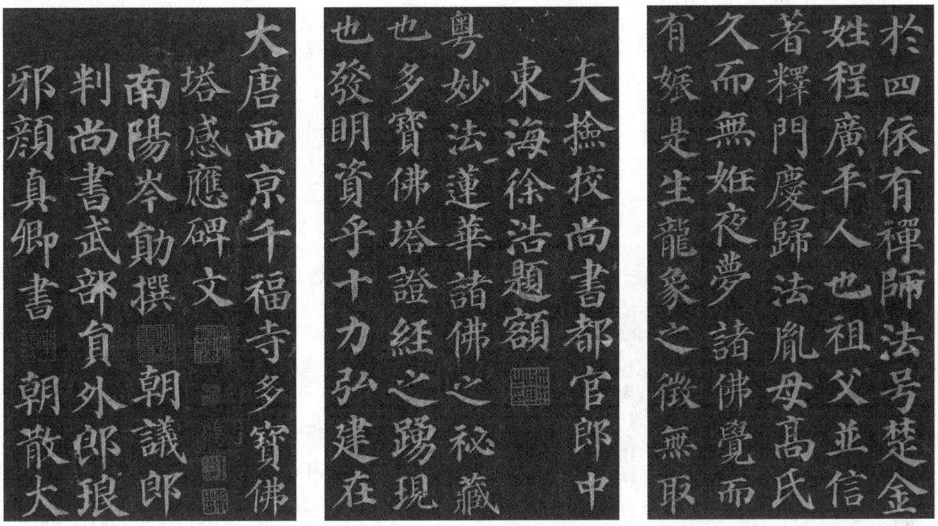

▲ 图6-35　《多宝塔碑》（局部）

《多宝塔碑》整篇结构严密，用笔腴润方折，布局紧凑规整，整体风格秀雅刚劲，已初显颜体成熟期雄浑豪迈之风。在笔法方面，其用笔多用中锋，起笔藏锋为主，兼用露锋；收笔多顿笔和回锋。同时，横画与竖画粗细对比鲜明，富有节奏感和韵律感，体现了颜体筋肉丰满的特点。此外，该碑转折变化较多，结体宽博，字形稍方，端庄平稳，兼取汉隶之体势、篆书之笔意，平正而不板滞，丰肥而不失风骨。

行书作品：《兰亭序》

《兰亭序》（见图6-36）又称《临河序》《禊帖》，王羲之作，有“天下第一行书”之称，被后人奉为书法之圭臬。

▲ 图6-36 《兰亭序》

整幅书法作品运笔跌宕起伏，若断还连，字形宽窄相间，错落有致，行云流水，通篇气息淡和空灵，秀丽清逸。

《兰亭序》的布局和谐自然、动静得宜，结体或修长，或浑圆，突破了隶书扁平方正的形貌。《兰亭序》中的字，潇洒自然，无一雷同，其中的二十个“之”字，或平稳舒放，或藏锋收敛，或端正如楷，或流利似草，出神入化，极尽缤纷恣肆之美。

草书作品：《古诗四帖》

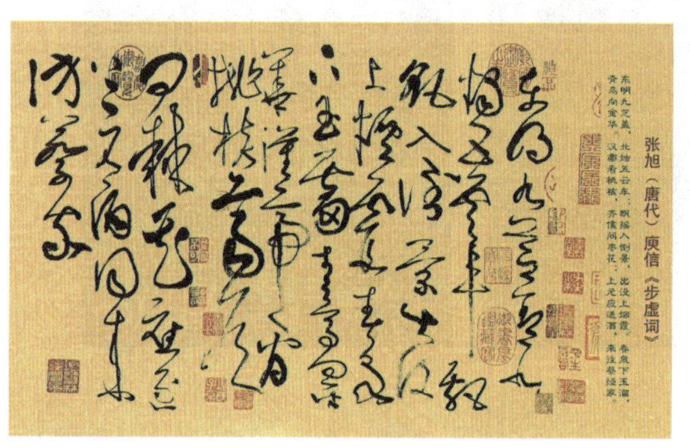

▲ 图6-37 《古诗四帖》（局部）

《古诗四帖》（见图6-37）传为唐代张旭所书。这幅作品内容包含四首诗，前两首是南北朝庾信的《步虚词》之六和之八，后两首是南北朝谢灵运的《王子晋赞》和《岩下一老公四五少年赞》。

《古诗四帖》通篇笔画丰满，无纤弱浮滑之笔，行文跌宕起伏，动静交错，满纸如云烟缭绕。此帖的线条，如锥画沙，如屋漏痕，舒卷自如，通篇行笔出神入化，给人仪态万千之感，笔断意连，令人遐想无限。从这些生龙活虎的字迹中，我们可以感受到张旭酒酣不羁、如痴如醉的狂态。熊秉明在《中国书法理论体系》中说：“张旭是中国书法史上一个极重要的人物。他创造的狂草是书法向自由表现方向发展的一个极限，若更自由，文字将不可辨读，书法也就成了抽象点泼的绘画了。”

释疑解惑

“锥画沙”“屋漏痕”是中国书法中有关运笔的形象描述。“锥画沙”要求行笔藏锋，以使笔画含蓄圆匀，须逆势起笔，顿挫使毫，回锋收笔，勿流于轻飘油滑。

“屋漏痕”要求行笔时不可一泻直下，笔锋须时左时右顿挫而行，如屋漏之蜿蜒下注，则笔画圆活生动。

二、中国现代书法作品欣赏

欧阳中石书法作品

欧阳中石（1928—2020），中国著名学者、教育家、书法家。欧阳中石是我国现代书法学科建设的重要开拓者，曾主持创办了我国高校第一套从大专、本科到硕士、博士、博士后的完整的中国书法教育学科体系。欧阳中石书法作品如图6-38所示。

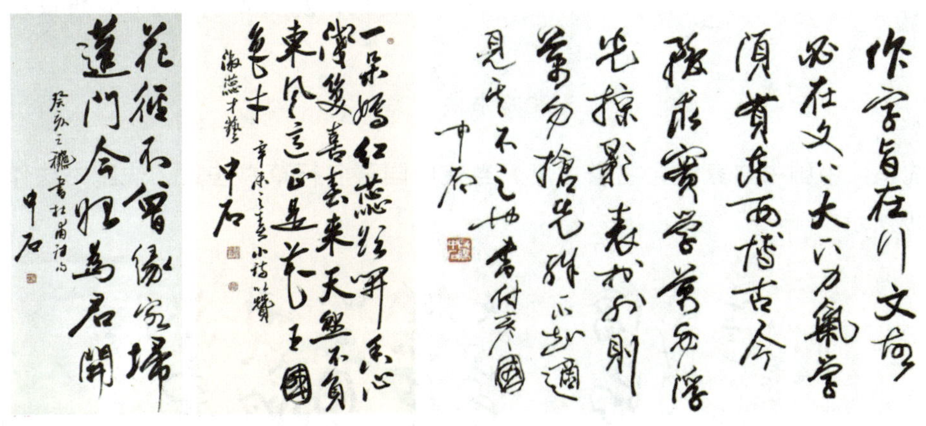

▲ 图6-38　欧阳中石书法作品

欧阳中石的书法作品，结体行笔、提按顿挫、谋篇布局皆讲究“中和咸宜”。他的楷书变化多端，且粗细变化比较明显，字体看似有些笨拙，实则“顶天立地”，字里行间充满了豪情壮志。此外，欧阳中石善于汲取“唐楷之冠”欧阳询的楷书在用笔方面的可贵之处，并且不拘一格，形成了自己的独特风格。“俊朗而又飘逸，古朴而又秀美”，这是对欧阳中石书法最恰当的评价。人们常说“字如其人”，欧阳中石的书法不仅流露出他的个人情感，还完美地体现了他的深厚功力和敢于创新的可贵精神。

欧阳中石的学书法门：书面文心

书法是苦练出来的，这似乎成了人们“练”书法的不二法门，但欧阳中石主张书法是“学”出来的。欧阳中石的学生曾回忆说：“1984年，我还在

西安读书，利用寒假回京期间到先生家求教。先生看完我临的《张猛龙碑》后问：‘你为什么要临习这个碑？它吸引你的地方是什么？你了解魏碑的历史与文化生成背景吗？’未及我回答，先生又说：‘写字不仅是简单地追求形似，而是贵在把它当作学问来研究，从中找到与你心灵相通之处，这一点很关键，回去悟吧！’事实上，先生这一席话的奥义，我是在十多年后才渐渐领悟的。”

欧阳中石在书法教育开办之初就提出书法教育的核心思想是“书面文心”。他强调，一幅书法作品的“书面”只是表象，“文心”才是内核，只有具备“文心”内核的“书面”才能成为完整意义上的书法。但“文心”是需要培养的，书法教育实际上就是培养“文心”的过程，从持身到节操、从学问到阅历、从气质到感情、从文采到笔墨等多方面，都要下功夫。

（资料来源：钱晓鸣，《“正是无奇正是奇”痛悼书法家欧阳中石》，人民网，2020年11月5日，有改动）

沈鹏书法作品

沈鹏，中国书法家协会名誉主席、当代中国著名行草书法家。沈鹏书法作品如图6-39所示。

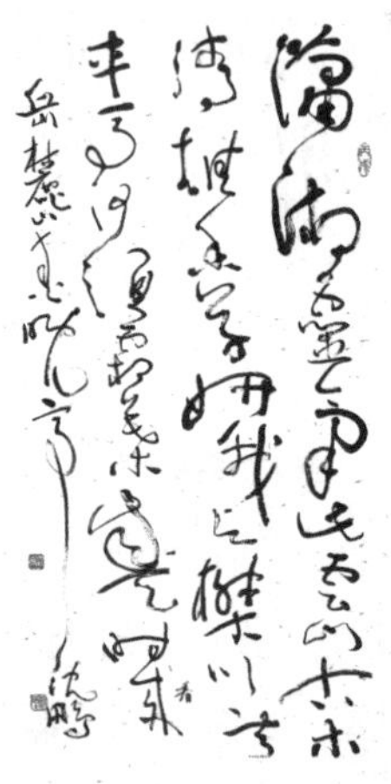

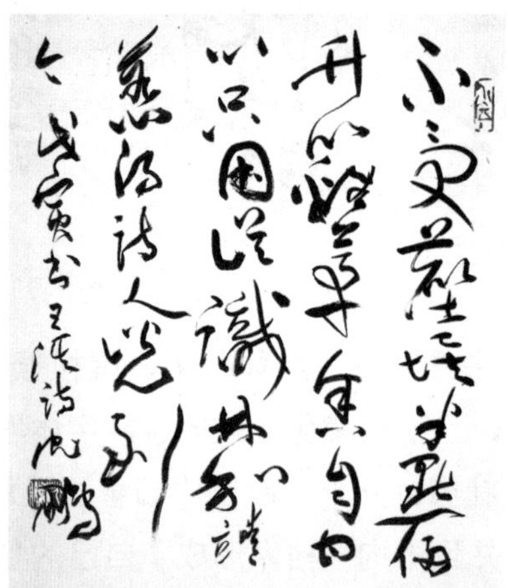

▲ 图6-39　沈鹏书法作品

沈鹏的书法流畅华美，其结体重形，架构尚简；谋篇布局讲究整体，疏密有致，美不胜收。在沈鹏的书法作品中，我们除了能看到书法大家的笔法神情外，还能看到唐代书法家蔡希综所说的“凡欲结构字体，未可虚发，皆须象其一物，若鸟之形，若虫食禾，若山若树……”中的“象形”意味及沈鹏对意境的追求。观其草书，枯实相间，点画轻重有致，或一笔到底，或旁逸斜出，或错落有致。退而观之，有一种流动变幻之美，同时整体又不失雄浑之气。

班级____________ 姓名____________ 学号____________

【向美而行】

以小组为单位，选择一个具有代表性的书法作品，然后结合所学知识对其进行赏析。

（1）学生自由分组，4～6人为一组，并填写任务分配表，如表6-1所示。

表6-1 任务分配表

班级		组号		指导教师	
小组成员	姓名	学号	任务分工		
组长					
组员					

（2）查找相关资料，选择一个具有代表性的书法作品（教材中介绍过的作品除外），对其进行赏析，并根据任务完成情况将表6-2填写完整。

表6-2 作品赏析表

具体项目		详细内容
了解作品	作品名称	
	作者简介	
	创作背景	
感受作品	主题思想	
	情感表达	

班级__________ 姓名__________ 学号__________

续表

具体项目		详细内容
分析作品	笔法	
	墨法	
	结体	
	章法	

（3）指导教师根据表6-3，对学生的赏析情况进行评分。

表6-3　评分表

考核内容	评分标准	分值	得分
知识、技能考核（60%）	能准确地查找作品的相关资料	15	
	能理解作品的主题思想，并准确地进行描述	15	
	能准确地分析作品的笔法、墨法、结体和章法	30	
德育素养考核（40%）	能体会作品所蕴含的情感内涵	15	
	能发现书法之美，并加深对中国传统文化的热爱之情	15	
	具有良好的团队精神和团队协作能力	10	
总评和建议		总分	

班级＿＿＿＿＿＿　姓名＿＿＿＿＿＿　学号＿＿＿＿＿＿

【知美达美】

一、填空题

（1）被世人尊称为“书圣”的书法名家是＿＿＿＿＿。

（2）“颠张醉素”是指＿＿＿＿＿与＿＿＿＿＿。

（3）为宋徽宗赵佶所创，以挺瘦秀润、舒展劲挺见长的字体是＿＿＿＿＿。

（4）明代中期，“吴中三家”是指＿＿＿＿＿、＿＿＿＿＿和＿＿＿＿＿。

（5）在笔画质地中，＿＿＿＿＿是指笔画起止、转折处有棱角感，方正遒劲；＿＿＿＿＿是指横笔、竖笔的笔画圆润，曲折笔画有弧度感，饱满充实；＿＿＿＿＿是指下笔稳重，沉着有力；＿＿＿＿＿是指一点一画骨鲠气刚，既有力度，又有韧性和弹性；＿＿＿＿＿是指运笔不轻浮，功力深厚。

二、选择题

（1）被称为“草圣”的是（　　）。

A．钟繇　　B．陆机

C．张芝　　D．谢安

（2）（　　）的出现，标志着书法开始成为一种能够高度自由地抒发情感、表现书法家个性的艺术形式。

A．隶书　　B．楷书

C．草书　　D．行书

（3）下列选项中，不属于柳公权的代表作的是（　　）。

A．《韭花帖》　　B．《玄秘塔碑》

C．《大唐回元观钟楼铭》　　D．《神策军碑》

（4）五代，性格狂放不羁的（　　）历来被认为是书法史上承唐启宋的代表人物。

A．欧阳询　　B．杨凝式

C．薛稷　　D．褚遂良

（5）下列选项中，不属于颜真卿的代表作的是（　　）。

A．《颜勤礼碑》　　B．《祭侄文稿》

C．《多宝塔碑》　　D．《龙藏寺碑》

（6）我国最早的石刻文字是（　　）。

A．金文　　B．石鼓文

C．甲骨文　　D．铭文

班级____________ 姓名____________ 学号____________

三、判断题

（1）南北朝时期，中国书法艺术总体上呈现出北碑南帖、北楷南行、北雄南秀的特点。（ ）

（2）元代初期的书法家以“三宋”（宋克、宋广、宋璲）和“二沈”（沈度、沈粲）为代表。（ ）

（3）清中期，考据之风兴起，碑石出土渐多，碑学逐渐兴盛，具有代表性的书法家有乾隆皇帝、刘墉等。（ ）

（4）汉字的八种基本笔画分别是横、竖、撇、捺、点、折、钩、提。（ ）

（5）运笔时，快慢结合，急缓交替，富于变化，可造就书法作品的万千气象。（ ）

（6）古人有墨分五色之说，即浓墨、淡墨、枯笔、湿笔和渴笔。（ ）

四、简答题

（1）书法中的结体之美体现在哪些方面？

（2）简述书法艺术的欣赏方法。

项目七

漫谈文辞妙语——诗词之美

项目引言

诗词是传古承今的歌唱，“大江东去，浪淘尽，千古风流人物”；诗词是感动天地的情怀，“了却君王天下事，赢得生前身后名”；诗词是勇担使命的抱负，“东临碣石，以观沧海”……中国诗词源远流长，我们不仅要学会读，体会其中的音律之美，更要学会赏，感受其中的文字之美、意境之美。

任务清单

完成一项学习任务后，请在对应的方框中打钩。

<table>
<tr><td rowspan="3">课前预习</td><td>□</td><td>准备学习用品，预习课本知识</td></tr>
<tr><td>□</td><td>利用网络搜集诗词之美的有关资料</td></tr>
<tr><td>□</td><td>形成对诗词之美的初步印象，并与课本知识相互印证</td></tr>
<tr><td rowspan="3">课堂学习</td><td>□</td><td>了解诗词发展简史</td></tr>
<tr><td>□</td><td>掌握诗词的意象、结构和格律</td></tr>
<tr><td>□</td><td>从经典的古诗词中，领略文字之美，感受古人的智慧与情怀，体会中华文明的博大精深</td></tr>
<tr><td rowspan="3">课后实训</td><td>□</td><td>积极、认真地参与实训活动</td></tr>
<tr><td>□</td><td>提高人际交往能力、沟通协调能力和解决实际问题的能力</td></tr>
<tr><td>□</td><td>提高审美素养，能结合所学知识感悟诗词之美</td></tr>
</table>

【寻美之迹】

“人生最美是遇见，‘与君初相识，犹如故人归’。遇见爱人，是‘金风玉露一相逢，便胜却人间无数’；遇见故人，是‘何时一樽酒，重与细论文’。遇见又是珍贵的，沙湖道中遇雨，有了苏轼‘竹杖芒鞋轻胜马，谁怕？一蓑烟雨任平生’的潇洒；行军途中遇雪，有了毛泽东‘江山如此多娇，引无数英雄竞折腰’的感慨。可以说，千万次美丽的遇见，定格了诗词无数次动人的瞬间。”这是《2022中国诗词大会》开场白中的一段话，从中，我们不难感受到中国诗词的魅力。

诗词是中华民族用来表达情感的一种抒情方式。不同时代的诗词作品高度浓缩了中华传统文化生生不息的思想观念、人文精神和道德规范。《2022中国诗词大会》以“赏中华诗词，寻文化基因，品生活之美”为根本宗旨，聚焦诗词所承载的忠孝、仁义、爱国、勤劳等优秀传统文化，从不同视角展现了诗词中的时代风貌。

【以美培元】

任务一　了解诗词发展简史

一、先秦时期

诗经的发展历程

先秦时期，诗歌的发展经历了一个从口头到书面、从民间集体歌唱到诗人独立创作的漫长过程。

（一）《诗经》

春秋时期编成的《诗经》，是我国文学史上第一部诗歌总集，它真实而全面地反映了从周朝初期到春秋中叶约五百年间的社会生活。《诗经》共有三百〇五篇诗歌，分风、雅、颂三部分，句式以四言为主，语言丰富多彩，朴素优美，音韵自然和谐，富有艺术感染力。

中国古代称不合乐的为诗，合乐的为歌，现在一般统称为诗歌。诗歌是最早产生的一种文学体裁。它按照一定的音节、声调和韵律的要求，用凝练的语言、充沛的情感、丰富的想象，高度集中地表现了社会生活和人的精神世界。

（二）楚辞

楚辞，一般是指以屈原为代表的诗人所创作的一种新诗体。在西汉初期，“楚辞”是称呼具有楚地特色作品的泛称。后来，刘向将屈原、宋玉等人的作品选辑成集，由于这些作品运用楚地的文学样式、方言声韵和风土物产等，具有浓厚的地方色彩，便将这部诗歌总集命名为《楚辞》。后世因此而称此类文体为“楚辞体”；又因屈原作品中以《离骚》一篇最为著名，故又称此类文体为“骚体”。

楚辞不拘泥于《诗经》四言诗歌的固定格式，句式灵活，篇章结构宏大而严密，词采瑰丽而华美，是《诗经》之后的一次诗体大解放，标志着诗歌从民间集体歌唱发展到诗人独立创作的阶段。

拓展视野

屈原及其作品

屈原，战国时楚国人，学识渊博，主张彰明法度，举贤授能，东联齐国，西抗强秦，初辅佐怀王，后遭到贵族子兰、靳尚等人的谗害而去职。顷襄王时被放逐，长期流浪于沅湘流域，后因楚国的政治更加腐败，都城郢亦为秦兵攻破，他既无力挽救楚国于危亡，又深感政治理想无法实现，遂投汨罗江而死。

屈原的主要作品有《离骚》《九章》《天问》《九歌》等。在《离骚》中，屈原自述身世、志趣，指斥统治集团昏庸、腐朽，感叹抱负不申；在《九章》中，他亦多揭露现实的黑暗与混乱，并抒发怀归之情。《离骚》和《九章》均突出表现了屈原对楚国国事的深切忧念和为理想而献身的精神。在《天问》中，屈原对有关自然现象、社会历史等方面的许多传统观念提出了怀疑和质问，体现出其积极探索、大胆批判的精神。《九歌》则是优美的祭神乐歌。

二、两汉魏晋南北朝时期

（一）两汉

汉代的诗歌数量相对较少，但乐府民歌对后世文学产生了巨大的影响。汉代的统治者吸取了秦朝灭亡的教训，比较重视民间百姓的生活、思想和愿望，而民歌则是反映这些内容的重要途径，于是统治者设乐府官署来采集民歌。

后世将乐府官署所采集、创作的民歌称为乐府诗，或简称为“乐府”。乐府诗继承了《诗经》的现实主义传统，全面、真实、深刻地反映了当时的社会现实。乐府诗中著名的篇章有控诉残酷兵役制度的《十五从军征》，有表现女性不慕权贵的精神的《陌上桑》和《羽林郎》，还有长篇叙事诗《孔雀东南飞》，等等。

美林漫步　**乐府诗名句**

少壮不努力，老大徒伤悲。——《长歌行》

上邪！我欲与君相知，长命无绝衰。山无陵，江水为竭，冬雷震震，夏雨雪，天地合，乃敢与君绝！——《上邪》

孔雀东南飞，五里一徘徊。——《孔雀东南飞》

（二）魏晋

1. 三国

三国时期涌现了许多著名的诗人。建安年间的代表诗人有“三曹”（曹操、曹丕、曹植）和“建安七子”（孔融、陈琳、王粲、徐幹、阮瑀、应玚、刘桢）。他们的诗歌反映了动乱的社会现实，抒发了诗人建功立业的志向，具有慷慨悲凉的风格（这一风格被后人称为“建安风骨”）。正始年间的代表诗人有“竹林七贤”（阮籍、嵇康、山涛、向秀、刘伶、王戎、阮咸，见图 7-1）。囿于当时的黑暗统治，诗人们不能在诗歌中直抒胸臆，所以不得不采用比兴、象征等手法，隐晦地表达自己的思想感情。三国时期较为著名的诗歌有曹操的《短歌行》、曹丕的《燕歌行》、王粲的《七哀诗》、嵇康的《幽愤诗》等。

▶图7-1　竹林七贤

2. 两晋

西晋时，诗人们开始追求绮靡的文风，强调辞藻的华丽。这一时期的大部分诗歌内容空洞，仅有少量诗歌反映了社会现实，如左思的《咏史八首》。东晋时，玄言诗盛行，此类诗歌好谈论抽象原理，内容枯燥、乏味，艺术性不强。直到陶渊明的出现，诗坛的这一局面才被打破。陶渊明继承乐府诗的现实主义传统，将田园生活作为重要的创作题材，他也因此被誉为“田园诗派之鼻祖”“隐逸诗人之宗”，其代表作有《归园田居》《饮酒》等。

（三）南北朝

南北朝时期诗歌的重要成就是乐府诗，这些诗不仅反映了社会现实，而且在艺术形式和风格上有了创新。其中，南朝乐府诗一般为五言四句小诗，大部分是情歌；北朝乐府诗虽在数量上不及南朝乐府诗，但内容丰富，语言质朴，风格刚健。北朝乐府诗中最有名的是长篇叙事诗《木兰诗》，它与《孔雀东南飞》并称为中国诗歌史上的“乐府双璧”。

鲍照是南北朝时期成就最高的诗人之一，他继承和发扬了汉魏乐府诗的传统，创作了大量优秀的五言和七言乐府诗，代表作为《拟行路难》十九首。

南北朝时期是中国山水诗发展的初始阶段。谢灵运是第一个大量创作山水诗的诗人，他的诗辞藻富艳，精于用典。谢朓是南齐永明年间山水诗的代表诗人，他的山水诗语言简洁且讲究格律，体现了永明体的特征。

释疑解惑

永明体是南朝齐武帝永明年间形成的一种诗体，它深受当时周颙、沈约等人提出的声韵理论的影响，强调诗歌的格律。在永明体以前，诗坛上流行的是古体诗，这种诗体不求对仗，平仄和用韵也比较自由。永明体的出现，为后世句数、字数、平仄、用韵等都有严格规定的格律诗奠定了基础。

三、隋唐五代时期

（一）诗的发展

《送杜少府之任蜀州》欣赏

中国古代文学发展到隋唐五代，出现了前所未有的繁荣局面。其中，唐代是诗歌发展的黄金时期。下面主要介绍唐诗的发展。

1．初唐

初唐时期，诗作大多浮艳柔丽，一直到“初唐四杰”（王勃、杨炯、卢照邻、骆宾王）的出现，诗歌的内容和形式才逐渐丰富。后来，陈子昂提倡“汉魏风骨”，以复古为革新方向，抵制浮靡诗风。与陈子昂同时期、不同流派的诗人有沈佺期、宋之问和“文章四友”（李峤、崔融、苏味道、杜审言），他们的作品多是奉和应制、点缀升平之作，但其中也不乏一些佳作，尤其是杜审言的律诗。

2．盛唐

盛唐时期，国力强盛、经济繁荣，唐诗的发展进入鼎盛时期。盛唐诗歌精丽华美、雄健清新、兴象超妙、韵律和谐。这一时期出现了李白和杜甫两位伟大的诗人，后人称其为中国古代诗坛上的“双子星座”。此外，还有很多成就显著的诗人，如山水田园诗人孟浩然和王维，边塞诗人高适和岑参等。

3．中唐

中唐前期，唐诗的发展进入过渡期。这一时期的诗人大多经历了安史之乱，他们的诗对社会的疮痍、民生的凋敝有所反映，但缺乏盛唐诗歌震撼人心的艺术感染力。

中唐后期，唐诗的发展迎来了又一个高潮。此时的诗歌，内容上现实主义色彩浓厚，形式上流派众多，风格各异。其中，影响较大的有两派：一派是以白居易、元稹等人为代表的“新乐府诗派”，他们倡导新乐府运动，主张用风格古朴的乐府诗揭露时弊；另一派是以韩愈、孟郊、李贺、贾岛为代表的“韩孟诗派”，他们主要追求雄奇怪异的审美情趣。

4．晚唐

晚唐杰出诗人李商隐、杜牧被称为“小李杜”，他们的诗歌声情流美，但伤时忧国，哀怨深沉，有没落之感。温庭筠才思清绮，但格调不高。此后的诗人多是效法前人，在艺术上无重大突破，较有名的诗人有皮日休、陆龟蒙、罗隐、韩偓等。

美之漫谈

唐代诗人众多，有“诗仙”李白、“诗圣”杜甫、“诗骨”陈子昂、“诗杰”王勃、“诗狂”贺知章……你比较喜欢哪位诗人的诗？他的诗有什么特点？请与大家分享你喜欢的诗句。

（二）词的发展

在唐代，人们称当时流行的杂曲歌辞为曲子词，后来简称为“词”。晚唐至五代时期，词得以崛起。温庭筠是对后世影响最大的晚唐词人之一，他的词辞藻华丽，多表现妇女的离别相思之情，是“花间派”的代表。五代时，南唐后主李煜在词的创作上成就较高。他的早期作品多反映豪华奢侈的生活，后期作品则主要抒发亡国之痛，意境深沉，对后世颇有影响。

词人李煜

释疑解惑

“花间派”产生于晚唐五代时期，是以温庭筠、韦庄等为代表的一个文人词派，其名得自后蜀赵崇祚所编词集《花间集》。《花间集》中词作的作者大多是蜀人，他们词风近似，多歌咏旅愁闺怨、合欢离恨。

四、宋元明清时期

（一）宋代

1．北宋

1）北宋初期

北宋初期，文人往往用诗言志，用词言情。这一时期，柳永开始创作长调的慢词，改变了唐和五代以来词坛上小令一统天下的局面；苏轼进一步丰富了词的题材，将理想抱负与怀古伤今的内容融入词中。

释疑解惑

慢词是指依慢调（词乐的一种旋律，因舒缓而得名）填写的词。小令是指篇幅短小的词。

2）北宋后期

北宋后期，朝廷内部新党和旧党两派的矛盾加剧，同时统治者也加强了文化思想控制。在这样的现实面前，很多人失去了参与政治的热情，把注意力更多地放在研究诗词形式和创作技巧上面。其中的代表人物是黄庭坚，他提出一整套“诗法”，引起大批文人争相模仿。在词坛上，秦观的词多以男女恋情为题材，代表作有《鹊桥仙·纤云弄巧》等；李清照的词多以闺中生活为题材，代表作有《如梦令·昨夜雨疏风骤》等。值得一提的是，“大晟词人”的代表人物周邦彦规范了音律，使词的语言技巧和形式都更加成熟。

释疑解惑

宋徽宗赵佶于崇宁年间创立了乐府机关——大晟府，让其掌管乐曲的创制和整理，并任命词人周邦彦为大晟府提举官，吸收了一批词人乐师，这些词人即为“大晟词人”。

2．南宋

1）南宋初期

南宋初期，时局动荡，诗词作品多抒发国破家亡的悲伤、恢复失地的豪情壮志和对朝廷懦弱的愤慨。辛弃疾是这一时期的代表人物，其词多以国家、民族的现实问题为题材，抒发了慷慨激昂的爱国之情。

2）南宋后期

南宋后期，朝政更加腐败，爱国主义的呼声日渐式微。无论是诗人还是词人，都很少创作与政治、现实有关的作品，而以描写日常生活和自然风光为主，整体的文学成就并不高。这一时期的词人以姜夔最为著名。姜词绝大多数是游记和咏物之作，沿袭了周邦彦的风格，着重于修辞琢句和声律。

（二）元代

元代，北方少数民族的乐曲和汉族北方地区的民间歌曲融合，形成一种新的歌曲形式——散曲。散曲的体式较为自由，用韵比词严密，平仄要求不像词那么严格，可在本字外加衬字，较多地使用口语。

（三）明清

1．明代

明代词人大多把词当作“诗余”“小道”，因此明词成就不高。诗歌方面，明代前期，在理学思想的控制下，诗人讲究“文道合一”，忽略了对诗歌艺术的追求和探索；中期，李梦阳、何景明等人发起了一场追求复古的诗歌革新运动；后期，李贽、袁宏道等人提出了影响较大的诗文理论。

2．清代

清代诗词流派众多，成就远胜明代。清诗矫正了元诗和明诗的偏弊，兼学唐宋，是宋诗后的又一大发展；清词在词史上号称“词学中兴”，代表词人有陈维崧、朱彝尊、纳兰性德等。

美之漫谈

近代大学者王国维先生在《宋元戏曲考》中曾说：“凡一代有一代之文学：楚之骚，汉之赋，六代之骈语，唐之诗，宋之词，元之曲，皆所谓一代之文学，而后世莫能继焉者也。”请谈谈你对这一观点的理解。

任务二　掌握诗词鉴赏的基础知识

一、诗词的意象

意象是中国文学里一个非常重要的概念，是指融入了主观情意的客观物象，或借助客观物象表现出来的主观情意。诗词的意象是解读文本含义和作者情感的密码。

（一）植物类意象

1．花草

花草是古典诗词中最主要的意象之一。以花草的盛衰来比喻时光流逝，是中国文学史上的一个重要传统。在《诗经·采薇》中，诗人写道“采薇采薇，薇亦作止”“采薇采薇，薇亦柔止”“采薇采薇，薇亦刚止”，以薇草刚刚冒出地面、薇草柔嫩、薇草茎叶变老，来暗示季节的变化和时光的流逝。此外，“无可奈何花落去，似曾相识燕归来”（晏殊《浣溪沙·一曲新词酒一杯》），“劝君莫惜金缕衣，劝君须惜少年时。有花堪折直须折，莫待无花空折枝”（佚名《金缕衣》），等等，都是以花草盛衰变化描写时光流逝的名句。

时光流逝的背后，暗含着生命的流逝。因此，若一首诗词中出现含有盛衰意义的花草意象，则该诗词通常不仅暗含着作者对眼前景色变化的伤感，还暗含着对年华老去、青春不再的悲慨，如“落尽梨花春又了，满地残阳，翠色和烟老”（梅尧臣《苏幕遮·草》），“秋风起兮白云飞，草木黄落兮雁南归”（刘彻《秋风辞》）。

2．杨柳

中国古诗词中的杨柳，常常象征着送别时的留恋、伤感之情。例如，在《诗经·采薇》中，诗人写道“昔我往矣，杨柳依依”，借依依的杨柳来表达离别时的恋恋不舍；在《送别诗》中，诗人写道“杨柳青青著地垂，杨花漫漫搅天飞。柳条折尽花飞尽，借问行人归不归”，借柳条、杨花之物象，寄寓惜别、盼归的深情，凄婉动人。

3．松柏

松柏是傲霜斗雪的典范，象征着高洁、傲岸的品格和顽强的生命力。例如，韦黄裳一向谄媚权贵，李白在《赠韦侍御黄裳二首》中写道“愿君学长松，慎勿作桃李”，规劝他做一个正直的人；刘桢在《赠从弟（其二）》中写道“岂不罹凝寒，松柏有本性”，勉励堂弟要像松柏那样坚贞，在任何情况下都保持高洁的品性。

美之漫谈

除上述植物外，古诗词中还有许多其他植物类意象。例如，红豆象征相思之情，菊花象征隐逸、高洁的品性，梧桐象征凄凉、悲伤的心境，等等。请说出你所知道的带有植物类意象的诗句，并讨论该诗句所表达的情感。

（二）动物类意象

1．蝉

蝉（见图7-2）栖于高枝，风餐露宿，不食人间烟火，诗人于是常用蝉来喻指高洁的品性，如骆宾王《在狱咏蝉》中的“无人信高洁，谁为表予心”，虞世南《蝉》中的“居高声自远，非是藉秋风”，等等。

▲ 图7-2　蝉

蝉的生命短暂，秋后的蝉已经命在旦夕，因此寒蝉就成了悲凉的象征。例如，柳永在《雨霖铃·寒蝉凄切》开篇写道“寒蝉凄切，对长亭晚，骤雨初歇”，借助寒蝉渲染萧瑟、凄凉的离别氛围，虽未直接描写别离，“凄凄惨惨戚戚”之感却已充塞读者心中。

2．雁

雁是大型候鸟，每年秋季南迁，游子看到雁，常常会生出羁旅的伤感之情和思乡之情。例如，薛道衡在《人日思归》中写道“人归落雁后，思发在花前”，感慨早在花开之前就起了归家的念头，但直到雁已北归，自己还没有归家，思乡之情跃然纸上；赵嘏在《长安晚秋》中写道“残星几点雁横塞，长笛一声人倚楼”，以雁写思，抒发寂寥之感。雁也可代指书信、音讯，如“鸿雁几时到，江湖秋水多”（杜甫《天末怀李白》）一句中，诗人用鸿雁代指书信，表达出对友人的牵挂之情。

3．猿

猿鸣之声，似哭似号，闻之令人伤心，因此在中国古诗词中，诗人和词人常借猿鸣之声抒发心中的哀怨、凄怆之情。例如，杜甫《登高》中的“风急天高猿啸哀，渚清沙白鸟飞回”，李端《送客赋得巴江夜猿》中的“巴水天边路，啼猿伤客情”，都是借助猿鸣之声来表达伤感的情绪。

（三）其他意象

1．月亮

古人或借月怀人，或借月探幽，或借月抒发清苦、凄婉、孤寂的心情。例如，《诗经·月出》中的“月出皎兮，佼人僚兮”，通过描写相互映照的人与月，营造出男女相思、缠绵婉约的意境；李白在《把酒问月》中写道“今人不见古时月，今月曾经照古人。古人今人若流水，共看明月皆如此”，从月亮（见图7-3）永恒存在，而人如流水般消逝的对比中，感悟到个体生命的有限性和宇宙的无限性；李益在《从军北征》中写道“碛里征人三十万，一时回首月中看”，描绘了茫茫大漠中，几十万战士同时抬头望着月亮的情景，表达了征人悲苦的思乡之情。

▲ 图7-3　月亮

2．水

水的意象比较复杂。在古代诗词中，水主要有以下几种含义：① 象征不可跨越的障碍，如“所谓伊人，在水一方”（《诗经·蒹葭》）一句中，诗人抒发了其因水阻隔，追求所爱而不及的惆怅与苦闷；② 象征时间的流逝，如“无边落木萧萧下，不尽长江滚滚来”（杜甫《登高》）一句中，诗人借滚滚而去的长江水，抒发了韶光易

逝、壮志未酬的感慨；③ 象征人之洁质，如“玉鉴琼田三万顷，着我扁舟一叶。素月分辉，明河共影，表里俱澄澈”（张孝祥《念奴娇·过洞庭》）两句中，明镜般的湖水倒映出皎洁的明月与灿烂的银河，词人借湖水之澄澈比喻自身人格之高洁；④ 象征思念或忧愁，如“问君能有几多愁，恰似一江春水向东流”（李煜《虞美人·春花秋月何时了》）一句中，向东滚滚流去的春水正是词人无限愁恨的传神写照。

3．山

古人常将山视作知己，并将其作为灵魂栖息之地。李白的许多诗中都体现了这种情感，如“心爱名山游，身随名山远”（《金陵江上遇蓬池隐者》），“此行不为鲈鱼鲙，自爱名山入剡中”（《秋下荆门》），“问余何意栖碧山，笑而不答心自闲”（《山中问答》），等等。而在“行人无限秋风思，隔水青山似故乡”（戴叔伦《题稚川山水》），“他乡生白发，旧国见青山”（司空曙《贼平后送人北归》）等诗句中，诗人则以青山代指故乡，表达了对故乡的思念之情。

此外，古人还常以山的亘古矗立，来表达人事已非的悲凉之情，如“曲终人不见，江上数峰青”（钱起《省试湘灵鼓瑟》）。

试分析以下诗句中的意象。

（1）正是江南好风景，落花时节又逢君。（杜甫《江南逢李龟年》）

（2）星垂平野阔，月涌大江流。（杜甫《旅夜书怀》）

（3）夜闻归雁生乡思，病入新年感物华。（欧阳修《戏答元珍》）

（4）我见青山多妩媚，料青山见我应如是。（辛弃疾《贺新郎·甚矣吾衰矣》）

（5）采菊东篱下，悠然见南山。（陶渊明《饮酒·其五》）

二、诗词的结构

诗词的结构既体现了作者的写作思路，又承载着诗词的内容和作者的思想感情。了解诗词的结构，可以快速、敏锐地把握整首诗词，获得更好的欣赏体验。

（一）诗的结构

古人观察并总结了诗歌创作中的一些规律，提出了“起承转合”这一基本的结构模式。其中，“起”即开头，“承”即承接，“转”即转折，“合”即收合。下面以刘禹锡的《酬乐天扬州初逢席上见赠》为例，来介绍诗的结构。

酬乐天扬州初逢席上见赠

［唐］刘禹锡

巴山楚水凄凉地，二十三年弃置身。
怀旧空吟闻笛赋，到乡翻似烂柯人。
沉舟侧畔千帆过，病树前头万木春。
今日听君歌一曲，暂凭杯酒长精神。

这首诗的结构非常清晰：首联（前两句）表明了自己被贬的地点和时间；颔联（三、四句）承接首联，借典故抒发对岁月流逝、人事变迁的无限感慨；颈联（五、六句）转出新意，认为不应计较个人的遭遇，要看到事物是向前发展的，表现出诗人豁达的胸襟；尾联（最后两句）收合全诗，并点明题意。

并非所有诗中的“起”“承”“转”“合”都是层次分明的。例如，在文天祥的《过零丁洋》中，首联是“起”，感叹了自己的坎坷身世；颔联和颈联都是“承”，具体地描述了国家和个人的命运；到尾联才“转”，诗的基调由低沉转为高昂，同时，尾联也起到“合”的作用，表示要以身殉国，与开头相呼应。

过零丁洋

［宋］文天祥

辛苦遭逢起一经，干戈寥落四周星。
山河破碎风飘絮，身世浮沉雨打萍。
惶恐滩头说惶恐，零丁洋里叹零丁。
人生自古谁无死，留取丹心照汗青。

（二）词的结构

词的结构与诗的结构类似，主要涉及开头（即“起”）、结尾（即“结”）和各层次间的相互衔接（即“过”）。当然，词的“起”“过”“结”与诗的“起”“承”“转”“合”一样，只是一般规律，并不是一成不变的，需要在创作时灵活运用。特别是在双调词（即分为两段的词）中，需要注意上片与下片（或上阕与下阕）之间的过渡与衔接，写好词的“过片”（即词第二段的开头）。

“过片”的常见写法有以下几种：① 与上片结句相呼应，如李煜《虞美人·春花秋月何时了》的上片结句为“故国不堪回首月明中”，过片则是“雕栏玉砌应犹在，只是朱颜改”，紧承“故国”二字叙写；② 回答上片结句的问题，如李清照《渔家傲·天接云涛连晓雾》的上片结句提问“闻天语，殷勤问我归何处”，过片即答“我报路长嗟日暮，学诗谩有惊人句”；③ 补充上片结句，如秦观《鹊桥仙·纤云弄巧》

的上片结句为“金风玉露一相逢，便胜却人间无数”，过片则补充“胜却人间无数”的原因在于“柔情似水，佳期如梦”，表明爱情以质量为胜。

（三）诗词开头与结尾的形式

1. 诗词开头的形式

常见的诗词开头的形式有以下几种。

（1）直言式：即以直接描写人物、景物，直叙事件，直抒胸臆等方式开头，如“李白乘舟将欲行，忽闻岸上踏歌声”（李白《赠汪伦》），“愁心一倍长离忧，夜思千重恋旧游”（李端《宿淮浦忆司空文明》）。

（2）发问式：即一开始就提出问题，或随即回答，或暂不作答，以发人深省，如“人生到处知何似？应似飞鸿踏雪泥”（苏轼《和子由渑池怀旧》），“丞相祠堂何处寻？锦官城外柏森森”（杜甫《蜀相》）。

（3）起兴式：即先描写其他事物，以营造氛围，然后引出所要写的主要事物，如“郁孤台下清江水，中间多少行人泪”（辛弃疾《菩萨蛮·书江西造口壁》），“木落雁南度，北风江上寒”（孟浩然《早寒江上有怀》）。

2. 诗词结尾的形式

常见的诗词结尾的形式有以下几种。

（1）以写景结尾：即以景作结，可以使作者想要抒发的情感显得意味深长。例如，李白的《黄鹤楼送孟浩然之广陵》是送别之作，结尾未说不忍离别，而是写“孤帆远影碧空尽，唯见长江天际流”，表达了无尽的情思，令人回味无穷。

（2）以抒情结尾：即以直接抒情之语作结。例如，《访戴天山道士不遇》的结尾“无人知所去，愁倚两三松”一句中，李白用“愁”字直接表达了遗憾之情。

（3）以议论结尾：即以议论语作结。例如，在《鹊桥仙·纤云弄巧》的结尾，秦观用“两情若是久长时，又岂在朝朝暮暮”表达了自己的爱情观。

释疑解惑

> “诗无定法”，诗词的开头、结尾没有固定的形式，一切取决于如何更好地表达作者的思想感情。

三、诗词的格律

诗词的格律主要指声律，包括韵与平仄。其中，韵即押韵，其作用是构成声音的回环，从而形成一种音乐美，如王维的《相思》中，“枝”的读音是zhī，“思”的读音是sī，韵母都是i，读起来非常和谐。

了解诗词的平仄格式是理解诗词格律的关键。古人把汉字分成四个声调：平声、上声、去声、入声。平声是一个不升不降的持平的音，上声是一个由低至高的音，去声是一个由高至低的音，入声是一个短促的音。平仄中的“平”即平声，“仄”包括上声、去声、入声。

释疑解惑

在普通话里，平声已经分化为阴平和阳平；上声有一部分归入去声；入声已不复存在，分别归入阴平、阳平、上声和去声。其中，归入阴平、阳平的入声字，需要查字典（如商务印书馆出版的《同音字典》）来确定其声调的平仄。

（一）诗的格律

1. 五言绝句

五言绝句共有四句，二十个字。五言绝句一般用平声韵，其平仄格式有四种，如表7-1所示。

表7-1　五言绝句的平仄格式

平仄格式	示例
仄仄平平仄　平平仄仄平 平平平仄仄　仄仄仄平平	红豆生南国，春来发几枝。 愿君多采撷，此物最相思。 ——王维《相思》
平平平仄仄　仄仄仄平平 仄仄平平仄　平平仄仄平	鸣筝金粟柱，素手玉房前。 欲得周郎顾，时时误拂弦。 ——李端《听筝》
仄仄仄平平　平平仄仄平 平平平仄仄　仄仄仄平平	寥落古行宫，宫花寂寞红。 白头宫女在，闲坐说玄宗。 ——元稹《行宫》
平平仄仄平　仄仄仄平平 仄仄平平仄　平平仄仄平	花明绮陌春，柳拂御沟新。 为报辽阳客，流芳不待人。 ——王涯《闺人赠远》

注：字下有单下划线的表示可平可仄，字下有双下划线的表示韵脚，下同。

由表7-1可知，五言绝句的平仄格式是由四种基本句式按一定规则排列而成的。用这四种基本句式写成的诗句称为律句，用律句写成的诗称为律绝。不用或基本上

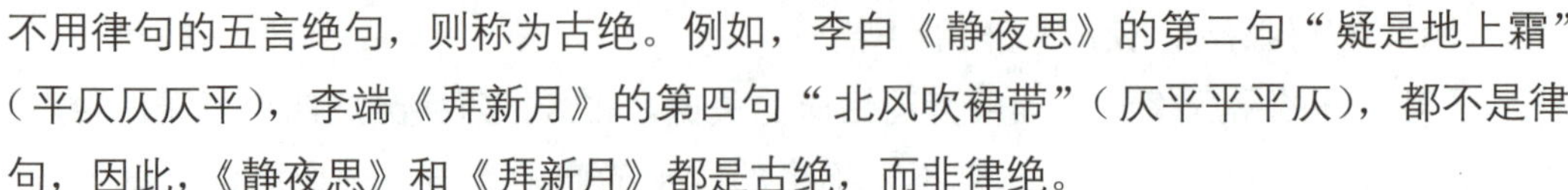

不用律句的五言绝句，则称为古绝。例如，李白《静夜思》的第二句“疑是地上霜”（平仄仄仄平），李端《拜新月》的第四句“北风吹裙带”（仄平平平仄），都不是律句，因此，《静夜思》和《拜新月》都是古绝，而非律绝。

2. 七言绝句

七言绝句共有四句，二十八个字。七言绝句也有四种平仄格式，如表7-2所示。

表7-2 七言绝句的平仄格式

平仄格式	示例
平平仄仄平平仄　仄仄平平仄仄平 仄仄平平平仄仄　平平仄仄仄平平	曾栽杨柳江南岸，一别江南两度春。 遥忆青青江岸上，不知攀折是何人。 ——白居易《忆江柳》
仄仄平平平仄仄　平平仄仄仄平平 平平仄仄平平仄　仄仄平平仄仄平	回乐峰前沙似雪，受降城外月如霜。 不知何处吹芦管，一夜征人尽望乡。 ——李益《夜上受降城闻笛》
平平仄仄仄平平　仄仄平平仄仄平 仄仄平平平仄仄　平平仄仄仄平平	金陵津渡小山楼，一宿行人自可愁。 潮落夜江斜月里，两三星火是瓜州。 ——张祜《题金陵渡》
仄仄平平仄仄平　平平仄仄仄平平 平平仄仄平平仄　仄仄平平仄仄平	朱雀桥边野草花，乌衣巷口夕阳斜。 旧时王谢堂前燕，飞入寻常百姓家。 ——刘禹锡《乌衣巷》

七言绝句的平仄格式有这样一个口诀：“一三五不论，二四六分明。”意思是，每一句诗的第一、三、五个字是不拘平仄的，第二、四、六个字则必须是“平仄平”或“仄平仄”的形式。但是，在正常情况下，第五个字是不能不论的，尤其是“仄仄平平仄仄平”句式的第三字，更不能不论（必须用平声），否则会犯孤平的忌讳。

释疑解惑

所谓孤平，指的是五言诗中的“仄平仄仄平”句式和七言诗中的“仄仄仄平仄仄平”句式。这两种句式中，除了韵脚之外，整个句子只有一个平声字，故被称为孤平。

3. 五言律诗和七言律诗

五言律诗共有八句，四十个字，比五言律绝的字数多一倍，可以说，两首五言律绝合起来就是一首五言律诗。因此，五言律诗的格律可近似理解为五言律绝格律的叠加。七言律诗共有八句，五十六个字，比七言绝句的字数多一倍，其格律是七言律绝格律的扩展，此处不再赘述。

诗中“对”和“粘”的规则

七言绝句和七言律诗中，每两句为一联，其中第一句被称为出句，第二句被称为对句。出句的平仄格式和对句的平仄格式必须是相反的，平对仄，仄对平，此规则即为“对”；后联出句的平仄格式要和前联对句的平仄格式相同，平粘平，仄粘仄，此规则即为“粘”。

但是，如果首句入韵，在“对”的时候，首联出句和对句的第五、七个字（在五言诗中则是第三、五个字）的平仄格式不可能相对，如刘禹锡《乌衣巷》首联出句中的第五个字“野”和对句中的第五个字“夕”都为仄声；在“粘”的时候，第五、七个字（在五言诗中则是第三、五个字）的平仄格式也不可能相同，如刘禹锡《乌衣巷》第二联出句中的第五个字“堂”为平声，而首联对句中的第五个字“夕”为仄声。

乌衣巷

［唐］刘禹锡

朱雀桥边野草花（仄仄平平仄仄平），乌衣巷口夕阳斜（平平仄仄仄平平）。

旧时王谢堂前燕（平平仄仄平平仄），飞入寻常百姓家（仄仄平平仄仄平）。

（二）词的格律

1. 词的押韵

词的押韵一般遵守词谱的规定，有的押平声韵，有的押仄声韵，还有的不止押一个韵，中间会转韵，如辛弃疾《菩萨蛮·书江西造口壁》：“郁孤台下清江水，中间多少行人泪。西北望长安，可怜无数山。青山遮不住，毕竟东流去。江晚正愁余，山深闻鹧鸪。”

释疑解惑

词谱是指集合词调各种体式，经过分类编排，给填词者做依据的书（如《词律》《钦定词谱》等），主要内容是介绍填词的各种规则（如字句格式、声韵安排）及词调来源等。

2. 词的平仄

词在平仄方面要求很严格。词中的五字句和七字句，用的基本是五言律诗和七言律诗的平仄格式；三字句、四字句，大多也是从律句中截取的一段。但需要注意的是，律诗中的“一三五不论”和其他变格规则不能随便套用到词中来。词中句子的平仄，每句都要按照词谱的要求来填写。当然，词谱中规定可平可仄的，就可以灵活处理。

现以李清照的《凤凰台上忆吹箫·香冷金猊》为例来说明词的平仄。

凤凰台上忆吹箫·香冷金猊

李清照

香冷金猊，被翻红浪，起来慵自梳头。任宝奁尘满，日上帘钩。生怕离怀别苦，多少事、欲说还休。新来瘦，非干病酒，不是悲秋。

休休，这回去也，千万遍阳关，也则难留。念武陵人远，烟锁秦楼。惟有楼前流水，应念我、终日凝眸。凝眸处，从今又添，一段新愁。

这首词中的三字句，相当于律句的三字尾，如“新来瘦”“凝眸处”，其平仄格式为“平平仄”；四字句，相当于七言律句的前四个字，如“日上帘钩”“不是悲秋”，其平仄格式为“仄仄平平”；五字句，相当于五言律句，如“任宝奁尘满”“念武陵人远”，其平仄格式为“仄仄平平仄”。

美之漫谈

熟悉杜甫《阁夜》和范仲淹《渔家傲·秋思》的格律，三分钟后，老师随机挑学生朗读。

阁夜

［唐］杜甫

岁暮阴阳催短景，天涯霜雪霁寒宵。
五更鼓角声悲壮，三峡星河影动摇。
野哭千家闻战伐，夷歌数处起渔樵。
卧龙跃马终黄土，人事音书漫寂寥。

渔家傲·秋思

［宋］范仲淹

塞下秋来风景异，衡阳雁去无留意。四面边声连角起，千嶂里，长烟落日孤城闭。

浊酒一杯家万里，燕然未勒归无计。羌管悠悠霜满地，人不寐，将军白发征夫泪。

任务三　欣赏经典诗词

一、先秦时期诗词欣赏

诗经·关雎

关关雎鸠，在河之洲。窈窕淑女，君子好逑。
参差荇菜，左右流之。窈窕淑女，寤寐求之。
求之不得，寤寐思服。悠哉悠哉，辗转反侧。
参差荇菜，左右采之。窈窕淑女，琴瑟友之。
参差荇菜，左右芼之。窈窕淑女，钟鼓乐之。

作品赏析

这首诗是一首爱情民歌，描写的是青年男子对自己喜爱的姑娘的思慕之情，以及对未来美好生活的向往。该诗描摹细致，既表达出爱而不得之苦，又不陷于难以自拔的哀伤，从而给人率真、诚挚之感。

从艺术上看，诗中重章叠句的恰当运用、双声叠韵的巧妙配合，既保留着民歌淳朴自然的风格，又使得全诗音韵时而舒缓平正，时而明快急促。本诗由河边雌雄配对的雎鸠的鸣叫声起兴，引起诗人的叹咏之辞，恰当传神。此外，本诗语言优美，情感浓烈，意境如梦似幻，格调悠远绵长，给人以无尽遐想。

诗经·蒹葭

蒹葭苍苍，白露为霜。所谓伊人，在水一方。
溯洄从之，道阻且长。溯游从之，宛在水中央。
蒹葭萋萋，白露未晞。所谓伊人，在水之湄。
溯洄从之，道阻且跻。溯游从之，宛在水中坻。
蒹葭采采，白露未已。所谓伊人，在水之涘。
溯洄从之，道阻且右。溯游从之，宛在水中沚。

作品赏析

这首诗以芦苇、霜露、江水等意象，营造了一种清新又神秘的意境，给人以若隐若现、朦胧缥缈之感。诗中最具有意义之处，是它将被追寻者（即“伊人”）虚化，营造了“在水一方”这一具有普遍意义的艺术意境。这使得世间一切难以实现某种追求的人，都可以在诗中找到共鸣。

二、两汉魏晋南北朝时期诗词欣赏

饮马长城窟行

［汉］佚名

青青河畔草，绵绵思远道。
远道不可思，宿昔梦见之。
梦见在我旁，忽觉在他乡。
他乡各异县，展转不相见。
枯桑知天风，海水知天寒。
入门各自媚，谁肯相为言？
客从远方来，遗我双鲤鱼。
呼儿烹鲤鱼，中有尺素书。
长跪读素书，书中竟何如？
上言加餐食，下言长相忆。

作品赏析

古代男子会因参军打仗或经商游学而离家远行，家中只剩下妇孺留守。这首诗写的就是丈夫离家长期未归，独守的妇人对丈夫的思念之情。诗歌采用思妇的第一视角，开头采用比兴的手法，借景抒情，之后虚实结合，通过梦与现实的对比，他人相聚的欢乐与自己独守的孤独对比，表达出失望、落寞之情。结尾处写妇人好不容易收到来信，但信中没有一字提到归期，且信中的语气又近于永诀。这意味着什么呢？这大概是寄信人不忍明言，读信人也不敢揣想的。如此作结，余味无尽。

行行重行行

［汉］佚名

行行重行行，与君生别离。
相去万余里，各在天一涯。

道路阻且长，会面安可知？
胡马依北风，越鸟巢南枝。
相去日已远，衣带日已缓。
浮云蔽白日，游子不顾反。
思君令人老，岁月忽已晚。
弃捐勿复道，努力加餐饭。

作品赏析

这是一首描写女子对远方爱人深深的思念之情的诗。第一句“行行重行行”，虽只有简单的几个字，却描绘出了女子目送着爱人渐渐走远的情景，表达出其难舍难分的心情。“相去日已远”不仅写出了离别后空间距离的遥远，同时也写出了离别时间的久远；“衣带日已缓”写女子一天天地消瘦，说明了其思念之情的真挚、浓烈。整首诗节奏舒缓，情韵悠长，使读者思绪连绵。

三、隋唐五代时期诗词欣赏

春江花月夜

［唐］张若虚

春江潮水连海平，海上明月共潮生。
滟滟随波千万里，何处春江无月明！
江流宛转绕芳甸，月照花林皆似霰。
空里流霜不觉飞，汀上白沙看不见。
江天一色无纤尘，皎皎空中孤月轮。
江畔何人初见月？江月何年初照人？
人生代代无穷已，江月年年望相似。
不知江月待何人，但见长江送流水。
白云一片去悠悠，青枫浦上不胜愁。
谁家今夜扁舟子？何处相思明月楼？
可怜楼上月徘徊，应照离人妆镜台。
玉户帘中卷不去，捣衣砧上拂还来。
此时相望不相闻，愿逐月华流照君。
鸿雁长飞光不度，鱼龙潜跃水成文。
昨夜闲潭梦落花，可怜春半不还家。

江水流春去欲尽，江潭落月复西斜。
斜月沉沉藏海雾，碣石潇湘无限路。
不知乘月几人归，落月摇情满江树。

作品赏析

《春江花月夜》是一首文人拟作的乐府诗。全诗分两大部分：从开头到“但见长江送流水”是第一部分，写春江花月夜的美好情景，以及由此引发的对宇宙、人生的思考，“人生代代无穷已，江月年年望相似”一联，情、景、理交融，极具艺术性和哲理性；剩余为第二部分，写这一完美世界中的唯一缺陷，就是游子、思妇相隔千里的相思之苦。

全诗共三十六句，每四句换一韵，平仄交替，一唱三叹，给人佩环叮咚之感，富有语言美和音乐美。此外，这首诗洗去了宫体诗的浓脂艳粉，给人以澄澈空明、清丽自然的感觉，诠释了唐诗兴象玲珑的意境美。

行路难三首（其一）

［唐］李白

金樽清酒斗十千，玉盘珍羞直万钱。
停杯投箸不能食，拔剑四顾心茫然。
欲渡黄河冰塞川，将登太行雪满山。
闲来垂钓碧溪上，忽复乘舟梦日边。
行路难！行路难！多歧路，今安在？
长风破浪会有时，直挂云帆济沧海！

作品赏析

全诗感情跌宕起伏：刚写完“金樽清酒”“玉盘珍羞”，就写“停杯投箸”“拔剑四顾”，抒发心中的抑郁苦闷；刚写完“冰塞川”“雪满山”，就写姜太公、伊尹由贱而贵的故事，以自我鼓舞；刚慨叹“行路难”，迷惘于“多歧路”，就写“长风破浪会有时”，表现出乐观、自信的心态。这首诗通过这样层层叠叠的感情起伏变化，既充分反映了黑暗、污浊的政治现实对诗人宏大理想抱负的阻遏，抒发了诗人内心的苦闷、愤郁、不平，同时又突出表现了诗人对理想的执着追求、力图从苦闷中挣脱出来的强大的精神力量，以及其对前途充满乐观的豪迈气概。

登高

［唐］杜甫

风急天高猿啸哀，渚清沙白鸟飞回。
无边落木萧萧下，不尽长江滚滚来。
万里悲秋常作客，百年多病独登台。
艰难苦恨繁霜鬓，潦倒新停浊酒杯。

作品赏析

萧瑟的秋天，被诗人写得有声有色，而由此引发的感慨更是动人心弦。诗的前半部分写景，后半部分抒情，在写法上各有妙处。首联着重刻画眼前的具体景物，如同一幅写实的工笔画，将形、声、色、态一一展现。颔联着重渲染秋天的气氛，使读者从萧瑟的景物和深远的意境中，体会到诗人壮志难酬的感慨之情和悲凉心境。颈联表现感情，从横（空间）、纵（时间）两方面着笔，由异乡漂泊写到多病残年。尾联感叹时世艰难，而诗人两鬓斑白、因病断饮，再次抒发了时不我待、壮志难酬的苦闷之情。全诗不仅写出了自然之秋，也写出了人生之秋，表达出诗人忧国伤时的感慨。

无题

［唐］李商隐

昨夜星辰昨夜风，画楼西畔桂堂东。
身无彩凤双飞翼，心有灵犀一点通。
隔座送钩春酒暖，分曹射覆蜡灯红。
嗟余听鼓应官去，走马兰台类转蓬。

作品赏析

全诗从诗人的心理活动出发，将一段可意会不可言传的情感描绘得扑朔迷离而又入木三分。首联以曲折的笔墨回忆昨夜的欢聚，通过“星辰”“夜风”“画楼”“桂堂”等意象，描写宴会环境的温馨旖旎，同时暗含着对过往难以追寻的伤感之情；颔联承此情而来，写今日的相思，“身无”与“心有”，一外一内，一悲一喜，将恋人深深相爱而又不能长相厮守的心态刻画得细致入微、惟妙惟肖；颈联写宴会上的热闹景象，衬托出诗人的寂寥；尾联悲上加悲，不仅表达了诗人爱情受阻的怅惘，也抒发了其郁郁不得志、漂泊天地间的苦闷。整首诗章法多变，抑扬顿挫，有一唱三叹之妙。

秋夕

［唐］杜牧

银烛秋光冷画屏，轻罗小扇扑流萤。
天阶夜色凉如水，坐看牵牛织女星。

作品赏析

这是一首宫怨诗。古代诗词中，团扇、秋扇等意象常常和宫中失宠的女子联系在一起。此外，古人认为腐烂的草容易化成流萤，诗中写女子居住的地方有飞来飞去的萤火虫，足见其所处环境的荒凉。因此，本诗的前两句明写女子扑萤火虫，实则暗示女子的失意和处境的凄凉。后两句中，“夜色凉如水”说明夜已很深了，寒意袭人，可是女子依旧坐在石阶上，凝视着天河两旁的牵牛星和织女星，产生了对真挚爱情的向往。

此诗寓情于景，蕴藉含蓄，诗中并没有直接抒情或议论，然而读者却能清楚地感受到女子哀怨与期望交织的复杂感情，从侧面反映出封建社会妇女的悲惨命运。

四、宋元明清时期诗词欣赏

定风波·莫听穿林打叶声

［宋］苏轼

三月七日，沙湖道中遇雨，雨具先去，同行皆狼狈，余独不觉。已而遂晴，故作此。

莫听穿林打叶声，何妨吟啸且徐行。竹杖芒鞋轻胜马，谁怕？一蓑烟雨任平生。

料峭春风吹酒醒，微冷，山头斜照却相迎。回首向来萧瑟处，归去，也无风雨也无晴。

作品赏析

这首词写于宋神宗元丰五年（1082 年），此时距苏轼因乌台诗案被贬官黄州（今湖北黄冈）已过去两年，苏轼已经断绝了仕途之想，又因身为羁臣，不可能返回家乡，所以打算在黄州沙湖躬耕垄亩，做个避世的“田舍翁”。

这首词的序点明诗人在出行途中遇雨；上片写词人一边吟咏一边悠然地行走，表现了他不为外物所动的旷达胸怀；下片写风雨过后，山头上斜阳重新出现。词人通过一件日常小事，以比兴和象征的手法，道出了自己的人生态度：即使暂时处于逆境，也不必怨天尤人，丧失对生活的热情，因为风雨总有停歇时，人生也总有否极泰来的一天。

如梦令·昨夜雨疏风骤

［宋］李清照

昨夜雨疏风骤，浓睡不消残酒。试问卷帘人，却道海棠依旧。知否，知否？应是绿肥红瘦。

作品赏析

这首小令是李清照的早期作品，一共只有六句，却写得有情有味，表现了李清照对花事和春光的爱惜，也表现了她的纯净心灵和高雅情趣。

暮春时节，词人浓睡醒来，宿醉未消，就担心地询问经过一宵风雨，窗前的海棠怎样了。卷帘人不免粗心，告慰说无恙。问者情多，答者意淡，敏感的词人已预料到雨过之后必是绿叶丰润而红花憔悴的景象了，“知否，知否”二句，体现了她对花的关心之恳切。词中用语工巧，“雨疏”“风骤”“浓睡”“残酒”，都是当句对；“绿肥红瘦”句中，以“绿”代叶，以“红”代花，虽为过去诗词中所常见，但把“红”同“瘦”联系在一起，以“瘦”字描绘海棠的憔悴凋零，别出心裁。

水龙吟·登建康赏心亭

［宋］辛弃疾

楚天千里清秋，水随天去秋无际。遥岑远目，献愁供恨，玉簪螺髻。落日楼头，断鸿声里，江南游子。把吴钩看了，栏杆拍遍，无人会、登临意。

休说鲈鱼堪脍，尽西风，季鹰归未？求田问舍，怕应羞见，刘郎才气。可惜流年，忧愁风雨，树犹如此！倩何人、唤取红巾翠袖，揾英雄泪？

作品赏析

这首词是辛弃疾于宋孝宗乾道五年（1169年）任建康通判时所作。辛弃疾当时正当壮年，虽满腹经纶，一腔热血，却沉沦下僚，虚掷年华，于是借登临观览，抒发了英雄失意、功业难成的郁愤之情。

上片借景抒情。“遥岑远目”“玉簪螺髻”是他所看到的景色，但词人登山临水不为观赏景色，于是用“把吴钩看了，栏杆拍遍，无人会、登临意”直抒胸臆，淋漓尽致地抒发自己报国无门、壮志难酬的悲愤。下片述怀言志，借张翰弃官归乡之

典故，表报国壮志；借许汜只知添置房舍而被刘备所羞之典故，表不谋私利；借桓温感叹柳树成长之典故，表岁月蹉跎，功业无成。“倩何人、唤取红巾翠袖，揾英雄泪”一句，不仅回应了上片中的“无人会、登临意”，而且用一种慷慨、呜咽的笔调收束了下片的议论，使词不同凡响，有“裂竹之声”。

摸鱼儿·雁丘词

［金］元好问

泰和五年乙丑岁，赴试并州，道逢捕雁者云：“今旦获一雁，杀之矣。其脱网者悲鸣不能去，竟自投于地而死。”予因买得之，葬之汾水之上，垒石为识，号曰雁丘。时同行者多为赋诗，予亦有《雁丘词》。旧所作无宫商，今改定之。

问世间，情是何物，直教生死相许？天南地北双飞客，老翅几回寒暑。欢乐趣，离别苦，就中更有痴儿女。君应有语：渺万里层云，千山暮雪，只影向谁去？

横汾路，寂寞当年箫鼓，荒烟依旧平楚。招魂楚些何嗟及，山鬼暗啼风雨。天也妒，未信与，莺儿燕子俱黄土。千秋万古，为留待骚人，狂歌痛饮，来访雁丘处。

作品赏析

这首词作于金章宗泰和五年（1205年）。当时，元好问赴并州应试途中，听一位捕雁者说，他今天捕杀了只大雁，另一只大雁便从天上一头撞下来殉情。元好问被这种生死至情所感动，便买下这对大雁，合葬在汾水旁，取名“雁丘”。

在这首词中，词人借助拟人、比喻等手法，对大雁殉情的故事，展开了深入、细致的描绘，谱写出一曲凄婉缠绵、感人至深的爱情悲歌。

上片开篇以“情是何物”发问，以“生死相许”作答，既是对世间人的诘问，也是对殉情者的礼赞。“天南地北”二句，词人展开联想，再现了大雁双宿双飞、相依为命的感人情景。上片结句以失侣的大雁的口吻倾诉：万里层云，千山暮雪，孤影徘徊，哪里还能找到我的伴侣？为下片的悲情基调做了铺垫。下片则借助对自然景物的描绘，衬托出殉情大雁的凄苦，表达了词人对殉情大雁的哀悼和惋惜。全词情节并不复杂，行文却跌宕多变，是我国古代歌颂忠贞爱情的佳作。

浣溪沙·谁念西风独自凉

［清］纳兰性德

谁念西风独自凉，萧萧黄叶闭疏窗，沉思往事立残阳。

被酒莫惊春睡重，赌书消得泼茶香，当时只道是寻常。

作品赏析

这是一首悼亡词。纳兰性德与妻子卢氏琴瑟和鸣，可惜成婚三年后妻子便亡故，纳兰性德有感秋意萧瑟，追忆亡妻而作此词。

上片写词人在妻子亡故后的孤单处境。西风初至，落叶满窗，独居之处，倍感凉意，此时又有谁为自己加衣祛寒？残阳之下，只剩一人。下片虚写，回忆过往。词人先是追忆妻子在自己熟睡时轻声细语，温柔备至；又写夫妻俩闲来无事，如李清照、赵明诚夫妇般赌书泼茶。深情存于寻常小事之间，身处其中之时，常将其忽视，只有失去时才追悔莫及，“当时只道是寻常”七字，读来让人觉得字字锥心。

源远流长

《2022中国诗词大会》：于诗词盛宴中看见中国故事

2022年3月5日，由中央广播电视总台与教育部、国家语言文字工作委员会联合主办的《2022中国诗词大会》在央视综合频道播出。

在“赏中华诗词，寻文化基因，品生活之美”的宗旨下，《2022中国诗词大会》围绕“江山”“少年”“燃”“遇见”“稻香”“韵”“天地”“味道”“飒”“出发”十大主题，从不同视角，于古今相照中展现时代风貌。

《2022中国诗词大会》首期节目以“江山”为主题。在中华文化中，“江山”一词有着丰富的含义，既可指我国的壮丽江山，又可指我国的人民。江山代有才人出，一代代文人墨客谱写了灿若星河的诗词，建构起波澜壮阔的文化长城。江山就是人民，人民就是江山，只有人民才是创造历史的根本动力和主体力量。

在耳熟能详的古典诗词之外，首期节目还同屏对照毛泽东在不同年代写下的江山之词：“指点江山，激扬文字，粪土当年万户侯”“江山如此多娇，引无数英雄竞折腰”“江山如画，古代曾云海绿”。在这些诗词中，有建党百年来的历史经验总结，也有中华优秀传统文化一脉相承的见证，人民与江山融为一体。

在“诗词小剧场”环节，来自三千多年前的何尊、重要青铜礼器利簋以“自我介绍”的方式，再现了西周初年统治者治理天下、经营城邦、革故鼎新的功业，探寻了敬天法祖之意的文化精神根源，彰显了中华文明的璀璨和源远流长。

节目中，参与诗词答题的嘉宾有不少生活中的平凡英雄，他们是美好生活的创造者，也是祖国河山的守护者。来自中国救援山东搜救犬机动专业支队的

蒋某，就曾荣立援建北川个人三等功，荣获“玉树抗震救灾先进个人”称号。在与诗词为伴的日子里，他从传统文化中汲取精神力量，并将对祖国的热爱，化为一次次守护人民安全的行动。

（资料来源：高凯，《〈2022中国诗词大会〉：于诗词盛宴中看见中国故事》，中国新闻网，2022年3月7日，有改动）

班级＿＿＿＿＿＿　姓名＿＿＿＿＿＿　学号＿＿＿＿＿＿

【向美而行】

以小组为单位，选择一首具有代表性的诗词作品，结合所学知识对其进行赏析，然后派代表朗诵所选作品，并进行讲解。

（1）学生自由分组，4～6人为一组，并填写任务分配表，如表7-3所示。

表7-3　任务分配表

班级		组号		指导教师	
小组成员	姓名	学号	任务分工		
组长					
组员					

（2）查找相关资料，选择一首具有代表性的诗词作品（教材中介绍过的作品除外），对其进行赏析，并根据任务完成情况将表7-4填写完整。

表7-4　作品赏析表

具体项目		详细内容
了解作品	作品名称	
	作者简介	
	创作背景	
感受作品	主题思想	
	情感表达	

班级____________ 姓名____________ 学号____________

续表

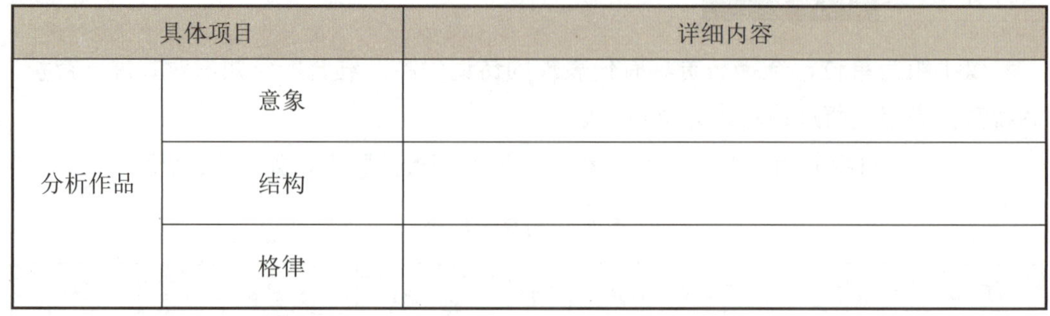

具体项目		详细内容
分析作品	意象	
	结构	
	格律	

（3）各小组分别派代表朗诵所选作品，并进行讲解。

（4）指导教师根据表7-5，对学生的赏析和朗诵情况进行评分。

表7-5 评分表

考核内容	评分标准	分值	得分
知识、技能考核（60%）	能准确地查找作品的相关资料	10	
	能理解作品的主题思想，并准确地进行描述	10	
	能准确地分析作品的意象	10	
	能准确地分析作品的结构	10	
	能准确地分析作品的格律	10	
	能情绪恰当、声音清晰地完成朗诵	10	
德育素养考核（40%）	能体会作品所蕴含的情感内涵	15	
	能发现诗词之美，对作品有独特见解	15	
	具有良好的团队精神和团队协作能力	10	
总评和建议		总分	

班级__________ 姓名__________ 学号__________

【知美达美】

一、填空题

（1）春秋时期编成的__________，是我国文学史上第一部诗歌总集。

（2）楚辞运用了楚地的文学样式、方言声韵，展现了楚地的风土物产，具有浓厚的地方色彩，后世因此称此类文体为__________；又因屈原作品中以《离骚》一篇最为著名，故又称此类文体为__________。

（3）北朝乐府诗中最有名的是长篇叙事诗__________，它与《孔雀东南飞》并称为中国诗歌史上的“乐府双璧”。

（4）晚唐杰出诗人__________、__________被称为“小李杜”，他们的诗歌声情流美，但伤时忧国，哀怨深沉，有没落之感。

（5）汉字的四个声调中，__________是一个不升不降的持平的音，__________是一个由低至高的音，__________是一个由高至低的音，__________是一个短促的音。

二、选择题

（1）被誉为“田园诗派之鼻祖”“隐逸诗人之宗”的诗人是（　　）。

A．曹植　　B．孔融

C．左思　　D．陶渊明

（2）中国古诗词中的（　　），常常象征着送别时的留恋、伤感之情。

A．落花　　B．杨柳

C．松柏　　D．菊花

（3）下列诗句中，表现了游子羁旅的伤感之情和思乡之情的是（　　）。

A．人归落雁后，思发在花前

B．流光容易把人抛，红了樱桃，绿了芭蕉

C．寒蝉凄切，对长亭晚，骤雨初歇

D．愿君学长松，慎勿作桃李

（4）下列诗词的开头，运用了“起兴式”的是（　　）。

A．愁心一倍长离忧，夜思千重恋旧游

B．郁孤台下清江水，中间多少行人泪

C．人生到处知何似？应似飞鸿踏雪泥

D．李白乘舟将欲行，忽闻岸上踏歌声

班级____________ 姓名____________ 学号____________

（5）“寥落古行宫，宫花寂寞红”的平仄格式是（　　）。

A. 仄仄仄平平　平平仄仄平

B. 仄仄平平仄　平平仄仄平

C. 平平平仄仄　仄仄仄平平

D. 平平仄仄平　仄仄仄平平

三、判断题

（1）乐府诗继承了《诗经》的现实主义传统，全面、真实、深刻地反映了当时的社会现实。（　　）

（2）后人称孟浩然和王维为中国古代诗坛上的“双子星座”。（　　）

（3）清代诗词流派众多，成就远胜明代。（　　）

（4）在中国古诗词中，诗人常借蝉之声抒发思乡之情。（　　）

（5）秦观的《鹊桥仙·纤云弄巧》是以抒情来结尾的。（　　）

四、简答题

（1）在古代诗词中，水具有哪些象征意义？请举例说明。

（2）简述词中“过片”的常见写法。

项目八

走进光影世界——影视之美

项目引言

影视艺术是继音乐、舞蹈、书法、绘画、文学等之后产生的艺术形式，它的历史较短，综合性却很强。只有了解影视艺术的基础知识，理解影视作品的画面、声音、表现手法等，才能提高自己对影视作品的分析和解读能力，从而真正领悟影视之美。

任务清单

完成一项学习任务后，请在对应的方框中打钩。

课前预习	□	准备学习用品，预习课本知识
	□	利用网络搜集有关影视之美的资料
	□	形成对影视之美的初步印象，并与课本知识相互印证
课堂学习	□	了解电影和电视剧的发展简史与影视作品的类型
	□	理解影视作品的画面、声音与表现手法
	□	认识中国影视作品的艺术价值和民族特色，增强文化自觉，坚定文化自信，提高自身综合素质，为中国影视业的发展积蓄力量
	□	通过了解延安时期电影中的延安精神，明白自身肩负的历史使命，接好中华民族伟大复兴的接力棒
课后实训	□	积极、认真地参与实训活动
	□	提高人际交往能力、沟通协调能力和解决实际问题的能力
	□	提高审美素养，能结合所学知识感悟影视之美

【寻美之迹】

影视作品用光影和声音，为我们展现了一个神奇而壮观的世界：过去与未来在这里重叠；幻想在这里成为现实；或诙谐幽默，或惊心动魄，或催人泪下的故事在这里轮番上演。通过影视作品，我们可以"观古今于须臾，抚四海于一瞬"，览人世百态，品万般滋味，悟千古哲思。正因如此，影视作品才具有动人心魄的力量。

例如，电影《长津湖》以抗美援朝战争第二次战役中的长津湖战役为背景，讲述了在极寒的环境中，中国人民志愿军东线作战部队凭着钢铁般的意志和英勇无畏的战斗精神，扭转战场态势，为长津湖战役胜利做出重要贡献的故事。电影场面恢宏，以小见大，将爱国主义精神、集体主义精神表现得淋漓尽致。

接下来，让我们一起走进光影的世界，感受影视之美。

【以美培元】

任务一　了解影视艺术的基础知识

一、电影发展简史

下面介绍世界上几个主要电影生产国的电影发展简史。

（一）中国电影发展简史

1. 萌芽和尝试阶段

1896年8月11日，上海徐园内的"又一村"茶楼放映了"西洋影戏"，拉开了中国放映电影的序幕。

1905年，北京琉璃厂丰泰照相馆拍摄了中国第一部电影——《定军山》。虽然影片很短，但由于著名京剧演员谭鑫培精湛的艺术表演，这部尝试之作获得了成功。

1918年，商务印书馆成立了“活动影戏部”，开始兼营电影业务。其摄制的影片大致可分为五类：风景片、新闻片、教育片、戏曲片、故事片。这些影片对于促进我国电影事业发展、传播科学知识等，具有重大意义。

1922年，张石川、郑正秋等人成立了明星影片公司，大大推动了中国电影创作的发展。1923年，由郑正秋编剧、张石川导演的故事片《孤儿救祖记》，从中国传统的叙事艺术和舞台戏曲中吸收了很多技法，使得中国电影的“影戏”传统（即将故事置于首位，注重矛盾冲突，强调发挥电影的教化功能）成为主流。

1931年，明星影片公司采用蜡盘（即唱片）发音的方法，试制了我国第一部有声故事片《歌女红牡丹》，该片在国内轰动一时。同年，华光片上有声电影公司试制了我国第一部片上发音影片《雨过天青》。

释疑解惑

根据发音方法的不同，当时的有声电影可分为蜡盘发音影片和片上发音影片两种。蜡盘发音是事先把电影需要的声音录制在蜡盘上，放映电影时配上同步唱机；片上发音是利用声光转换原理，把音频信号转化为光信号，印在电影胶片上。

2．进步电影的艰难成长阶段

1）1931—1945年

1931年前后，中国共产党人积极参与影视事业，促成了中国电影由脱离现实到反映现实的转变。进步电影工作者们拍摄了多部以反帝反封建为题材的、风格多样的影片，如描写工人阶级斗争生活与成长的《香草美人》、揭露尖锐阶级矛盾的《上海二十四小时》等。

1937年后，在中国共产党抗日民族统一战线策略的鼓舞下，进步电影工作者们创作了大量以抗战为题材的影片，如根据真实事件拍摄的《八百壮士》、号召全国各民族团结抗战的《塞上风云》等。

2）1945—1949年

抗日战争胜利后，国民党反动派利用各种手段阻挠进步电影的创作。进步电影工作者们顽强斗争，采取各种策略来拍摄进步影片。这一阶段，在艺术上比较成熟、影响较大的作品有《八千里路云和月》《希望在人间》《乌鸦与麻雀》等。这些影片生动地讲述了爱国人士为争取民主和自由而斗争的故事，表达了他们对光明的向往和追求。

薪火相传

延安时期电影对延安精神的呈现

在全面抗战初期，袁牧之、吴印咸、徐肖冰等人将电影拍摄设备首次带到了延安，掀起了延安时期（中共中央在陕北的十三年，即1935—1948年）拍摄电影的高潮。以他们为核心，中共中央于1938年成立了八路军总政治部电影团（以下简称“延安电影团”）。延安电影团使用简陋的设备拍摄出来的电影，展现了延安时期中国共产党的诸多历史细节，以及中国共产党在奋斗历程中形成的宝贵的延安精神。

例如，《延安与八路军》记录了陕甘宁边区政府与爱国人士密切联系的情景，表现了中国共产党践行群众路线的优良传统和作风，形象地展现了“天下人心归延安”的主题思想；《陕甘宁边区第二届参议会》展示了中国共产党在陕甘宁边区设立的民意机构和立法机构——参议会召开会议时的情景，体现了中国共产党从客观实际出发搞好革命工作的优良传统；《红军是不可战胜的力量》与《九一运动会》聚焦于大时代背景下平凡革命者的个体情感与命运起伏，激励了无数边区群众为打败日本帝国主义、突破国民党反动派的军事和经济包围而共同奋斗……

延安时期的电影通过呈现诸多人物的战斗、学习、生活、劳动等景象，成功描绘出一个伟大的民族在苦难时代不懈奋斗的生动图景。延安电影团也因此翻开了中国电影史上划时代的一页，为我国电影事业的发展开辟了新道路。这批珍贵的、饱含延安精神的历史镜头也将永远激励着中国共产党人奋勇前行。

（资料来源：刘凡超，《延安时期电影对延安精神的呈现》，中国电影报，2022年2月23日，有改动）

3. “十七年电影”高潮阶段

1949—1966年，在中国电影史上被称为“十七年电影”时期。这一时期的中国电影在规模、艺术成就等方面，都超过了以往任何历史时期。

这一时期，工农兵走上银幕，进步电影工作者们拍摄了大量战争题材的优秀作品，如描写抗美援朝战争的《上甘岭》，描写第二次国内革命战争的《党的女儿》，描写解放战争的《南征北战》，描写地下斗争的《红色的种子》等。此外，许多电影工作者还将镜头对准了人民朝气蓬勃的新生活，代表作有《万紫千红总是春》《笑逐颜开》《五朵金花》等。

4. 新时期电影创新阶段

中国共产党第十一届三中全会后，我国电影事业焕发出勃勃生机。电影工作者们在继承过去优良传统的基础上，创作了大量适应新的历史时期的优秀作品，如《小花》《天云山传奇》《高山下的花环》《黄土地》等。其中，《红高粱》等影片在国际电影节上获奖，标志着我国电影开始走出中国，走向世界。

（二）法国电影发展简史

1895年12月28日，卢米埃尔兄弟在巴黎一家咖啡馆里第一次售票公映了《工厂的大门》《火车到站》《水浇园丁》等多部短片，标志着电影的真正诞生。

继卢米埃尔兄弟之后，乔治·梅里爱首次采用停机再拍、叠化、快慢镜头等摄影技巧，并将舞台剧的布景、分场等引入电影拍摄制作，拍摄出《月球旅行记》（见图8-1）、《海底两万里》等数百部影片。

▲ 图8-1 《月球旅行记》剧照

20世纪20年代，先锋派电影运动在法国兴起。先锋派电影制作者反对电影的叙事性，提倡“非情节化”和“非戏剧化”，迷恋单纯的光影、线条和节奏的表现。20世纪30年代，世界性经济危机的到来，促成了诗意现实主义电影的出现。诗意现实主义电影多采用长镜头和深焦镜头，侧重表现人物的心理活动，将诗化的哀愁与浪漫的抒情融入社会现实。

第二次世界大战后，法国电影的发展进入低迷期。20世纪50年代兴起的法国新浪潮电影运动，为法国电影的发展带来了新的气息。20世纪90年代后，受全球化商业浪潮的影响，法国电影产业不得不积极求变，吕克·贝松执导的《这个杀手不太冷》《第五元素》《圣女贞德》等影片获得了优异的票房成绩；而《天使爱美丽》《玫瑰人生》《围墙之间》等影片的出现，表明法国电影在日趋国际化的同时，依然保持着其浪漫、优雅的法式风格。

（三）意大利电影发展简史

20世纪初，意大利电影成绩卓著。例如，乔瓦尼·帕斯特洛纳拍摄了恢宏的史诗巨制《卡比利亚》；尼诺·马尔托格里奥拍摄的影片《迷失在黑暗中》，对新现实

主义电影的诞生具有重要的影响。

第一次世界大战后，意大利电影趋于衰落。第二次世界大战后，以德·西卡、罗伯托·罗西里尼、卢奇诺·维斯康蒂为代表的进步电影人，喊出了“把摄影机扛到大街上去”和“还我普通人”的口号，掀起了一场如火如荼的意大利新现实主义电影运动。该运动对20世纪后半期的世界电影产生了重要影响。这一时期，意大利涌现出大量的优秀作品，如《德意志零年》《偷自行车的人》《罗马11时》等。

20世纪六七十年代，受欧洲存在主义思潮的影响，现代主义电影开始成为主流。现代主义电影更关注个体的生活境遇、心理状态和情感矛盾，旨在揭示资本主义社会中强烈的精神危机。

20世纪80年代以来，意大利电影导演以饱满的创作热情、大胆的创新手法，为意大利电影发展注入了新的活力，拍摄出《天堂电影院》《美丽人生》等享誉世界影坛的影片。

（四）德国电影发展简史

早期的德国电影发展较为迟缓，本土电影市场多为外国电影所垄断。第一次世界大战结束后，得益于德国电影技术的发展和政府的大力支持，德国电影才逐步发展起来，代表作有《卡里加里博士》《最卑贱的人》《街道》等。

第二次世界大战后，德国电影产业陷入困境。1962年，一批来自慕尼黑的青年导演在奥伯豪森举办的电影节上发表《奥伯豪森宣言》，提出要将德国电影“从陈规陋习和商业化中解脱出来”，由此拉开了新德国电影运动的序幕。

20世纪80年代，德国电影发展徘徊不前。20世纪90年代后期，以沃尔夫冈·贝克、汤姆·提克威为代表的一批新锐导演开始活跃于影坛，拍摄出《生活是你的所有》《罗拉快跑》等优秀作品。

（五）美国电影发展简史

20世纪初期，受声音技术的限制，美国电影有影像而无对白和配乐，且多为喜剧片。这一时期，美国的经典电影有《淘金记》《城市之光》《摩登时代》等。

1927年，美国华纳影片公司（原名“华纳兄弟影片公司”）推出世界上第一部有声歌舞影片《爵士歌王》，但该影片中仅有配乐和少量台词。1928年，《纽约之光》问世，象征着有声电影时代正式来临。20世纪30年代到40年代中期是美国电影发展的黄金时代，这一时期的经典电影有《乱世佳人》《公民凯恩》《费城故事》等。

20世纪40年代末至50年代中期，由于电视业的迅速兴起和《派拉蒙法案》（该法案判定大制片厂垂直垄断为非法行为）的推行，美国电影产业经受了巨大的打击。直到20世纪60年代，美国电影才重整旗鼓。阿瑟·佩恩导演的《邦妮与克莱德》标志着新好莱坞电影的崛起。紧接着，《毕业生》《教父》《辛德勒的名单》等一大批充满活力的好莱坞电影相继出现。

（六）日本电影发展简史

日本最初的电影以风光片、时事资料片、戏剧纪录片为主。随着有声电影的出现，“歌舞伎”（日本古典戏剧之一）模式的电影逐步消亡。日本第一部真正的有声电影是五所平之助导演的《太太和妻子》。

20世纪50年代初期，日本独立制片运动进入鼎盛时期，各个电影组织拍摄了一系列现实主义电影，如《不，我们要活下去》《真空地带》等。

20世纪50年代末，日本新浪潮电影运动兴起。这一时期，具有代表性的导演有大岛渚、今村昌平等。大岛渚的代表作有《青春残酷物语》《日本的夜与雾》《少年》等。今村昌平的代表作有《日本昆虫史》《楢山节考》等。

20世纪七八十年代，日本独立电影运动兴起。20世纪90年代以后，日本电影迎来一个新的黄金时代，北野武的《那年夏天，宁静的海》《奏鸣曲》《菊次郎的夏天》，黑泽清的《回路》《赎罪》等，都获得了广泛好评。

二、电视剧发展简史

（一）中国电视剧发展简史

1. 创始期

1958年5月1日，中国第一座电视台——北京电视台（1978年5月1日改名为“中央电视台”）开始试验广播。同年6月15日，北京电视台播出了我国第一部电视剧《一口菜饼子》。

1958—1966年，我国共制作电视剧二百余部。由于当时政治形势、技术条件和艺术观念等多方面的局限，这个时期的国产电视剧题材比较单一，制作比较粗糙。

2. 发展期

从1978年开始，在党的第十一届三中全会制定的“解放思想、实事求是”思想路线的指引下，我国电视剧艺术迅猛发展。

1978年，我国第一部由室内走向室外、实景拍摄的短篇电视剧《三家亲》在中央电视台播出；1985年，我国第一部长篇电视连续剧《四世同堂》播出。此后，《新星》《雪野》等以社会热点问题为题材的电视剧相继播出。这一时期还出现了许多根据名著改编的电视连续剧，如《西游记》《红楼梦》《围城》等。

3．成熟期

20世纪90年代以后，我国电视剧发展日益成熟。这一时期的电视剧种类多样，有历史正剧《雍正王朝》《太平天国》，有武侠剧《笑傲江湖》《射雕英雄传》，等等。我国电视剧走向成熟的另一个重要标志，是制作者对各种艺术元素（包括情节、人物等）的把握更加娴熟。例如，在《不要和陌生人说话》中，导演充分运用了精神分析学中的“窥视心理”，剧中的悬念始终牵动着观众的神经，令人欲罢不能。

（二）国外电视剧发展简史

1．美剧发展简史

▲ 图8-2 《老友记》剧照

1928年，美国通用电气公司试播了《女王的信使》，这是世界上第一部电视剧。20世纪50年代，美国电视剧迅速发展。进入20世纪60年代，肥皂剧逐渐成为晚间电视的主打节目。

20世纪80年代以后，肥皂剧逐渐退出历史舞台，而《成长的烦恼》、《欢乐一家亲》、《老友记》（见图8-2）等情景喜剧以其独特的魅力，一直伴随着美国观众。之后，剧情剧开始走红，《迷失》《罗马》《英雄》等都是颇受美国观众欢迎的电视剧。

2．日剧发展简史

1940年4月，日本播出“实验性”电视剧《夕饷前》。20世纪60年代，日本许多电影专业出身的年轻人开始从事电视剧制作工作，他们把电影拍摄技巧大量运用到电视剧拍摄中，使得日本电视剧的质量大大提高，改变了电视新闻节目一枝独秀的局面。

20世纪70年代后，《血疑》《阿信》等长篇电视剧的成功，标志着日本电视剧在制作上走向成熟。这一时期，日本的电视剧主要分为校园剧、偶像剧、历史剧和家庭剧等。其中，偶像剧尤其受到观众喜爱，如《东京爱情故事》《悠长的假期》《恋爱时代》等。

3．韩剧发展简史

20世纪80年代初期，韩国的电视台较少，电视剧质量不高。进入20世纪90年代，韩剧开始崛起，不仅题材丰富——既有浪漫的偶像剧，又有情节跌宕起伏的悬疑剧，还有喜剧感十足的情景剧——而且在质量上也精益求精。这一时期的优秀电视剧有《爱情是什么》《星梦奇缘》《可爱先生》等。进入21世纪，韩国出现了一些广受欢迎的古装剧和家庭伦理剧，如《大长今》《人鱼小姐》等。

三、常见的影视作品类型

（一）常见的电影类型

电影的类型多种多样，下面介绍几种常见的电影类型。

1．社会现实片

社会现实片主要取材于社会现实生活，注重塑造典型环境中的典型人物形象，通过运用蒙太奇手法，产生引人入胜的效果。社会现实片可细分为爱情片、伦理道德片、政治片等。其中，爱情片是指以表现爱情为核心的影片，如《庐山恋》《山楂树之恋》《泰坦尼克号》等。

影视作品的分类

2．惊险片

惊险片是指讲述人们在异常情况下经历各种险情的影片。广义的惊险片包括侦探片、西部片、探险片、恐怖片、推理片等。其中，恐怖片是指以离奇怪诞的情节、阴森恐怖的场景制造感官刺激，以激发观众好奇心的影片，如《夜半歌声》《午夜凶铃》等。

3．战争片

战争片又称“军事片”，是指以战争史上的重大军事行动为题材的影片。战争片一般具有很强的政治性，常被用来宣扬某种战争观和政治观。战争片或以塑造人物形象为主，或以反映战争事件为主，代表影片有《红海行动》《集结号》《拯救大兵瑞恩》等。

4．传记片

传记片是指以真实人物的生平为题材的影片，如中国影片《林则徐》《聂耳》，美国影片《莫扎特》，英国影片《甘地传》等。

5．武打片

武打片是中国特有的一种影片，起源于20世纪20年代末，20世纪60年代在中国

香港得到长足发展。武打片可分为武侠片和功夫片。其中，武侠片通常改编自武侠小说，以超自然的神剑仙法为内容；功夫片主要表现近代侠义之士的爱国精神或惩恶锄奸的故事，代表影片有《黄飞鸿》《精武门》《少林寺》等。

6. 科幻片

科幻片是在科幻小说影响下发展起来的影片，出现于电影发明之初。科幻片依据科学技术的新发现、新成就与发展趋势及科学假说，以大胆的想象、令人惊心动魄的故事情节及震撼的视听效果展现某种奇迹。代表影片有《流浪地球》《星河战队》《侏罗纪公园》等。

7. 喜剧片

喜剧片是指以产生笑的效果来调动观众情绪、激发观众爱憎的影片。喜剧片常用巧妙的结构、夸张的手法、风趣的情节和诙谐的语言，着重刻画喜剧性人物的独特性格，传达出一定的社会内涵。代表影片有《夏洛特烦恼》《功夫》《摩登时代》等。

8. 儿童片

儿童片是指以儿童为主角，反映儿童生活，描写儿童心理，以儿童的眼光看待事物的影片。儿童片的内容符合儿童的兴趣爱好和理解能力，能引起儿童的广泛联想，并使其从中受到启迪和教育。代表影片有《看上去很美》《小鞋子》《放牛班的春天》等。

（二）常见的电视剧类型

常见的电视剧类型如下：① 家庭伦理剧，如《贫嘴张大民的幸福生活》《金婚》等；② 青春偶像剧，如《我的青春谁做主》等；③ 武侠剧，如《神雕侠侣》《天龙八部》等；④ 历史剧，如《康熙微服私访记》《铁齿铜牙纪晓岚》等；⑤ 情景喜剧，如《家有儿女》《我爱我家》《炊事班的故事》等；⑥ 谍战剧，如《潜伏》等。

任务二　理解影视作品的内容与表现手法

画面和声音是影视作品的重要内容，它们以不同的方式组合后，会产生不同的效果。例如，同是人物哭泣的场景，为其配上悲伤的音乐，可渲染悲伤气氛；为其配上欢快的音乐，可反衬这种悲伤。影视作品中的任何镜头，都不是对人物表演的简单记录，它不仅需要从景别、光线、色彩色调、构图、声音等方面塑造人物形象，烘托场景气氛，还需要把诸多情节合理地串联起来，从而形成一部剧情合理、逻辑清晰、画面美观、主题明确的影视作品。

一、影视作品的画面

（一）景别

景别是指由镜头与被摄主体距离的远近不同造成的被摄主体在摄影机录像器中所呈现出的范围大小的区别，这种区别使影像具有不同的叙事功能，并且可产生不同的视觉效果。景别可分为远景、全景、中景、近景、特写。

1. 远景

远景是指远距离摄取景物和人物的镜头。远景既可用于展现辽阔深远的背景和浩渺苍茫的自然景色，也可用于展现规模浩大的活动，如硝烟弥漫的战场、人潮汹涌的群众活动等。这类镜头着重描绘环境的全貌，具有渲染气氛的作用。例如，电影《捉妖记》开头的远景给人一种极其辽阔的感觉，同时又给人一种神秘感，引起观众的好奇心，使观众猜想这是不是故事即将开始的地方。

2. 全景

全景是指摄取人物全身或景物全貌的镜头，可以使观众看到人物的整体动作及其周围的部分环境。在以人物为被摄主体的全景镜头中，人物通常与画幅等高。这类镜头可以清楚地展示人物的体形、衣着打扮等。例如，电影《2001：太空漫游》中的全景（见图8-3）就很好地展示了太空舱的场景和宇航员的衣着打扮、动作等细节。

▲ 图8-3　《2001：太空漫游》中的全景

3．中景

中景是指摄取人物膝盖以上部位或景物局部的镜头，可表现人物上半身的形体动作，在影视作品中常用于叙事性描写。例如，在电影《我的父亲母亲》中，男主人公劝说母亲的画面为中景，人物占整个画面的比例较大，可使观众产生身临其境的感觉。

4．近景

近景是指摄取人物上半身或物体局部的镜头，可使观众看清楚人物的面部表情或某种形体动作。摄取人物腰部以上部位的镜头一般称为中近景。

5．特写

特写是指摄取人物面部、人体或物体某个局部的镜头，其作用是细腻地刻画人物的细微表情、人体或物体的局部特征，从而达到突出和强调的效果。摄取人物眼、嘴等更细微的部位或物体细节的镜头一般称为大特写，如图8-4所示。

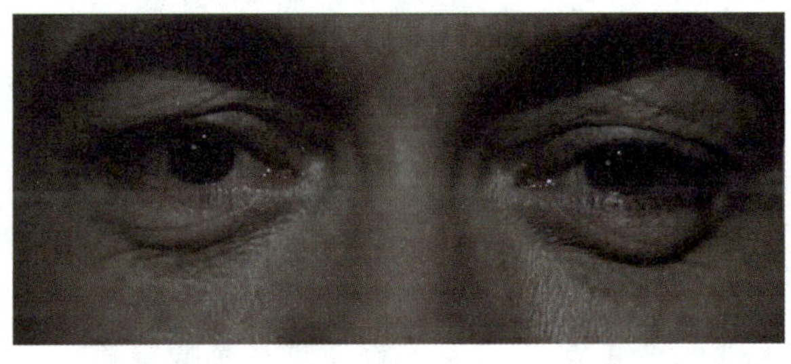

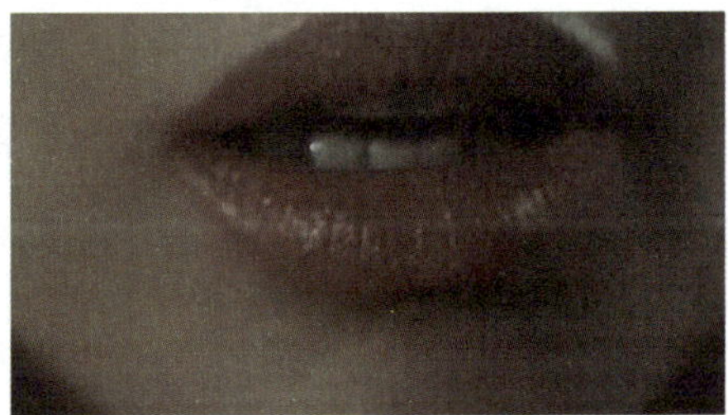

▲ 图8-4　大特写

释疑解惑

> 一般来说，如果影视作品的景别以中景、近景、特写为主，则该影视作品的节奏感较强，观众在观看时需要集中注意力；如果影视作品的景别以远景、全景、中景为主，则该影视作品的节奏较为舒缓，观众在观看时较为轻松。

（二）光线

光线是物体得以成像的基本条件，是影视作品中不可忽视的可视性造型元素。按照不同标准分类，可将光线分为不同类型。

1．按性质分类

按性质分类，光线可分为直射光和散射光。直射光又称“硬光”，是指没有经过中间物而直接照射在被摄主体上的光线。直射光往往用来表现硬朗的、动态的形象。散射光又称“软光”，是一种具有漫反射性质的光线，如阳光穿过云层时形成的光、经柔化的灯光等。散射光在被摄主体上产生的明暗反差小，常常用来表现柔弱的、静态的形象。

2. 按方向分类

按方向分类，光线可分为平光、侧光、背光、顶光和底光。各类光线的含义和作用如表8-1所示。

表8-1　各类光线的含义和作用

类型	含义	作用
平光	从被摄主体前面射过来的光线	能使被摄主体清晰成像
侧光	与摄影机的拍摄方向约成90°夹角的光线	不仅可以突出被摄主体表面的细微变化，还可以使被摄主体投射出较大面积的阴影
背光	与摄影机的拍摄方向约成180°夹角的光线	可形成暗背景、亮轮廓的强反差画面，从而突出被摄主体的轮廓
顶光	从被摄主体的顶部投射的光线	照射人物时，人物面部的额头、鼻梁等向外突出的部分明亮，而凹陷的地方阴暗，明暗对比强烈，可以起到丑化人物的作用
底光	从被摄主体的底部投射的光线	多用于制造特定的光效，如炉火、烛光等的光效；有时也用于渲染特殊气氛或丑化人物形象

图8-5中用到了哪种类型的光线？请讨论运用此类光线对塑造剧中人物的形象有何作用。

▲ 图8-5　《V字仇杀队》剧照

（三）色彩色调

电影《大红灯笼高高挂》中色彩的运用

如果说拍摄黑白影视作品是“用光绘画”的过程，那么拍摄彩色影视作品不仅是“用光绘画”的过程，还是“用颜色绘画”的过程。

1. 色彩

1）色彩的属性

色彩的属性包括色相、饱和度和明度。

（1）色相是指各种色彩的本来面貌，如红、橙、黄、绿、青、蓝、紫等。不同的色相具有不同的感情色彩。例如，电影中的红色可以带给观众热情、温暖之感。

（2）饱和度又称“纯度”，是指色彩的鲜艳、纯净程度。饱和度越高的色彩，看起来就越鲜艳；反之，就越接近灰色。饱和度较高的画面能引起观众的注意，但观众感受到的“攻击性”也较强；饱和度较低的画面能带给观众舒适的视觉感受。

（3）明度是指色彩或明或暗的程度。明度取决于物体的光照强度和它对光的反射率，同一物体在强光照射下显得明亮，在弱光照射下却显得较为灰暗。在相同光照强度下，黄色的明度最高，蓝紫色的明度最低。

2）色彩间的相互作用

互补色是指在色相环（见图8-6）上成180°角的两类颜色，如红与绿、黄与紫、蓝与橙。在影视画面中，两个互补色靠近时，它们各自的饱和度在视觉上都会提高，画面会显得更为鲜艳。

▲ 图8-6 色相环

相近色又称“类似色”，是指色相环上任意成90°角以内的颜色，如红—红橙—橙为相近色。在影视作品中，相近色通常被用作影视画面的风景色，从而使影视画面呈现出自然、柔和之感。

2. 色调

色调是指画面中色彩的总体倾向。色调在画面造型元素中的独特性，在于它既能暗示剧情，又能影响观众的情绪。例如，鲜艳的红色是一种饱和度和明度都很高的颜色，当导演想要在影视作品中表现一些具有强烈情感（如激情、愤怒等）的剧情时，通常会使用红色调的画面。

（四）影视构图

影视构图是指根据影视作品的题材和主题思想，对画框内需要表现的元素（人与物）进行合理安排和布局，从而使其构成一幅完整、协调的画面。

1. 影视构图的基本元素

影视构图的基本元素包括主体、陪体和环境。

1）主体

主体是画面的主要构成部分。画面要表现的主题思想不同，画面中主体的布局方法也会不一样。为了突出主体，可采用不同的方法：① 虚化背景，如图8-7（a）所示；② 使主体变形，如图8-7（b）所示；③ 使主体与环境形成色彩差异，如图8-7（c）所示，画面中除人物所穿的衣服是红色外，其余部分均为较深的颜色；④ 利用静止的背景衬托动态的主体，如图8-7（d）所示。

（a）

（b）

（c）

（d）

▲ 图8-7　突出主体的方法

2）陪体

陪体是指画面中陪衬主体的人物或景物。一般情况下，画面中陪体的色彩和影调（即明暗变化的阶调）往往不抢眼，陪体的面积要比主体的面积小，并且陪体往往处于画面边角位置。

3）环境

环境是指环绕着画面主体与陪体的空间，包括前景和后景两个部分。其中，前景是指位于主体与摄影机之间的人物或景物，后景则是位于主体后面的人物或景物。例如，图8-8所示的《大鱼》剧照中，主体是倾诉爱意的两人，前景和后景都是花。灵活运用前景和后景可以起到增强画面纵深感和表现力的作用。

▲ 图8-8　《大鱼》剧照

释疑解惑

在某些影视作品中，环境也可以成为画面的主体，而人反倒成为陪体。例如，在《黄土地》《走出非洲》《与狼共舞》等电影中，黄土地、非洲大陆、美国西部大草原等环境常作为被表现的主体出现。

2. 常见的影视构图方式

1）水平线构图

采用水平线构图，可以给人安静、自然、舒适、稳定之感。通常来说，将水平线放在画面上、下三分之一处为最佳，如图8-9所示。

2）垂直线构图

垂直线构图主要用来表现高耸、挺拔、庄严的景物，如摩天大楼、参天大树等，如图8-10所示。

▲ 图8-9　水平线构图

▲ 图8-10　垂直线构图

3）斜线构图

斜线构图中的斜线具有引导视线的作用，如图8-11（a）所示。斜线构图常用来表现倾斜、动荡和失衡的场景，如图8-11（b）所示。

（a）

（b）

▲ 图8-11　斜线构图

4）"S"形构图

"S"形构图采用从前景向后景延伸的方式，可以营造出画面的景深感和空间感。"S"形构图常用于表现自然界的河流、溪水，以及具有曲线结构的建筑、道路等，如图8-12所示。

▲ 图8-12　"S"形构图

5）圆形构图

圆形构图利用了圆形富有张力的视觉特征，可以产生旋转、运动、饱和的视觉效果。圆形构图常用于渲染画面中的场景氛围，也可以用来突出画面主体，如图8-13所示。

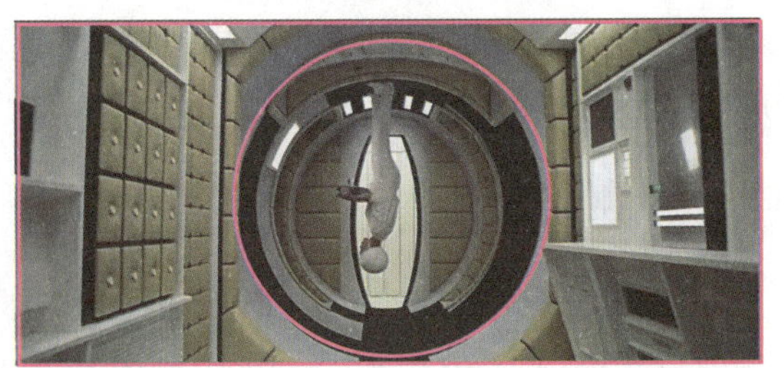

▲ 图8-13　圆形构图

6）放射式构图

放射式构图是一种由画面某个中心点向四周进行延伸的构图方式，如图8-14所示。这种构图方式可产生向外展开、扩散、蔓延的视觉效果，所形成的画面有一定的视觉张力和冲击力。

7）对称构图

对称构图（见图8-15）多用于表现宏观场景中对称的建筑、风景和具有特殊风格的物体。对称构图设计完整而又巧妙，具有平衡、稳定的特性，使人产生一种祥和而又完美无缺的感觉。

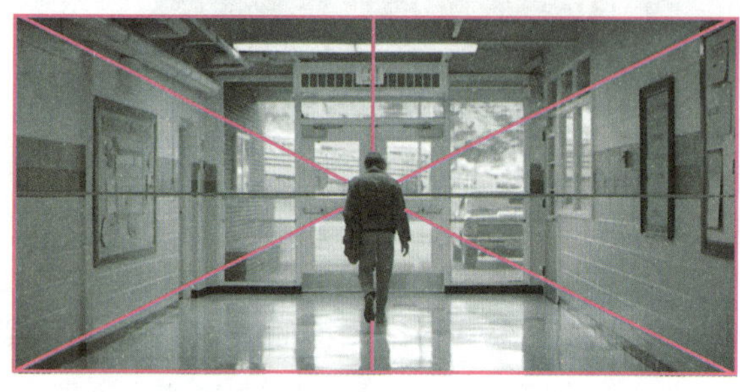

▲ 图8-14　放射式构图

▲ 图8-15　对称构图

二、影视作品的声音

影视作品的声音由人声、音乐和音响三部分组成。

（一）人声

人声是指由人的发声器官发出的声音。在影视作品中，人声主要由对白、独白和旁白组成。

1. 对白

对白是指影视作品中角色之间的对话，是一种常见的信息传递方式和艺术表现手法。对白具有交代剧情、塑造人物形象、描绘人物的内心世界等作用。例如，在电影《花样年华》中，男女主人公在咖啡屋的对话，将人物坦然自若又欲盖弥彰的心理状态表现出来，颇具艺术美感。

2. 独白

独白是指影视作品中人物内心活动的表达。独白大致可分为三种类型：① 以人物自己为交流对象的独白；② 以剧中其他人物为交流对象的独白；③ 以观众为交流

对象的独白。其中，第二种类型的独白经常以演讲、答辩、祈祷等形式出现在影视作品中，虽然有交流对象，但人物的言语依然是内心活动的表达，交流对象亦无对答，因此这样的言语形态也可看作独白。

3．旁白

旁白通常以画外音的形式出现，目的是向观众叙述、说明、解释故事情节。影视作品中的旁白大致可分为剧中人物的主观叙述和局外人的客观叙述两种类型。第一种类型的旁白一般会交代故事发生的时间、地点或故事结局等，常出现在影视作品的开头或结尾。在第二种类型的旁白中，局外人一般会以第三人称介绍、评说剧中的人物或情节。

（二）音乐

影视作品中的音乐称为影视音乐，它与人声和音响共同构成电影的听觉元素。

1．影视音乐的分类

影视音乐按声源分类，一般可分为有声源音乐和无声源音乐两种。有声源音乐又称“画内音乐”“客观性音乐”，此类音乐是由画面中的声源（如人、乐器、收音机、电视机等）发出的。无声源音乐又称“画外音乐”“主观性音乐”，此类音乐是作曲家为了烘托画面气氛、传达某种情绪而专门创作的，如打斗场面中出现的钢琴声。

2．影视音乐的作用

影视音乐具有烘托与渲染画面气氛、抒发人物的内心情感、暗示情节发展方向、奠定影视作品的基调等作用。例如，在电影《人鬼情未了》中，男女主人公在制作陶器时响起的主题曲 *Unchained Melody*（《奔放的旋律》）将两人之间缠绵的爱情表现得淋漓尽致；在电影《金陵十三钗》中，如泣如诉的小提琴曲，渲染了影片的悲剧色彩，奠定了悲惋、幽怨的感情基调。

（三）音响

在影视作品中，除了人声和音乐之外的所有声音，包括以背景音响或环境音响形式出现的人声和音乐，统称为音响。

1．音响的分类

按音响的表现内容分类，音响可分为以下几种类型。

（1）动作音响：由人或动物的动作所产生的声音，如走路声、关门声、打斗声、动物奔跑的声音等。

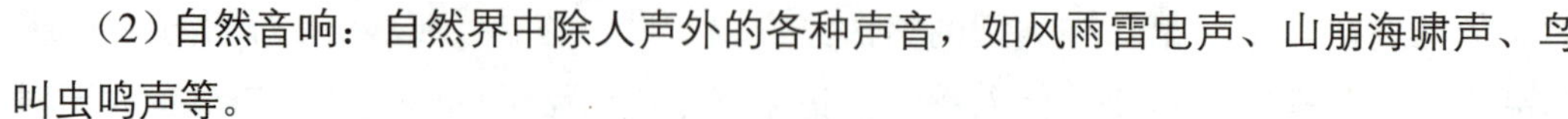

（2）自然音响：自然界中除人声外的各种声音，如风雨雷电声、山崩海啸声、鸟叫虫鸣声等。

（3）机械音响：由各种机械所发出的声音，如汽车马达声、火车汽笛声、钟表嘀嗒声等。

（4）背景音响：画面背景的声音，如集市上的喧闹声、行军时的走路声、音乐会上的鼓掌声等。

（5）特殊音响：非常见的、人工合成的声音，多用于科幻、恐怖类题材的影视作品中。

2. 音响的作用

在影视作品中，音响具有增强画面的真实感、渲染画面的气氛、表现人物的心境、增加画面的信息量、传达影视创作者的思想等作用。例如，在电影《百花深处》展现北京街景的片段中，汽车的鸣笛声、自行车的铃声、街上行人的嘈杂声等音响的运用，使观众有种身临其境、似曾相识的感觉；在电影《乡音》中，水边的木槌声、独轮车声，瞬间将观众拉回男耕女织的年代。

三、影视作品的表现手法

（一）蒙太奇

1. 蒙太奇的含义

运用艺术手段和一定的技巧，将分别拍摄的不同镜头，按照原定创作构思有机地组接起来，使其相辅相成，产生连贯、呼应、悬念、对比、暗示、联想等作用，从而形成各个有组织的场面和段落，直至形成一部完整的影视作品，这种表现手法通常被称为蒙太奇。蒙太奇不仅包括画面与画面之间的组合，还包括画面与声音、声音与声音之间的组合。

库里肖夫的实验

导演库里肖夫做过一个著名的蒙太奇实验——向观众展示一位男演员毫无表情的特写镜头，然后将它接在内容分别为“一碗汤”“一具尸体”和“一个玩玩具的小女孩”的镜头之后。观众对这三组镜头产生了不同的解读：“一碗汤+男演员”可以使人感觉到“饥饿”，“一具尸体+男演员”可以使人感觉到“忧伤”，“一个玩玩具的小女孩+男演员”可以使人感觉到“慈爱”。

实际上，在上述实验中，男演员是没有表情的，而不同镜头的组接，使观众产生了不同的联想。由此可见，在影视创作过程中，演员的演技固然重要，但镜头的组接方式往往更能带给观众不同的体验。

2. 蒙太奇的作用

运用蒙太奇的手法来处理镜头的联结和场面、段落之间的转换，可使影视作品结构严整、条理清晰、节奏明快；有助于充分揭示影视作品的内在含义；有助于引导观众的情绪，启迪观众的思考，引发观众的共鸣；有助于实现对时空的再造，形成独特的影视时空；有助于推动情节的发展、控制影视作品的节奏；等等。例如，在电影《战舰波将金号》中，导演分别切入了石狮沉睡、石狮抬头和石狮站起三个镜头（见图8-16），以此来隐喻人民从沉睡到觉醒再到反抗的过程，从而深刻揭示了影片的内在含义。

▲ 图8-16　电影《战舰波将金号》中的石狮镜头

3. 蒙太奇的分类

按功能分类，蒙太奇大致可分为叙事蒙太奇和表现蒙太奇两种类型。

1）叙事蒙太奇

叙事蒙太奇以交代时间和情节、讲述事件为主，通常按照叙事逻辑或时间顺序来剪接镜头、场面和段落。

叙事蒙太奇可细分为以下几种类型。

（1）平行蒙太奇：平行展现两条或两条以上的情节线索的组接手法。这种手法可使不同线索相互烘托，形成对比，从而产生强烈的艺术感染力。

（2）交叉蒙太奇：将同一时间、不同地点的两条或两条以上具有密切因果关系的情节线索交替剪接在一起的组接手法。交叉蒙太奇极易营造紧张、激烈的气氛，进而强化矛盾冲突的尖锐性，多用于惊险片和战争片中。

（3）连续蒙太奇：按照一条情节线索的逻辑顺序组接镜头，以达到连续叙事目的的组接手法。连续蒙太奇常用于较为平缓的故事情节中，为了避免情节显得拖沓冗长，通常会与平行蒙太奇、交叉蒙太奇等混合使用。

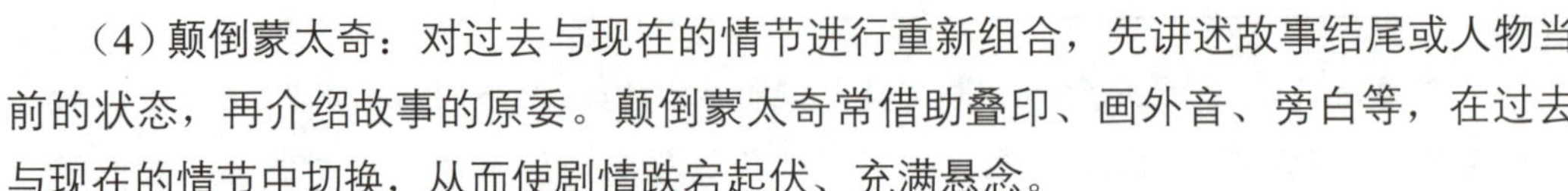

（4）颠倒蒙太奇：对过去与现在的情节进行重新组合，先讲述故事结尾或人物当前的状态，再介绍故事的原委。颠倒蒙太奇常借助叠印、画外音、旁白等，在过去与现在的情节中切换，从而使剧情跌宕起伏、充满悬念。

释疑解惑

叠印是指在制作拷贝时，将两条（或两条以上）不同内容的画面底片叠合印在一起，使这些画面重叠显现的表现手法，用以表现影片中人物的回忆、想象及梦幻等，或构成并列形象，使观众产生联想、对比等。

2）表现蒙太奇

表现蒙太奇侧重表达某种寓意、揭示某种道理或渲染某种情绪，进而引发观众思考。表现蒙太奇可细分为以下几种类型：

（1）隐喻蒙太奇：通过镜头的组接进行类比，含蓄而形象地表达某种寓意的组接手法。

（2）对比蒙太奇：使不同镜头在内容、形式等方面形成反差，进而产生强烈的对比或冲突效果的组接手法。

（3）心理蒙太奇：通过画面的组接或声画的有机组合，来表现人物的梦境、回忆、幻觉等精神或心理活动的组接手法。

（4）抒情蒙太奇：在保证叙事完整、连贯的基础上，通过恰当地插入具有情感色彩的景物镜头等方式，着重表现超越剧情的思想和情感的组接手法。

（5）重复蒙太奇：使具有一定寓意的镜头（内容包括人物、动作、对话、景物、道具、音乐等元素）反复出现的组接手法。这一手法有助于深化主题，增强影视作品的艺术感染力。

美之漫谈

讨论下列电影片段中所用的蒙太奇手法类型及其作用。

（1）在电影《摩登时代》的开篇，被驱赶着往前走的羊群的镜头与工人上班前涌入工厂的镜头组接在一起。

（2）在电影《金陵十三钗》中，孟书娟的父亲被日本人打死后，画面紧接着切换到残破的建筑围墙上。

（二）长镜头

1．长镜头的含义

长镜头是指对一个场面或一个动作进行不间断的、持续时间较长的拍摄而得到的镜头。长镜头的“长”是相对的，通常用来表现导演的特定构想和审美情趣。

2．长镜头的分类

长镜头可分为固定长镜头、景深长镜头和运动长镜头（即综合性镜头）。下面着重介绍前两种长镜头。

1）固定长镜头

固定长镜头是指摄影机位置保持不变，进而连续拍摄某个场面所形成的镜头。例如，电影《寒枝雀静》中，导演使用固定长镜头记录人物的言行，从而使画面产生一种舞台剧的效果，很符合影片荒诞、阴郁的基调。

2）景深长镜头

简单来说，景深是指画面中清晰的空间范围。景深长镜头是指用拍摄大景深的参数拍摄，使所拍场景中处于纵深方向不同位置的景物（从前景到后景）都能清晰地展示，从而尽可能完整地呈现一个场景的镜头。例如，在电影《公民凯恩》中，景深长镜头展示的画面（见图8-17）富有层次感，前景是母亲和委托人，中景是父亲，后景是在雪地玩耍的小凯恩。在这个长镜头中，窗外无忧无虑的小凯恩与室内严肃的气氛形成鲜明对比，暗示着凯恩幸福的童年时光即将结束。

▲ 图8-17　景深长镜头展示的画面

3．长镜头的作用

长镜头的作用主要表现在以下几个方面：

（1）长镜头可以保持一个影视场景中时间的连续性、空间的完整性、人物行为的不间断性，从而增强影视画面的真实性。例如，电影《鸽子号》讲述了一个青年环球航海的故事，长镜头真实地展现了小船在大海中劈波斩浪的场面。

（2）长镜头可以展示宽阔、深远的视域，介绍故事发生的环境。例如，在电影《不夜城》中，男主人公在布满歌舞伎厅的街头游走的长镜头，道出了歌舞伎厅的浮生百态，暗示着这里即将有一场动荡的风暴来临。

（3）长镜头可以更全面地展示人物的行为与情感。例如，电影《雁南飞》在男主人公即将出发去前线时，通过一个长镜头，逐一展示了沉默相拥的青年恋人、隔栏对视的老夫妻、亲吻父亲的孩童等各式各样的送别的形象，细致刻画了不同人物的神态，以细腻的镜头语言展现了人们的哀伤，渲染了战争前生离死别的悲壮气氛，侧面烘托出战争的残酷。

【赏美之趣】

任务三　欣赏影视作品

一、经典电影欣赏

《黄土地》

作品介绍

《黄土地》于1984年上映。影片中，延安八路军文工团团员顾青来到陕北农村采集民歌，结识了当地出色的民歌手翠巧，并在翠巧家暂住。经过一段时间的共同生活和劳动后，翠巧一家与顾青逐渐亲近。交流中，翠巧从顾青那里听闻延安妇女的新生活，对此充满了向往。而后，翠巧的父亲要求她即刻完婚。翠巧请求顾青带自己去延安，但顾青表示自己需要先回延安申请。顾青离开后，翠巧在成婚之日逃走，独自驾小船东渡黄河，去追求新的生活，却不幸被黄河吞没。

作品赏析

1984年，中国的改革开放刚刚起步，在这样一个无论是经济还是文化领域都略显混沌的时期，怎样改变旧的体制、面对新的体制，是政府和社会大众都需要关注的问题。《黄土地》在这样的背景下诞生，向世人传达了这样的思想：生活在孕育我们的广袤大地上，假如不接纳新的思想，不进行新的变革，这片大地就会成为禁锢我们的温床。

影片的内容和情节都非常简单。作为造型元素的黄土地、黄河和窑洞等，在影片中发挥了异乎寻常的表意作用，这部影片也因此开创了中国电影“影像表意大于情节表意”的先河。其中，在“腰鼓阵”这场戏中，摄影师用手提拍摄的方式对着人群跟拍、摇拍，画面大气磅礴，动感十足，表现出中华民族顽强的生命力，给整部影片有些压抑的氛围增添了一丝希望的亮色；在“祈雨仪式”这场戏中，摄影师用高速摄影拍摄翠巧的弟弟憨憨逆人流而动、向着顾青奔跑的镜头，既表现出祈雨村民的虔诚和愚昧，又寄寓了希望和光明。

《我的父亲母亲》

作品介绍

《我的父亲母亲》于1999年上映，讲述了骆玉生的父亲和母亲之间美丽的爱情故事。

骆玉生在城里工作，有一天突然接到父亲的死讯。回家奔丧期间，玉生想起母亲与父亲相爱的往事。母亲年轻时是远近闻名的美人，她暗恋着淳朴、幽默的骆老师，用家传青花碗给心上人送“派饭”，通宵达旦织出最艳的“房梁红”装点心上人的教室……终于，骆老师的心被打动了。不料，他被迫离开了母亲的家乡。母亲拖着病弱的身体远行寻找父亲，几经辛苦，父亲终于平安回来，此后两人相濡以沫四十年。

作品赏析

影片讲述的是一个中国式爱情故事，在主题表现上含蓄无比，诠释了一种质朴的浪漫。导演采用低饱和度的黑白画面来叙述父亲去世后的故事，营造了悲伤、凄凉的氛围；采用色彩鲜艳的画面来表现父亲与母亲的相遇与相恋，让观众真切感受到二人爱情的幸福与美好。在回忆画面中，导演运用了大量的红色元素，如红棉袄、红发卡等，将母亲对父亲炽热而纯粹的爱展露无遗。此外，影片以大量的黄色为衬景，如母亲穿梭于满山遍野的金黄树林等，给人温馨、甜蜜之感，同时也表现出父亲和母亲之间爱情的坚忍、绵长。

除注重色彩对比的运用外，导演还注重音乐与画面的搭配。在儿子开始讲述父亲和母亲初恋故事的时候，导演运用音乐蒙太奇手法，以悠扬空灵的排箫声把故事从现在拉回过去，同时画面切换到乘坐马车而来的父亲和对父亲一见钟情的母亲上。整段音乐舒缓柔和，表现出母亲第一次见到父亲时的羞涩和腼腆。母亲为父亲送饭后假装打水，偷看父亲有没有拿到自己做的饭时，竹笛演奏的主题曲响起，配合画面中母亲关切的眼神，表现出母亲对父亲的爱慕之情。

《流浪地球》

作品介绍

《流浪地球》于2019年春节上映。《流浪地球》的出现，意味着中国“硬科幻”类型片的诞生，2019年更是因此被称为“中国科幻电影元年”。

影片讲述了在不久的将来，太阳即将毁灭，人类为求生存，启动了“流浪地球”计划，通过在地球表面建造上万座发动机和转向发动机，推动地球离开太阳系，寻找新家园的故事。

中国航天员刘培强在儿子刘启四岁时便前往国际空间站，和国际同侪肩负起领航者的重任。刘启长大后，叛逆期的他带着妹妹朵朵跑到地表，偷开外公韩子昂的运输车。这时，地表发动机停摆，全球开展紧急抢修发动机的特别行动，刘启开的运输车被征用。抢修队历经艰险，却未能完成抢修任务，而地球正在木星强大的引力作用下向其靠近，面临着被毁灭的危险。

危急关头，刘启和队员们想出了一个冒险方案：引燃木星，推动地球逃离太阳系。在地球各国人民的齐心协力下，这一方案得以层层推进。为了给地球提供燃料，刘培强克服重重阻碍，以自己的牺牲为代价，使木星成功被引燃，地球最终幸免于难。

作品赏析

蒙太奇的运用是本片的一大亮点。交叉蒙太奇贯穿整部影片，一面是以刘启为首的救援小队在地球上进行的紧急救援，另一面是身处国际空间站的刘培强对人工智能机器人Moss发出的命令的反抗，这两条线索齐头并进，使得电影叙事更加完整，所要表达的情感更加深厚。此外，优秀的背景音乐也为这部科幻电影增光添彩。在老何死亡之前，缓慢而悲伤的音乐配合升格镜头，营造出一种壮烈且伤感的气氛，使观众产生强烈的共鸣。

作为中国首部“硬科幻”电影，《流浪地球》并不完美。但是，它承载着中国精神，充满中国元素。例如，中国人引领地球上的人民拯救地球的主题，是中国梦的隐喻性表达；把地球推离太阳系、带着地球流浪的情节设定，以及家庭伦理剧式的叙事架构，都具有中国特色，也暗含了全球化时代和谐共处、互利互惠的“人类命运共同体”智慧。

《我和我的祖国》

作品介绍

《我和我的祖国》于2019年9月30日上映，主要讲述了1949—2019年，普通人与国家息息相关的动人故事。影片由《前夜》《相遇》《夺冠》《回归》《北京你好》《白昼流星》《护航》七个单元组成。

《前夜》讲述了1949年，开国大典升旗仪式背后的故事；《相遇》讲述了1964年，中国第一颗原子弹爆炸成功背后的故事；《夺冠》讲述了1984年8月8日，上海弄堂里的邻居们一起观看中国女排比赛，见证中国女排在洛杉矶奥运会上夺冠的故事；《回归》讲述了1997年7月1日，香港回归时，为确保五星红旗分秒不差地升起而发生的故事；《北京你好》讲述了2008年，由一张北京奥运会开幕式门票引发的啼笑皆非却又令人感动的故事；《白昼流星》讲述了2016年，一对流浪兄弟见证神舟十一号飞船返回舱成功着陆的故事；《护航》讲述了2015年9月3日，纪念抗日战争胜利七十周年阅兵仪式背后的故事。

作品赏析

影片中音乐的运用十分巧妙。影片同名主题曲《我和我的祖国》分别出现在片首和片尾，不仅推动了电影情节的发展，还表达了影片主题。影片中的插曲同样扣人心弦，无论是《相遇》里出现的《歌唱祖国》，还是《回归》里响彻的《东方之珠》，都在不知不觉中激起了观众心中无尽的自豪感和深切的爱国情怀。

影片中的色彩和光效，也为爱国主题的表达增光添彩。《前夜》中黄色的画面，给人希望、温暖的感觉，让剧情更具感染力和生命力；《夺冠》中，通往房顶的路上洒满阳光，给人欢快、明亮的视觉感受，象征着希望和辉煌。

影片中道具的运用，不仅推动了剧情的发展，还起到了升华主题的作用。例如，在《前夜》中，阻断球便是一个耐人寻味的道具。在剧情上，它为故事的发展设置了障碍，让剧情更加跌宕起伏、扣人心弦；在主题表达上，它隐喻着科研工作者临危不惧、艰苦奋斗的科研精神，象征着中华儿女舍小利为大义的高尚品质，代表着所有中国人民深切的爱国之情。

《天堂电影院》

作品介绍

在意大利西西里小镇上有一家“天堂电影院”。由于喜爱看电影，年幼的主人公托托与放映师阿尔弗莱多成了忘年交。

在一次放映电影时，由于胶片起火，天堂电影院被烧毁。托托冒死从火中救出阿尔弗莱多，但阿尔弗莱多从此双目失明。托托接替阿尔弗莱多，当上了新建电影院的放映员。托托渐渐长大，爱上了银行家的女儿艾莲娜，却遭到艾莲娜父亲的强烈反对。之后，托托去服兵役，而艾莲娜去念大学，两人的恋情无果而终。在阿尔弗莱多的鼓励下，伤心的托托离开小镇，去追寻自己的梦想。

三十年后，托托成了著名导演。阿尔弗莱多去世后，托托返回家乡参加阿尔弗莱多的葬礼。他看到残破的天堂电影院，追忆往昔，唏嘘不已。

作品赏析

《天堂电影院》既是一部关于个人成长经历的影片，又是一部关于电影发展历程的影片。从个人成长经历的角度看，托托从小看电影，跟着阿尔弗莱多学会放映电影，长大后以放映电影为职业并爱上艾莲娜，后因艾莲娜的不辞而别而有所顿悟，再后来离开天堂电影院，外出闯荡并成为著名导演，他的生活与电影息息相关。从电影发展历程的角度看，《天堂电影院》以一种独特的意大利式的幽默回溯了电影发展史：从最早的易燃胶片到不燃胶片，再到后来电视艺术兴起之后电影业的萧条；

从一开始电影受到教会的严格检查，到后来检查不再那么严格。

在《天堂电影院》中，导演精心设计了色彩、音响等影视元素。例如，整部电影中，现实部分的画面整体偏冷色调，回忆部分的画面整体偏暖色调，回忆的温暖和现实的冷漠由此形成了鲜明的对比；在教室考试的场景中，通过铅笔在纸上摩擦发出的沙沙的声音，衬托出考场环境的安静，烘托出紧张的气氛。

总的来说，《天堂电影院》既继承了意大利新现实主义电影“把镜头对准普通人”的传统，又运用了好莱坞电影的表现手法，浪漫传奇，温馨感人，是一部典型的融合了好莱坞风格的优秀影片。

《当幸福来敲门》

作品介绍

《当幸福来敲门》讲述的故事发生在20世纪80年代初经济萧条的美国。克里斯·加德纳在二十八岁时才初见自己的父亲，当时他下定决心，在有了孩子之后，要做一个好爸爸。但他事业不顺，生活潦倒，只能每天奔波于各大医院，靠卖骨密度扫描仪为生。当偶然间得知做证券经纪人并不一定需要大学文凭，而只要懂数字和人际关系就可以后，他主动找到维特证券的经理，凭借执着的精神和非凡的妙语，以及一个小小的魔方，得到了实习的机会。但是实习生有二十人，他们必须无薪工作六个月，并且最后只能有一个人被录用，这对克里斯·加德纳来说实在是难上加难。这时，妻子因为不能忍受穷苦的生活，独自去了纽约。

克里斯·加德纳和儿子因为极度贫穷而失去了住所，过着颠沛流离的生活。克里斯·加德纳一边卖骨密度扫描仪，一边做实习生，为了争得教堂的救济住房，他还必须赶时间去教堂排队。但是克里斯·加德纳一直很乐观，并且教育儿子不要灰心。功夫不负有心人，凭借自己的努力，克里斯·加德纳最终从二十名实习生中脱颖而出，获得了股票经纪人的工作，后来还创办了自己的公司。

作品赏析

影片主题意蕴深邃，围绕着克里斯·加德纳对梦想的执着追求、对儿子的拳拳父爱和对幸福生活的孜孜以求三大主题，完美展现了平凡人生中不平凡的一面，诠释了“幸福都是奋斗出来的”这一人生真谛。

影片多次采用对比蒙太奇的手法。例如，开头展示了20世纪80年代旧金山的城市风貌，有落魄的流浪者、意气风发的职场人士、开豪车的男士，以展现在经济大萧条环境下，旧金山社会底层人民的艰辛和社会贫富差距的巨大。此外，影片多次采用中景和近景。例如，父子俩在地铁站厕所过夜的场景（见图8-18）为近景，克里斯·加德纳强忍着泪水捂着儿子的耳朵，让儿子不在睡梦中被吵醒，令人感到无比心酸。

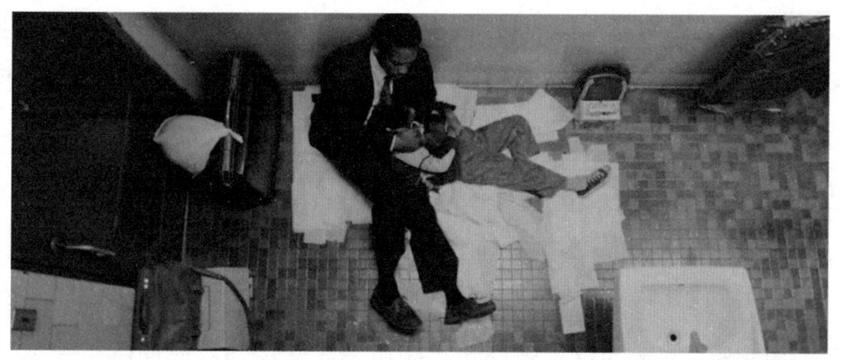

▶图8-18 父子俩在地铁站厕所过夜的场景

二、经典电视剧欣赏

《红楼梦》

作品介绍

1987年播出的《红楼梦》改编自文学名著《红楼梦》，共有三十六集。前二十九集基本忠实于曹雪芹的原著，后七集是诸多红学家及导演根据原著前八十回的伏笔，并结合多年红学研究成果重新构建的。

该剧以贾、史、王、薛四大家族的兴衰为背景，以贾宝玉与林黛玉、薛宝钗的恋爱经历及其他红楼女子的生活经历为中心线索，真实而深入地描绘了封建体制下人性被压抑的痛苦，以及人们为解放人性而进行的挣扎和反抗，生动地塑造了贾宝玉、林黛玉、王熙凤、薛宝钗等许多具有鲜明个性的艺术形象。

该剧自播出后，得到了大众的一致好评，曾一度成为人们茶余饭后的话题，至今已重播千余次，被誉为“中国电视史上的绝妙篇章”和“不可逾越的经典”。

作品赏析

《红楼梦》通过声画并茂的镜头语言为中华民族文化“赋形”，满足了观众对古典中国的想象。

剧中的服饰既符合明清时期的历史风貌，又与人物的个性气质相匹配——林黛玉的出尘飘逸，薛宝钗的温柔敦厚，史湘云的活泼娇憨……在服饰的衬托下表现得淋漓尽致，让观众在慨叹人物命运的同时，也领略到中华服饰文化的博大精深。剧中人物的言谈举止都符合传统文化的礼仪风范，从林黛玉的莲步姗姗到薛宝钗的笑不露齿，从贾宝玉的作揖抱拳到林黛玉与贾府众姐妹初见时互行的“蹲安礼”……每个姿势都彬彬有礼，尽显古典气质。

剧中的配乐与场景画面完美结合：宝黛共读《西厢记》的场景，在主题曲《枉凝眉》的烘托下显得格外动人；在“黛玉葬花”这一经典片段中，插曲《葬花吟》采用了三段体的曲式结构与女声独唱、女声齐唱和合唱等多种形式，旋律凄婉悲凉，情感层层递进，音乐与画面相得益彰，多维度地将林黛玉借落花悲叹命运的心绪演绎出来。

《人民的名义》

作品介绍

最高人民检察院反贪总局侦查处处长侯亮平奉命突击调查国家部委项目处处长赵德汉受贿案，涉案的汉东省京州市副市长丁义珍却以反侦察手段逃脱法网、流亡海外。案件线索锁定在汉东省国企大风服装厂的股权争夺上，然而牵连其中的各派政治势力盘根错节。在调查行动中，汉东省人民检察院反贪局局长陈海遭遇离奇车祸，侯亮平临危受命，接任调查。在新任省委书记沙瑞金、京州市委书记李达康、老革命家陈岩石等清廉干部的支持下，侯亮平、陆亦可等干部一一核定了汉东省公安厅厅长祁同伟、汉东省省委副书记高育良等一批贪腐分子的犯罪行为，与腐败分子展开了正面较量，最终将相关利益集团一网打尽。

作品赏析

《人民的名义》明确表明了我国净化政治生态环境、铲除贪腐分子的决心，有着强烈的现实性与针对性，直击大众的敏感神经，是文艺创作对现实社会的积极回应与真实表达。

《人民的名义》中的思想表达与叙事离不开影像艺术的配合，以及视听语言上的追求与制作上的匠心，整部剧呈现出凝重、冷峻的现实主义特色。该剧的画面以深蓝色、黑色、灰色等冷色调为主，一方面营造出严肃、神秘的氛围，给观众带来冷静、沉郁的感官体验；另一方面强化了典型环境（如审讯室）的真实感，凸显其阴冷、压抑的环境特征。在大量的室内戏和夜间戏中，该剧常借助人工光源从侧面表现人物。例如，在第三十七集，祁同伟向高育良坦白犯罪经过时，侧光将人物部分置于阴影之中，突出面部光影的明暗对比，不仅强化了画面的造型感，还有助于表现人物性格的多面性和内心活动的复杂性。

此外，剧中的旁白对塑造人物形象起到了辅助作用。例如，第二十二集有一段旁白：“孙连城仕途不顺，心灰意冷，喜欢上天文学之后，方知宇宙之浩渺，时空之无限。人类算什么？李达康、高育良、沙瑞金又算什么？不过都是蚂蚁、尘埃罢了。”这段旁白是对孙连城的心理活动的描写，短短几句话，就生动地勾勒出了一个懒政干部的形象。

美之漫谈

选择一部你喜欢的影视作品，以“一句话评论”的方式，向大家推荐这部影视作品。

班级____________ 姓名____________ 学号____________

【向美而行】

以小组为单位，选择一部具有代表性的影视作品，然后结合所学知识对其进行赏析。

（1）学生自由分组，4～6人为一组，并填写任务分配表，如表8-2所示。

表8-2 任务分配表

班级		组号		指导教师	
小组成员	姓名	学号	任务分工		
组长					
组员					

（2）查找相关资料，选择一部具有代表性的影视作品（教材中介绍过的作品除外），对其进行赏析，并根据任务完成情况将表8-3填写完整。

表8-3 作品赏析表

具体项目		详细内容
了解作品	创作背景	
	作品简介	
感受作品	主题思想	
	情感表达	

班级＿＿＿＿＿ 姓名＿＿＿＿＿ 学号＿＿＿＿＿

续表

具体项目			详细内容
分析作品	画面	景别	
		光线	
		色彩色调	
		影视构图	
	声音	人声	
		音乐	
		音响	
	表现手法	蒙太奇	
		长镜头	

（3）指导教师根据表8-4，对学生的赏析情况进行评分。

表8-4 评分表

考核内容	评分标准	分值	得分
知识、技能考核（60%）	能简要介绍作品的创作背景和主要内容	15	
	能理解作品的主题思想，并准确地进行描述	15	
	能准确地分析作品中的画面	10	
	能准确地分析作品中的声音	10	
	能准确地分析作品中的表现手法	10	
德育素养考核（40%）	能体会作品所蕴含的情感内涵	15	
	能从作品中感悟影视之美	15	
	具有良好的团队精神和团队协作能力	10	
总评和建议		总分	

班级__________ 姓名__________ 学号__________

【知美达美】

一、填空题

（1）1905年，北京琉璃厂丰泰照相馆拍摄的中国第一部电影是________。

（2）1949—1966年，在中国电影史上被称为________________时期。

（3）1895年12月28日，________________在巴黎一家咖啡馆里第一次售票公映了《工厂的大门》《火车到站》《水浇园丁》等多部短片，标志着电影的真正诞生。

（4）1958年6月15日，北京电视台播出的我国第一部电视剧是________。

（5）__________是指由镜头与被摄主体距离的远近不同造成的被摄主体在摄影机录像器中所呈现出的范围大小的区别。

（6）__________是指在色相环上成180°角的两类颜色，如红与绿、黄与紫、蓝与橙。

（7）环境是指环绕着画面主体与陪体的空间，包括____________和____________两个部分。

（8）____________蒙太奇是以交代时间和情节、讲述事件为主的一种蒙太奇手法。____________蒙太奇侧重表达某种寓意、揭示某种道理或渲染某种情绪，进而引发观众思考。

（9）________________是指用拍摄大景深的参数拍摄，使所拍场景中处于纵深方向不同位置的景物（从前景到后景）都能清晰地展示，从而尽可能完整地呈现一个场景的镜头。

二、选择题

（1）下列电影中，不属于在进步电影的艰难成长阶段拍摄的是（　　）。

A.《香草美人》　　B.《塞上风云》

C.《八千里路云和月》　　D.《黄土地》

（2）1928年，（　　）问世，象征着有声电影时代正式来临。

A.《淘金记》　　B.《纽约之光》

C.《城市之光》　　D.《摩登时代》

（3）（　　）是世界上第一部初步意义上的电视剧。

A.《三家亲》　　B.《夕饷前》

C.《女王的信使》　　D.《红楼梦》

班级____________ 姓名____________ 学号____________

(4)(　　)是指摄取人物膝盖以上部位或景物局部的镜头。

A．远景　　B．全景

C．中景　　D．近景

(5)(　　)可形成暗背景、亮轮廓的强反差画面，从而突出被摄主体的轮廓。

A．背光　　B．侧光

C．平光　　D．顶光

(6)(　　)通常以画外音的形式出现，目的是向观众叙述、说明、解释故事情节。

A．对白　　B．旁白

C．独白　　D．音响

(7)(　　)是指将同一时间、不同地点的两条或两条以上具有密切因果关系的情节线索交替剪接在一起的组接手法。

A．平行蒙太奇　　B．交叉蒙太奇

C．重复蒙太奇　　D．连续蒙太奇

三、判断题

(1) 1985年，我国第一部长篇电视连续剧《四世同堂》播出。(　　)

(2)《我爱我家》《炊事班的故事》都属于情景喜剧。(　　)

(3) 饱和度越低的颜色，看起来就越鲜艳；反之，就越接近灰色。(　　)

(4)“S”形构图常用于表现自然界的河流、溪水，以及具有曲线结构的建筑、道路等。(　　)

(5) 有声源音乐是作曲家为了烘托画面气氛、传达某种情绪而专门创作的。(　　)

四、简答题

(1) 简述音响的作用。

(2) 简述蒙太奇的作用。

(3) 简述长镜头的作用。

项目九

品评风雅智趣——生活与科技之美

项目引言

自古以来，美好的生活始终是人们向往与追求的对象。华美的服饰、讲究的饮食、良好的社会风尚、劳动者的勤劳创造……生活之美表现在社会生活的方方面面，它不仅能够带给人们精神上的愉悦和慰藉，还能够激发人们的生活热情，鼓舞人们的精神。

美好的生活与科技的发展密不可分。物联网、人工智能、5G通信等科技成果为生产力的提高和经济的飞速发展提供了强大的动力，为人们带来了新产品、新体验，极大地提升了人们的生活品质和幸福指数。同时，它们承载着人们对客观真理的求索，闪耀着理性、秩序、逻辑的光芒，展现了独特的科技之美。

任务清单

完成一项学习任务后，请在对应的方框中打钩。

课前预习	□	准备学习用品，预习课本知识
	□	利用网络搜集生活美与科技美的有关资料
	□	形成对生活美与科技美的初步印象，并与课本知识相互印证
课堂学习	□	了解生活美与科技美的基本概念
	□	熟悉生活美的核心与科技美的审美特征
	□	掌握生活美与科技美的形态
	□	提高在生活中发现美、欣赏美的能力，加深对生活美的理解
	□	学习“共和国勋章”获得者和时代楷模的先进事迹，弘扬其精神
	□	了解我国科技成就，感受世代相传的民族智慧与自强不息的民族精神，增强民族自信心和自豪感
课后实训	□	通过团队协作，培养良好的合作意识
	□	提高人际交往能力、沟通协调能力和解决实际问题的能力
	□	提高审美素养，能结合所学知识感悟生活与科技之美

【寻美之迹】

《智造美好生活》是由中央广播电视总台出品的大型纪录片。它以“科技改变生活，智慧创造未来”为主题，通过讲述50多个普通人与科技之间的故事，以小切口反映大主题，以小人物折射大时代，生动展现了人们对美好生活的向往以及科技对他们生活带来的改变，展示了新时代背景下中国科技创新的伟大实践，生动诠释了“人民对美好生活的向往，就是我们的奋斗目标”的深刻内涵。

该纪录片立足当下、放眼未来，深入浅出地介绍了“风云”系列气象卫星、“北斗三号”卫星导航系统、量子计算机等重大科技成果，以及大数据、人工智能、物联网、高铁等最新科技的应用，带领观众走近科技前沿，了解我国科技发展进程，唤起更多人理解科学、参与科学的热情。此外，该纪录片还讲述了许多“科技让生活更美好”的动人案例，如智能盲杖和智能软件帮助盲人女孩实现了独自出国旅行的梦想等。在科技创新的助力下，人们所向往的美好生活变得触手可及，人们的生活因此而焕发出前所未有的动人光彩。

【以美培元】

任务一　了解生活美与科技美的基础知识

一、生活美

（一）生活美的基本概念

一切审美活动都与人们的社会生活紧密相关。社会生活既是人们存在的环境，又是人们审美的对象。简而言之，生活美，即在人们的社会生活中发生的各种社会现象，以及与此相关的事物所表现出来的美。

生活美存在于人们生活的各个领域，如图9-1所示。生活中能够使人获得愉悦美感的行为活动、生活方式及其具体环境，都属于生活美的范畴，体现着人们的审美需求与美好愿望。

▲ 图9-1　生活美

（二）生活美的核心

人是社会生活的主体，这决定了生活美的核心即人的美。人既可以作为审美主体来欣赏美、创造美，也可以用审美的眼光反观自身，成为美化和欣赏的对象，即审美客体。古往今来，艺术家们运用文学、音乐、绘画、雕塑等艺术形式塑造出许多美好的人的形象，如苏轼《和董传留别》中“粗缯大布裹生涯，腹有诗书气自华”的董传，周昉《簪花仕女图》中云髻高耸、衣饰华丽、粉妆玉琢的唐代女子，等等，如图9-2所示。

▲ 图9-2　《簪花仕女图》

人的美可以分为内在美和外在美。内在美是指人的精神、心灵方面的美。它是由人生理想、道德情操、学识修养等人的内在品质共同构成的人格魅力，是人的美的灵魂。外在美是指人的外在形象的美。一般来说，人的外在美包括人体美、行为美、风度美等。

内在美是外在美的基础，通过外在美来表现；外在美是内在美的形式载体，受内在美制约。内在美与外在美的高度统一，才是人的美的最佳形式。

释疑解惑

人体美是指人的容貌、身材、肌肤等的美。它主要表现为协调、端正的五官，挺拔、匀称的身材，紧实、有力的肌肉以及富有弹性、光泽的肌肤等。对人体美的刻画和赞颂，广见于古今中外各类艺术作品，如《诗经·硕人》中的“手如柔荑，肤如凝脂，领如蝤蛴，齿如瓠犀，螓首蛾眉，巧笑倩兮，美目盼兮”，古希腊雕塑中端庄、优雅，且符合人体黄金分割比例的维纳斯雕塑，等等。

行为美是指人在社会生活实践中通过言谈举止表现出来的美，是人的外在美的重要体现。它主要包括语言美和姿态美。语言美通常表现为准确、生动的用词造句，礼貌、谦虚的言辞，温和、亲切的语气、语调等；姿态美是指人的形体、姿态、动作等的美。

风度美是指人在社会生活实践中形成的风采、气质等方面的美。它是人的道德情操、文化修养、个性特征等内在品质的外在表现，通常会在待人接物的过程中通过神态、言谈、举动等表现出来，如谦虚睿智的学者风度、潇洒飘逸的诗人风度、沉稳果断的领导风度等。

二、科技美

（一）科技美的基本概念

科技美是指科学发现与技术发明的过程和结果的美，如图9-3所示。当一件物品被创造出来，或其制作过程中展示出十分巧妙、完美的细节，或能够给使用者带来便利时，人们就会获得成就感、满足感、喜悦感等美感体验。科技美广泛地存在于农学、天文学、数学、医学等科学研究与技术应用领域，既散发着真理的光芒，又展现了美的光辉。

▲ 图9-3 科技美

（二）科技美的审美特征

科技美的审美特征主要有客观性、实用性、简洁性和创新性。科学技术以人们对客观世界的系统观察、实验和严谨的逻辑推理为基础，帮助人们揭示客观事物的发展规律。科技美因此而具有客观性，它不因人的存在而存在，也不以人的意志为转移。

科技美强调实用性。科技是为了解决实际问题而存在的，没有实际效用的科技就没有存在的价值。一般来说，科学研究的效用是潜在而滞后的，同时又是基础的、普遍的和规律的。部分科研成果看似没有实际效用，实际上为许多后续研究的开展和技术发明的问世奠定了基础，如纯数学研究、基因学说、宇宙大爆炸理论等。相对而言，技术发明的实际效用更加有目共睹。人们生活水平的提高，在很大程度上得益于技术的发展与应用。

科技美具有简洁性，这源于科技往往以简洁明了的形式来表现丰富而深邃的内涵。一方面，科学研究通过简洁的理论、法则、公式等，来概括复杂、无序的自然现象和宇宙奥秘；另一方面，技术的普及依赖于其操作的简便性和直观性。

科技是不断发展、进步的，每一次的科技突破都在创造新的美，所以创新性是科技美的重要特征。科技创造应与时俱进、破旧立新，不断加深人们对世界的认识和理解，满足人们不断提升的物质需求和审美需求，使人们的生活更加便捷、舒适，从而促进社会进步。

任务二　掌握生活美与科技美的形态

一、生活美

（一）服饰美

服饰美是指人的服装与配饰的美。讲究服饰美是人追求美的具体体现，也是向社会群体展示自己的一种方式。“人靠衣服马靠鞍”“三分长相，七分打扮”等俗语强调了服饰对人外观的重要影响，得体的服装加上恰到好处的配饰能够提升人的气质，增添人的美。

服饰美不在于是否华贵、时尚、新奇，而在于是否与人的身份、体型、年龄、气质及其所处的环境等相协调。例如，医生身穿白大褂能给人以整洁、卫生的纯净美，学生身穿校服能给人以活泼、明朗的青春美，精英人士身穿西服能给人以干练、大气的稳重美，时尚从业者身穿“潮品”能给人以前卫、张扬的新潮美，等等，如图9-4所示。

▲ 图9-4　得体、合适的服饰

（二）饮食美

我国是一个崇尚饮食文化的国家。我国的饮食烹饪技艺巧妙、膳食繁盛、调味精益、肴器华贵，处处体现着中华文化的精妙，是中华民族的瑰宝，也是人类文明史上重要的文化遗产。

饮食之美

我国饮食可大致分为平民饮食、官府饮食、宫廷饮食等，它们在用料、技艺、排场及风格等方面存在着明显差异。平民饮食质朴价廉，家常味道浓厚，选材随意，烹调方法简单易行，如煎炒蒸煮、烧烩拌泡、脯腊渍炖等。官府饮食面向权贵缙绅人家，品高质优，讲究排场，且在菜肴风味上多有借鉴和融合，例如，清末著名的“谭家菜”就以北京风味与广东风味的完美融合而自成一派。宫廷饮食在我国饮食文化中层次最高，以御膳为代表，其精美的食器（如“青白玉无盖葵花盒”“和田白玉错金嵌宝石碗”）、风雅的菜名（如“玉石青松”“雪夜桃花”“百鸟朝凤”）等，充分展现了我国博大精深的饮食文化，如图9-5和图9-6所示。

▲ 图9-5　和田白玉错金嵌宝石碗

▲ 图9-6　御膳“雪夜桃花”

（三）风尚美

风尚美是在一定的社会条件下形成与兴盛的社会风气、习俗与礼仪之美。社会风气之美的核心在于营造良好的人际交往环境。从古代先贤们所提倡的“里仁为美”“讲信修睦”“亲仁善邻”，到现代社会主义核心价值观中强调的“和谐”“友善”，仁爱、宽厚、和谐的人际交往环境历来为人们所重视。

习俗是人们在长期的社会生活实践中形成，并代代相传的礼节、习性等，它们承载着人们的精神追求和情感寄托。中华民族历史悠久，许多具有深厚文化底蕴的特色习俗流传至今，如春节时的贴对联、贴“福”字、吃饺子、逛庙会等，如图9-7所示。这些习俗不仅集中体现了中国人的精神气质、审美情趣等，更凝聚了千百年来人们对幸福生活的向往和追求。

礼仪是人们在社会交往活动中所应遵守的行为规范和准则，具有约定俗成的特性。中国素有“礼仪之邦”之称，礼仪在中国文化中不仅与个人的思想道德水平、文化修养等密不可分，更与社会文明程度、道德风尚等息息相关。

▲ 图9-7　春节习俗

（四）劳动美

劳动生产是社会存在的物质基础，也是美的来源。劳动有体力劳动和脑力劳动之分，无论哪种形式的劳动，人们都可以从中积累经验、提升技能，并在劳动的过程中感受美、创造美。几千年来，中华儿女一直尊崇“劳有所获”的精神，并用勤劳、肯干、脚踏实地的品质将光荣、崇高的劳动美刻画得淋漓尽致。《击壤歌》中的“日出而作，日入而息。凿井而饮，耕田而食”，李绅《悯农二首·其一》中的“春种一粒粟，秋收万颗子”，张萱《捣练图》中捣练、缝衣的女子，都是劳动美的生动写照，如图9-8所示。

劳模精神与工匠精神

▲ 图9-8 《捣练图》

二、科技美

（一）科学美

科学美源于自然美，又有别于自然美。它不是人们通过感官直接感知的美，而是一种需要人们通过长期的观察、研究和思考才能感知的深层次的美。由此可知，科学美是指科学技术或成果带给人们的知识内容、结构形式、方法原理等方面的理性美，以及科学探索过程中的精神美。感受科学美，需要具备较高的科学素养和丰富的想象力。

（二）技术美

技术之美——活字印刷术

技术美是兼具实用功能与审美功能的产品所具有的美。从形式方面看，技术美主要表现为工艺的精细；从内涵方面看，技术美主要表现为人们使用产品时的舒适与便捷。

在长期的生产实践中，我国古代劳动人民在制陶、造纸、水利、火药、纺织、印刷等众多领域取得了许多辉煌的技术成就，如牛耕技术、陶器轮制技术、活字印刷术、航海技术等，它们在提高生产效率与产品质量、改善人们生活等方面发挥了巨大作用。

如今，在我国科研人员的不懈努力下，我国在信息技术、新材料技术、新能源技术、空间技术等方面不断探索，自主研发了卫星加速定位技术等大量先进技术。这些新技术广泛应用于出行、医疗、养老、教育等公共服务领域，持续为人们的美好生活“添砖加瓦”。

中国航海技术之美

中华民族是世界上最早开发、利用海洋的民族之一。早在约7 000年前，我们的祖先就“刳木为舟，剡木为楫”，用原始的独木舟和筏揭开了中华民族探索海洋的序幕。我们可以通过造船技术、导航技术等，充分体会中国航海领域展现出的技术之美。

我国造船技术在相当长的历史时期内都处于世界领先地位。其中，水密隔舱、船舵和龙骨结构不仅大大推进了我国航海事业的发展，还对世界造船技术产生了深远的影响。水密隔舱是指将船体分隔为多个互不相通的舱室，它能够避免部分舱室破损进水后影响其他舱室，从而有效提高船只航行的安全性。船舵是指附设于船外，用来操纵、控制船只航行方向的装置，通常由舵叶和舵杆构成。龙骨结构是指在船下设置贯通首尾、支撑船身的龙骨，它可以使船更坚固，吃水更深，抗御风浪的能力更强。

在导航技术方面，指南针（古称“司南”）、罗盘（又称“罗经仪”）的发明不但弥补了航海活动中通过观测日月星辰来测定方位和航向的不足，为明代郑和下西洋的伟大壮举提供了必要条件，而且在欧洲的航海活动和地理大发现中发挥了不可替代的作用，在世界航海史上具有划时代的意义。

近年来，我国持续推进海洋开发战略，在航海技术方面不断探索。卫星导航系统、电子海图、自动识别系统等先进技术的应用，使航海活动更加高效和安全。纵观我国航海技术的发展历程，灿若繁星的技术成就既体现了中华民族的智慧与创造力，又充分展现了独具魅力的技术之美。

【赏美之趣】

任务三　欣赏生活美与科技美

一、生活美

（一）服饰

“新中式”服饰

“新中式”服饰由中国传统服饰在新的时代背景下演变而来，它是指保留了中国传统服饰元素，融合了现代着装特点和现代审美，以及新材料、新工艺及新技术等的服饰。“新中式”服饰既能够满足现代人的日常穿着需求，又能够展现我国传统美学和文化底蕴，可谓集实用性与审美性于一体。

在2014年亚太经济合作组织第二十二次领导人非正式会议期间，各国与地区经济体领导人及其配偶身着“新中式”服饰现身欢迎晚宴，“新中式”服饰正式在国际舞台上亮相，并逐渐为国内外所关注。作为官方礼服，此次会议所采用的“新中式”服饰，在剪裁、面料等方面都极为考究。例如，中西结合的剪裁工艺使服装穿着舒适且富有中国韵味，色泽华丽、图案精致、质地哑光的宋锦使服装华贵而内敛，海水江崖纹寓意着“21个经济体山水相依、守望相助”，等等。

总体而言，“新中式”服饰根植于流传千年的中华优秀传统文化，又不拘泥于传统的审美框架，展示了“中国时尚”的独特风采，对增强文化认同、坚定文化自信具有重要意义。

（二）饮食

《随园食单》

《随园食单》由清代文学家袁枚撰写，是我国古代一部重要的饮食文化著作。该书分门别类地记述了中国元代和明代时流行的326种菜肴、饭点、美酒、名茶，并详细介绍了它们的烹调方法，同时涉及丰富的烹调理论、社会饮食习俗等，是一部中国饮食文化的百科全书。

《随园食单》共分为“须知单”“戒单”“海鲜单”“杂牲单”“茶酒单”等十四个

部分，内容丰富，包罗万象。其中，“须知单”总结了饮食烹调的基本原则，针对食材、火候、器皿、上菜次序等一一展开论述，为后人提供了完备的饮食指导范本。同时，这一部分充分体现了中国饮食文化中“中和”的哲学思想，即追求多种味道和食材物性之间的协调，以达到“五味调和”“天人合一”的境界。

此外，书中还强调了“本味为上”（即追求食材的原始风味）的观念，提倡因时、因地、因人而食，主张饮食有道，批判奢侈浪费，树立了正确的饮食态度与良好的饮食价值取向。

释疑解惑

五味，一般指酸、甜、苦、辣、咸。

（三）劳动

“杂交水稻之父”袁隆平

袁隆平是中国工程院院士、中国杂交水稻研究的开创者和领导者，“共和国勋章”获得者，首届国家最高科学技术奖得主，被誉为“杂交水稻之父”，如图9-9所示。

▲ 图9-9　袁隆平

袁隆平一生致力于杂交水稻技术的研究、应用与推广，是世界上第一个成功利用水稻杂种优势的科学家。他发明了“三系法”籼（xiān）型杂交水稻，成功研制出“二系法”杂交水稻，并创建了超级杂交稻技术体系，使中国杂交水稻研究长期处于世界领先水平。他还多次赴印度、越南等国传授杂交水稻技术，帮助其他国家克服粮食短缺和饥饿问题，为中国粮食生产、农业科学发展和世界粮食供给做出了巨大贡献。

2021年5月22日，袁隆平在湖南长沙逝世，享年91岁。虽然袁老走了，但一茬又一茬的稻子还在生长，他不畏艰难、献身科学、勇攀高峰、一心为民、造福人类的高尚品德仍激励着一代一代的后辈勇敢追梦，相信“禾下乘凉梦”和“杂交水稻覆盖全球梦”终能实现。

“燃灯校长”张桂梅

张桂梅是云南丽江华坪女子高级中学校长、中国共产党第二十次全国代表大会代表以及“七一勋章”获得者，如图9-10所示。她扎根边疆教育一线40多年，默默耕耘、教书育人，在党和政府以及社会各界的帮助下，创办了全国第一所免费女子高中，建校以来已经帮助了超过2 000名女孩走出大山、走进大学，用教育阻断了贫困的代际传递。

▲ 图9-10　张桂梅

张桂梅把自己毕生的精力都奉献给了民族地区的教育事业，她以坚忍执着的拼搏精神和无私奉献的大爱为这个时代增添了一抹亮丽的色彩，值得我们所有人深思和学习。

二、科技美

（一）航天活动

北斗卫星导航系统

北斗卫星导航系统简称“北斗系统”，是中国着眼于国家安全和经济社会发展需要，自主建设运行的全球卫星导航系统，如图9-11所示。它能够为全球用户提供全天候、全天时、高精度的定位、导航和授时服务，是我国迄今为止规模最大、覆盖范围最广、性能要求最高、与百姓生活关联最紧密的巨型复杂航天系统。

▲ 图9-11　北斗卫星导航系统示意图

北斗卫星导航系统建设始于20世纪后期，采用“三步走”的发展战略：2000年建成“北斗一号”系统，向中国提供服务；2012年建成“北斗二号”系统，向亚太地区提供服务；2020年建成“北斗三号”系统，向全球提供服务。在我国科学家的不懈努力下，北斗卫星导航系统在20多年间迅速发展，成为继美国的全球定位系统、俄罗斯的格洛纳斯卫星导航系统之后，第三个建成的全球卫星导航系统，处于世界先进水平。截至2023年7月，北斗卫星导航系统已服务了全球200多个国家和地区用户。未来，北斗卫星导航系统将持续提升服务性能。

（二）量子信息技术

“九章”光量子计算原型机

2020年12月，中国科学技术大学与中国科学院上海微系统所、国家并行计算机工程技术研究中心合作，成功研发了76个光子的光量子计算原型机，并将其命名为“九章”，以纪念中国古代最早的数学专著《九章算术》。“九章”的问世，使得我国成为世界上第二个实现“量子优越性”（即通过量子计算，高效求解超级计算机难以解决的特定高复杂数学问题）的国家，确立了我国在国际量子计算研究中的第一方阵地位。

在这之后，我国还成功研发了113个光子的“九章二号”和255个光子的“九章三号”光量子计算原型机，在量子计算领域再攀高峰。2023年研发成功的“九章三号”，其求解经典问题“高斯玻色取样”的速度，比同期世界最快的超级计算机快一亿亿倍，刷新了“量子优越性”世界纪录，进一步巩固了中国在光量子计算领域的国际领先地位。

释疑解惑

量子信息技术是随着量子论与信息技术的发展而诞生的。简单而言，它是基于量子力学的基本原理来分析复杂的物理过程，进行计算、编码和信息传输的信息处理技术。量子信息技术的三大主要研究方向为量子通信、量子计算和量子精密测量。其中，在量子计算领域，研制量子计算机是当前世界科技前沿的最大挑战之一。

自20世纪以来，量子信息技术突飞猛进，在保障信息传输安全、提高运算速度、提升测量精度等方面发挥了革命性的作用，为国家安全与国民经济的高质量发展提供了关键支撑。目前，我国在量子信息技术领域已经实现了从跟随到部分领跑的飞跃。

（三）人工智能

人工智能大模型

人工智能大模型简称“大模型”，是一种规模庞大、结构复杂的机器学习模型。其特点在于参数量巨大，且具有涌现性（即能够在训练过程中产生预料之外的新能力）和通用性（即应用不局限于特定问题或领域）。大模型被认为是当前通用人工智能技术的核心引擎，是全球科技的竞争焦点。

2022年，由OpenAI发布的语言大模型ChatGPT横空出世，以其多场景、多用途、跨学科的任务处理能力引发了社会的广泛关注，并由此引发了大模型的发展热潮。随之，各国企业和科研机构纷纷涌入大模型赛道，一时间，大模型领域呈现出百花齐放的态势。其中，我国具有代表性的大模型有华为的“盘古”、科大讯飞的“讯飞星火”、百度的“文心一言”、阿里巴巴的“通义千问”等。根据2023年发布的《中国人工智能大模型地图研究报告》，我国研发的大模型数量排名全球第二，十亿参数规模以上的大模型已发布79个。

随着大模型服务平台向公众开放并逐渐应用于商业领域，大模型逐步成为未来人工智能应用中的关键基础设施，在赋能产业转型升级、推进国民经济的高质量发展等方面具有无限潜力。

释疑解惑

人工智能（Artificial Intelligence，简称“AI”）技术是一门研究、开发用于模拟、延伸和扩展人的智能的理论、方法、技术及应用系统的技术。它企图了解智能的实质，并研发出能以人类智能相似的方式做出反应的智能机器。

从应用来看，人工智能主要分为专用人工智能和通用人工智能。专用人工智能系统任务单一，应用边界清晰，领域知识丰富，在智能水平的单项测试中可以超越人类智能，如在围棋比赛中战胜人类冠军的“阿尔法狗”（AlphaGo）。相比而言，通用人工智能系统理解抽象概念、推理决策、融会贯通的能力更强。

目前，专用人工智能领域已取得突破性进展，但是通用人工智能领域的研究与应用仍然任重而道远。

班级＿＿＿＿＿＿ 姓名＿＿＿＿＿＿ 学号＿＿＿＿＿＿

【向美而行】

以小组为单位，结合当今时代背景和我国近年来的发展状况，选择具体案例，赏析其中蕴含的生活美和科技美。

（1）学生自由分组，4～6人为一组，并填写任务分配表，见表9-1所列。

表9-1 任务分配表

<table>
<tr><td>班级</td><td></td><td>组号</td><td></td><td>指导教师</td><td></td></tr>
<tr><td>小组成员</td><td>姓名</td><td>学号</td><td colspan="3">任务分工</td></tr>
<tr><td>组长</td><td></td><td></td><td colspan="3"></td></tr>
<tr><td rowspan="5">组员</td><td></td><td></td><td colspan="3"></td></tr>
<tr><td></td><td></td><td colspan="3"></td></tr>
<tr><td></td><td></td><td colspan="3"></td></tr>
<tr><td></td><td></td><td colspan="3"></td></tr>
<tr><td></td><td></td><td colspan="3"></td></tr>
</table>

（2）查找相关资料，分别在生活、科技方面选择一个具有代表性的案例（教材中介绍过的案例除外），结合所学知识对其进行赏析，并根据任务完成情况将表9-2填写完整。

表9-2 资料卡

<table>
<tr><td colspan="2">具体项目</td><td>详细内容</td></tr>
<tr><td rowspan="2">了解案例</td><td>生活</td><td></td></tr>
<tr><td>科技</td><td></td></tr>
<tr><td rowspan="2">赏析案例</td><td>生活</td><td></td></tr>
<tr><td>科技</td><td></td></tr>
</table>

班级____________ 姓名____________ 学号____________

（3）指导教师根据表9-3，对学生的赏析情况进行评分。

表9-3 评分表

考核内容	评分标准	分值	得分
知识、技能考核（60%）	能选取具有代表性，富有时代意义的案例	10	
	能从审美的角度，准确把握不同案例的基本特点	10	
	能结合生活美的核心赏析案例	10	
	能结合科学美的审美特征赏析案例	10	
	能结合生活美与科学美的不同形态赏析案例	20	
德育素养考核（40%）	能通过案例赏析，感悟生活之美与科技之美	15	
	能正确认识人们的生活与科技之间的关系	15	
	具有良好的团队精神和团队协作能力	10	
总评和建议		总分	

班级__________ 姓名__________ 学号__________

【知美达美】

一、填空题

（1）生活美的核心即__________，它可以分为__________和__________。

（2）科技美的审美特征有__________、__________、__________和__________。

（3）生活美的形态主要有__________、__________、__________、__________。

（4）科技美的形态主要有__________、__________。

二、选择题

（1）科技是不断发展、进步的，每一次的科技突破都在创造新的美，所以（　　）是科技美的重要特征。

A. 客观性　　B. 创造性

C. 创新性　　D. 发展性

（2）讲究（　　）是人追求美的具体体现，也是向社会群体展示自己的一种方式。

A. 风度美　　B. 劳动美

C. 行为美　　D. 服饰美

（3）（　　）由清代文学家袁枚撰写，是一部中国饮食文化的百科全书。

A.《饮食绅言》　　B.《食宪鸿秘》

C.《随园食单》　　D.《素食说略》

三、判断题

（1）人既可以作为审美主体来欣赏美、创造美，也可以用审美的眼光反观自身，成为美化和欣赏的对象，即审美客体。（　　）

（2）宫廷饮食在我国饮食文化中层次最高，其食器精美，菜名风雅，充分展现了我国博大精深的饮食文化。（　　）

（3）科技美是指科学技术或成果带给人们的知识内容、结构形式、方法原理等方面的理性美，以及科学探索过程中的精神美。（　　）

四、简答题

（1）风尚美体现在哪些方面？

（2）结合具体案例，分析科学美与技术美的不同。

参考文献

[1] 中央美术学院美术史系中国美术史教研室. 中国美术简史 [M]. 2版. 北京：中国青年出版社，2020.

[2] 刘彦君，廖奔. 中外戏剧史 [M]. 3版. 桂林：广西师范大学出版社，2022.

[3] 陈旭光，戴清. 影视鉴赏 [M]. 2版. 北京：清华大学出版社，2021.

[4] 陆建军，李珂，刘世元. 艺术欣赏 [M]. 2版. 北京：航空工业出版社，2021.

[5] 边吴丽，白雪洁，吴洁. 音乐欣赏 [M]. 2版. 北京：航空工业出版社，2021.

[6] 詹庆生. 影视艺术概论 [M]. 北京：清华大学出版社，2018.

[7] 王逊. 中国美术史 [M]. 北京：人民美术出版社，2018.

[8] 刘立滨，杨占坤. 戏剧鉴赏 [M]. 北京：北京大学出版社，2018.

[9] 张宗伟. 电影史论 [M]. 北京：中国传媒大学出版社，2022.

[10] 尹慧，花瑞洁，高倩. 视听语言 [M]. 上海：上海交通大学出版社，2020.

[11] 天云，武谓. 遇见影视艺术 [M]. 上海：上海交通大学出版社，2021.

[12] 徐建融. 中国书法史 [M]. 杭州：浙江人民美术出版社，2021.

[13] 陈伟明. 随园食单 [M]. 北京：中华书局，2020.

[14] 叶朗，顾春芳. 艺术与审美 [M]. 南京：译林出版社，2023.

[15] 冯婷. 审美教育与大学生的全面发展 [M]. 北京：中国社会科学出版社，2017.

[16] 薛计勇，施忠贤，蔡幂. 中国烹饪概论 [M]. 武汉：华中科技大学出版社，2021.